국단어
완전 정복

3·2

기획 및 집필

전위성

공주교육대학교를 졸업하고 2006년부터 대전에서 교사 생활을 시작했습니다. 우등생 공부법을 연구하여 세 권의 책(엄마가 알아야 아이가 산다!, 초등 6년이 자녀교육의 전부다, 엄마의 수학 공부)을 펴냈습니다. 15년 동안 학생들을 가르치면서 많은 학생이 국어 교과서에 나오는 낱말을 전혀 공부하지 않는다는 놀라운 사실을 알게 되었습니다. 더더욱 놀라운 사실은 국어 교과서의 낱말을 공부할 수 있는 책이 전무(全無)했다는 것입니다.

「국단어 완전 정복」은 저자가 지난 2년 동안 초등학교 3~6학년 국어 교과서에 나오는 모든 낱말을 연구하고 정리하여, 초등학생의 눈높이에 맞추어 펴낸 '국어 낱말 전문 학습서' 입니다.

모든 공부는 기초가 중요하고, 모든 공부의 기초는 국어입니다. 모든 공부의 기초가 되는 국어 공부의 기초는 단연 국단어(국어 낱말)입니다. 고로 모든 공부의 기초는 국단어를 공부하는 것입니다. 「국단어 완전 정복」과 함께 세상 모든 공부를 완전 정복할 수 있길 소망합니다.

국단어 완전 정복 | 초등 국어 3-2

초판 1쇄 인쇄   2020년 7월 13일
초판 1쇄 발행   2020년 7월 29일

기획 및 집필 전위성

펴낸이   최남식
디자인   조민서, 최병호
일러스트   강유리, Shutterstock(zzveillust, Beresnev)
외부스태프   전현영
제작책임   전건호
펴낸곳   오리진에듀
출판등록   2010년 3월 23일 제313-2010-87호
주 소   인천시 서구 고산후로121번안길 28, 206호
전 화   02-335-6612   **팩 스** 0303-3440-6612
이메일   originhouse@naver.com
블로그   blog.naver.com/originhouse

값 18,000원ⓒ2020, 전위성 & 오리진에듀
ISBN 979-11-88128-20-4 63710 : 18000

국단어 완전 정복

《공부에서 가장 중요한 것은?》

건물을 지을 때 가장 먼저 하는 중요한 일이 있습니다.
건물의 토대가 되는 바닥을 튼튼히 다지는 것입니다.
바닥이 튼튼해야 건물을 높고 튼튼하게 지을 수 있습니다.

공부도 마찬가지입니다.
공부라는 건물을 높고 튼튼하게 짓고 싶다면
공부의 토대가 되는 기초를 튼튼히 다져야 합니다.

《공부에서 가장 중요한 것은, 기초 다지기》

영어 공부의 기초는 영단어(영어 단어)입니다.
수학 공부의 기초는 수학 개념입니다.
그럼 국어 공부의 기초는 무엇일까요?

학습지나 문제집 풀기일까요? 독서일까요?

《국어의 기초 = 국단어 완전 정복》

영어 단어와 수학 개념처럼
국어에도 가장 먼저 공부해야 할 기초가 있습니다.
그건 바로 **국어 단어**, 다시 말해 **국단어**입니다.

국어 공부의 기초를 쌓고 싶다면
학습지와 문제집 풀기, 독서에 앞서
국단어를 철저히! 완벽히! 공부해야 합니다.

이 책을 구입한 학부모님께

**"낱말 뜻을 손수 찾아서 공부하지 않으면
정확한 뜻을 영영 알 수 없습니다."**

이 문장이 무슨 뜻인지 모르는 사람은 드뭅니다. 그와 동시에 이 문장이 무슨 뜻인지 잘 아는 사람도 드뭅니다. 손수는 '남의 힘을 빌리지 않고 제 손으로 직접'이라는 뜻이고, 영영은 '영원히 언제까지나'라는 뜻입니다.

우리는 일상에서 수많은 글을 읽고 쓰고, 무수한 말을 듣고 합니다. 하지만 그 글과 말의 뜻을 정확히 알지 못합니다. 정확히 아는 것과 감으로 아는 것은 큰 차이가 있습니다. 물론 일상생활에서는 그 차이가 별로 드러나지 않습니다. 딱히 손해 볼 일도 없습니다. 하지만 학습의 영역이라면 이야기가 전혀 달라집니다. 뜻을 정확하게 아는 학생과 어렴풋이 아는 학생의 미래는 사뭇 다른 인생을 살아갈 만큼 어마어마한 차이가 있습니다.

**"만권의 책을 읽더라도
낱말을 공부하지 않으면
그 정확한 뜻을
죽을 때까지 알 수 없습니다."**

다소 과격하게 들릴 수도 있겠습니다. 하나 틀린 말은 아닙니다. 과장도 아닙니다. 일례로 앞선 문장에서 '만권'은 단순히 10000을 뜻하는 숫자가 아닙니다. '만권'은 사전적 의미로 '매우 많은 책'을 뜻합니다. 이런 사례는 셀 수 없을 만큼 비일비재합니다(비근합니다, 흔합니다).

많은 아이들이 영단어(영어 단어)는 목숨 걸고 외우지만, 국단어(국어 단어)는 죽어도 공부하지 않습니다. 안타까운 현실입니다. 더 안타까운 현실은 영어 단어를 공부할 수 있는 책은 넘쳐나지만, 국어 단어를 공부할 수 있는 책은 거의 없다는 것입니다. 무엇보다도 국어 교과서의 단어를 체계적으로 공부할 수 있는 책이 세상에 존재하지 않았습니다. 필자가 「국단어 완

전 정복」을 필히(무슨 일이 있어도 반드시) 써야겠다고 결심한 이유입니다.

이 책이 출간됨으로써 국어 교과서 단어를 체계적으로 공부할 수 있는 책이 세상에 존재하게 되었습니다. 이 책을 자찬(自撰)한[1] 것이 참으로 다행스럽고 기쁜 일이라고 자찬(自讚)해[2] 봅니다. 덧붙여 필자는 전작 「초등 6년이 자녀교육의 전부다」에서 "국어 공부의 시작과 끝은 교과서에 나오는 낱말을 공부하는 것"이라고 역설한 바 있습니다. 이 책, 「국단어 완전 정복」을 출간함으로써 그 중대 발언이 무책임한 구호와 공허한 메아리로 소멸되지 않게 되었고, 제 단언에 대한 책임을 이제야 다했다고 여겨져서, 재삼(再三) 기쁩니다.

국단어의 뜻을 적확하게(정확하게 맞아 조금도 틀리지 않게) 아는 아이만이 책과 교과서를 정확히 읽고, 충분히 이해하고, 오래 기억하고, 자기 생각을 글로 온전히 담아낼 수 있습니다. 지금부터 자녀에게 「국단어 완전 정복」을 4년(3~6학년) 동안 공부시키십시오. 혹여 시기를 놓쳤더라도 3학년 1학기부터 6학년 2학기까지 전 과정을 차근차근 공부시키십시오. 어휘력이 완성되고, 독해력이 강화되고, 논술력과 사고력이 향상되어 자녀가 상위 1퍼센트 우등생으로 거듭나는 광경을 목격하게 될 것입니다.

공부가 전부라는 말이 아닙니다. 공부 잘하는 우등생으로 키우는 것이 자녀 교육의 최우선 과제이라는 말도 아닙니다. 제가 줄기차게 주장하는 자기주도학습과 우등의 끝에는 '행복'이 자리잡고 있습니다. 세상 모든 자녀와 부모가 행복한 오늘을 보내고, 희망찬 내일을 맞이하는 데, 「국단어 완전 정복」이 미약하게나마 보탬이 되길 간절히 기원합니다.

초등 교사, 작가 **전위성**

---

[1] 손수 책을 편찬하다

[2] 자기가 한 일 또는 자기 자신을 스스로 칭찬하다

이 책의 구성과 특징

지금부터 「국단어 완전 정복」과 함께
10641 프로젝트에 도전하세요!

구성 1 교과서 완전 학습

낱말이 나오는 국어 교과서의 단원명을
알 수 있어요!

4일 2. 중심 생각을 찾아요

학교진도시기
8월 5주, 9월 1, 2주

무슨 요일에 공부하는지 알 수 있어요!
1일 월요일, 2일 화요일, 3일 수요일,
4일 목요일, 5일 금요일에 공부해요.

학교 진도 시기를 확인할 수 있어요!
교과서를 배우기 전에 미리 낱말을 공부해요.

수칙
[한자] 지킬 수 守
법칙 칙 則

행동이나 *절차에 대해 / 지켜야 할 *사항을 *정한 / 규칙
예 과학 실험을 할 때는 위험한 상황이 생길 수 있으니 안전 수칙을 잘 지켜
* 절차   일을 하는 데 거쳐야 하는 정해진 차례와 방법
* 사항   몇 가지로 나뉘어 정리되는 일들의 각각(하나하나)
* 정하다 (규칙, 법 따위를 일정한 내용으로 꾸며) 여러 사람 사이에 약속으로 삼다

탐구하다
[한자] 찾을 탐 探
연구할 구 究

대상이나 현상 따위를 / 자세히 찾아보고 생각하여 / *진리를 알아내다
예 학생들은 과학 시간에 실험을 통해 과학적 *지식을 탐구한다.
* 진리   언제 어디서나 누구에게나 옳고 맞다고 인정되는 사실
* 지식   (배우거나 실천하여) 알게 된 것
비 연구하다

낱말의 한자 뜻을 알 수 있어요!
낱말이 만들어진 한자의 뜻을 알면
낱말의 뜻을 더 쉽게 이해할 수 있어요.

낱말과 관련된 그림을 함께 살펴봐요!
낱말의 뜻을 더 재밌게 알 수 있어요.

호기심
[한자] 좋을 호 好
기특할 기 奇
마음 심 心

새롭고 *신기한 것을 / 좋아하는 마음
예 스티븐 호킹은 우주에 대한 강한 호기심을 갖고 *미지의 *외계를 탐구했다.
* 신기하다 (사물·현상 따위가) 낯선 것이어서 새롭고 이상하다
* 미지   아직 알지 못함
* 외계   지구 밖의 세계

끊어 읽기(/)와 빨간색 글씨!
뜻풀이가 정확하고 완벽한 장기 기억으로
이어져요.

해결하다
[한자] 풀 해 解
결단할 결 決

얽힌 일을 풀어서 / 잘 *처리하다 또는 문제를 풀어서 / *결말짓다
예 학생들은 과학 실험을 하면서 생기는 *궁금증을 해결한다.
* 처리하다 (정해진 차례와 방법에 따라) 일을 끝맺다
* 결말짓다(끝맺다) 일을 마무리하여 끝을 내다
* 궁금증   무엇을 몹시 알고 싶어하는 마음

교과서 쪽수와 주제가 적혀 있어요!
지금 공부하는 낱말이 교과서 어디에
있는지 알 수 있어요.

뜻풀이와 예문에 나오는 어려운 낱말을
정리했어요!
더 많은 낱말들을 공부할 수 있어요.

발생하다
[한자] 필 발 發
날 생 生

일이나 사물이 / *생겨나다
예 두 학생이 장난치다가 알코올램프를 바닥에 떨어뜨려 *화재가 발생했다.
* 생겨나다 없던 것이 있게 되다. 생기다
* 화재   불이 나는 사고. 불로 인한 재난(불행한 일)
비 생겨나다. 나타나다. 일어나다. 벌어지다

낱말과 비슷한 뜻을 가진 다른 낱말을
함께 익힐 수 있어요.

[한자] ...고
...안 안 安
전 술
事 ...연고 고 故

조심하지 않거나 · 안전에 관한 지식이 부족하여 / 일어나는 *사고
예 운동장에서 축구를 하다가 다리가 부러지는 안전사고가 발생했다.
* 사고   뜻밖에 일어난 불행한 사건

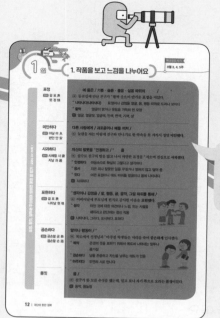

구성 2 **빨간 책갈피 활용하기**

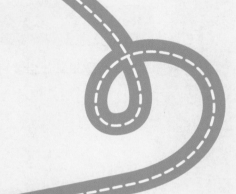

부록으로 제공되는 빨간 책갈피를 대어보세요!
빨간색 글씨가 마법처럼 사라져서 낱말 뜻을
재미있게 복습할 수 있어요.

구성 3 **칭찬 사과 스티커 활용 하기**

사과 스티커로 열심히 공부한 나를 칭찬해요!
하루 공부를 잘 마쳤다면 나에게 칭찬 사과를 선
물하세요. 선물 받은 사과 스티커는 월별 첫 쪽에
있는 사과 나무에 붙여요. 사과 나무에 사과가 주
렁주렁 열릴 때까지 열심히 공부합시다!

구성 4 **일일, 주말, 월말, 학기말 평가**

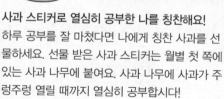

네 차례 평가를 통해서 잘 공부했는지 확인해요!
일일 평가, 주말 평가, 월말 평가, 학기말 평가가
있어요. 공부한 국단어들을 틈틈이 복습해서
100점에 도전하세요!

차례

※ 학교 진도 시기는 학교나 학급의 지도 계획에 따라 변경될 수 있습니다.

칭찬 사과 스티커

하루 공부를 잘 마쳤다면 나에게 칭찬 사과를 선물하세요.

사과 나무에 사과가 주렁주렁 열릴 때까지 열심히 공부합시다!

■ 스티커는 국어 교과서 작품 목록 이후 페이지에 있습니다.

칭찬 사과를
붙여보세요!!

1주 1일
1주 2일
1주 3일
1주 4일
1주 5일
2주 1일
2주 2일
3주 2일
3주 4일
2주 3일
3주 1일
3주 3일
2주 4일
2주 5일
4주 3일
3주 5일
4주 1일
4주 2일
4주 4일
4주 5일

1일

1. 작품을 보고 느낌을 나누어요

표정

한자 겉 표 表
뜻 정 情

마음속에 품은 / 기쁨 · 슬픔 · 좋음 · 싫음 따위의 감정이 / 얼굴에 *나타난 모양

예 등굣길에 만난 친구가 *활짝 웃으며 반가운 **표정**을 지었다.

* 나타나다(나타내다)　표정이나 감정을 얼굴, 몸, 행동 따위로 드러나 보이다

* 활짝　　　얼굴이 밝거나 웃음을 가득히 띤 모양

비 얼굴, 얼굴빛, 얼굴색, 안색, 면색, 기색, 상

미안하다

한자 아닐 미 未
편안 안 安

다른 사람에게 / 괴로움이나 폐를 끼쳐 / 마음이 편하지 않다

예 늦잠을 자는 바람에 친구와 만나기로 한 약속을 못 지켜서 정말 **미안했다.**

사과하다

한자 사례할 사 謝
지날 과 過

자신의 잘못을 *인정하고 / *용서를 빌다

예 실수로 친구의 발을 밟고 나서 미안한 표정을 *지으며 진심으로 **사과했다.**

* 인정하다　마음속으로 확실히 그렇다고 생각하다

* 용서　　　지은 죄나 잘못한 일을 꾸짖거나 벌하지 않고 덮어 줌

* 짓다　　　어떤 표정이나 태도 따위를 얼굴이나 몸에 나타내다

비 사죄하다

표현하다

한자 겉 표 表
나타날 현 現

*생각이나 감정을 / 말, 행동, 글, 음악, 그림 따위를 통해 / 겉으로 나타내다

예 어버이날에 부모님께 편지로 감사한 마음을 **표현했다.**

* 생각　　　어떤 것에 대한 의견이나 느낌. 또는 사물을
　　　　　　헤아리고 판단하는 정신 작용

비 나타내다, 그리다, 표시하다, 표하다

공손하다

한자 공손할 공 恭
겸손할 손 遜

말이나 행동이 / *예의 바르고 · *겸손하다

예 복도에서 선생님과 *마주친 학생들은 머리를 숙여 **공손하게** 인사했다.

* 예의　　　존경의 뜻을 표하기 위해서 예로써 나타내는 말투나
　　　　　　몸가짐

* 겸손하다　남을 존중하고 자신을 낮추는 태도가 있음

* 마주치다　우연히 서로 만나다

몸짓

몸을 / 움직이는 모양

예 친구가 뜻 모를 손짓을 했는데, 알고 보니 자기 쪽으로 오라는 **몸짓**이었다.

비 동작, 몸놀림

—→ 바른 답 294쪽

 문장을 읽고, 알맞은 낱말을 써 넣어 봅시다.

1) 마음속에 품은 기쁨·슬픔·좋음·싫음 따위의 감정이
   얼굴에 나타난 모양

2) 다른 사람에게 괴로움이나 폐를 끼쳐
   마음이 편하지 않다

3) 자신의 잘못을 인정하고 용서를 빌다

4) 생각이나 감정을 말, 행동, 글, 음악, 그림 따위를
   통해 겉으로 나타내다

5) 말이나 행동이 예의 바르고·겸손하다

6) 몸을 움직이는 모양

밑줄 친 곳에 알맞은 낱말을 써 넣어 문장을 완성해 봅시다.

1) 등굣길에 만난 친구가 활짝 웃으며 반가운 _____ 을 지었다.

2) 늦잠을 자는 바람에 친구와 만나기로 한 약속을 못 지켜서 정말 _____.

3) 실수로 친구의 발을 밟고 나서 미안한 표정을 지으며 진심으로 _____.

4) 어버이날에 부모님께 편지로 감사한 마음을 _____.

5) 복도에서 선생님과 마주친 학생들은 머리를 숙여 _____ 인사했다.

6) 친구가 뜻 모를 손짓을 했는데, 알고 보니 자기 쪽으로 오라는 _____ 이었다.

표정, 몸짓, 말투에 주의하며 말하면 좋은 점 알기 | 교과서 34~39쪽 |

말투
한자 씌울 투 套

말의 빠르기, 높낮이, 세기 따위에서 드러나는 / 독특한 방식 또는 느낌

예 다른 사람과 이야기를 나눌 때에는 표정은 상냥하게, 몸짓은 공손하게, **말투**는 친절하게 해야 한다.

비 어투, 언투, 톤(tone), 말씨

작품
한자 지을 작 作
물건 품 品

그림, 조각, 시, 노래, 소설 따위의 / •창작 활동으로 만들어 낸 / 물건 또는 •예술 작품

예 교사는 학생들이 미술 시간에 만든 **작품**을 사물함 위에 •전시했다.

• 창작   예술 작품을 처음으로 만들어 내거나 생각해 표현함. 또는 그 작품

• 예술   아름다움을 표현하려는 인간 활동과 그 작품

• 전시하다   여러 가지 물품 따위를 한곳에 모아 벌여 놓고 사람들에게 보이다

주의하다
한자 부을 주 注
뜻 의 意

마음에 새겨 두고 / •조심하다

예 표정, 몸짓, 말투에 **주의하며** 말하면 듣는 사람에게 자신의 마음을 더 잘 •전할 수 있다.

• 조심하다   (잘못이나 실수가 없도록) 말이나 행동에 마음을 쓰다

• 전하다   어떤 것을 상대에게 옮겨 주다

비 조심하다

평소 (평상시)
한자 평평할 평 平
본디 소 素

•특별한 일이 없는 / 보통 때

예 **평소**에 아침 일곱 시쯤 일어나는데, 오늘은 늦잠을 자서 열 시에 일어났다.

• 특별하다   보통과 아주 다르다

비 평일, 평시

덤벙거리다

침착하지 못하고 / 조심성 없이 / 몸을 움직이다

예 아이는 **덤벙거리는** 성격이어서 •종종 휴대폰을 교실에 놓고 집에 간다.

• 종종(가끔) 시간적·공간적 간격이 얼마쯤씩 있게

비 덤벙대다, 덤벙덤벙하다, 덤벙이다, 덜렁거리다, 덜렁대다

일부러

어떤 목적이나 생각을 갖고 또는 알면서도 마음을 숨기고

예 친구를 놀래 주려고 **일부러** 아픈 표정을 짓고 다리를 •절룩거렸다.

• 절룩거리다(절룩대다) 몸을 한쪽으로 끼우뚱거리며 걷다

→ 바른 답 294쪽

1 문장을 읽고, 알맞은 낱말을 써 넣어 봅시다.

1) 말의 빠르기, 높낮이, 세기 따위에서 드러나는 독특한 방식
   또는 느낌

2) 그림, 조각, 시, 노래, 소설 따위의 창작 활동으로 만들어 낸 물건
   또는 예술 작품

3) 마음에 새겨 두고 조심하다

4) 특별한 일이 없는 보통 때

5) 침착하지 못하고 조심성 없이 몸을 움직이다

6) 어떤 목적이나 생각을 갖고 또는 알면서도 마음을 숨기고

2 밑줄 친 곳에 알맞은 낱말을 써 넣어 문장을 완성해 봅시다.

1) 다른 사람과 이야기를 나눌 때에는 표정은 상냥하게, 몸짓은 공손하게, _____ 는 친절하게 해야 한다.

2) 교사는 학생들이 미술 시간에 만든 _____ 을 사물함 위에 전시했다.

3) 표정, 몸짓, 말투에 _____ 말하면 듣는 사람에게 자신의 마음을 더 잘 전할 수 있다.

4) _____ 에 아침 일곱 시쯤 일어나는데, 오늘은 늦잠을 자서 열 시에 일어났다.

5) 아이는 _____ 성격이어서 종종 휴대폰을 교실에 놓고 집에 간다.

6) 친구를 놀래 주려고 _____ 아픈 표정을 짓고 다리를 절룩거렸다.

1. 작품을 보고 느낌을 나누어요

부탁하다

한자 줄 부 付
부탁할 탁 託

일을 해 달라고 / °청하다 또는 °맡기다

예 준비물을 집에 놓고 와서 엄마께 갖다 달라고 전화로 **부탁했다.**

° **청하다** (어떤 일을 이루기 위하여) 남에게 원하다 · 바라다 · 요청하다

° **맡기다** 남에게 어떤 일을 시켜 책임지게 하다

비 청탁하다, 위탁하다, 요청하다, 간청하다, 의뢰하다

특징

한자 특별할 특 特
부를 징 徵

다른 것에 °비하여 / 특별히 눈에 띄는 점

예 뱀의 **특징** 중 하나는 냄새를 코로 맡지 않고 갈라진 혀로 맡는다는 점이다.

° **비(比: 견줄 비)하다** (사물 따위를 다른 것에) 견주다. 비교하다

비 특성, 특이성, 특유성, 특색

궁녀

한자 집 궁 宮
여자 녀 女

예전에, °궁궐 안에서 / 왕과 왕비를 가까이 모시며 °시중을 들던 °여인들을 / °통틀어 이르던 말

예 조선 시대에 **궁녀**는 °왕실의 온갖 °허드렛일을 °도맡아 하였다.

° **궁궐(궁, 궐, 궁전, 궁정, 대궐)** 예전에, 임금이 사는 집

° **시중** 옆에서 여러 가지 심부름을 하는 일

° **여인** (만 20세 이상의) 성인이 된 여자

° **통틀다** 있는 대로 모두 한곳으로 묶다 ° **왕실** 왕의 가족과 친척

° **허드렛일** 작고 시시한 갖가지 일 ° **도맡다** 모든 책임을 혼자서 떠맡다

수라간

한자 물 수 水
수라 라 剌
사이 간 間

예전에, 궁궐 안에서 / 임금의 °진지를 짓는 / °부엌

예 장금이는 열 살 때 °궁중에 들어가 **수라간**에서 요리를 했다.

° **진지** '밥'의 높임말

° **부엌** 시설을 갖춰 놓고 음식을 만드는 곳

° **궁중(궁내, 궐내, 궐중)** 궁궐 안

글썽이다

눈에 눈물이 / 넘칠 듯이 모이다

예 친구와 다툰 아이는 눈물을 **글썽이더니** 끝내 울음을 터뜨리고 말았다.

뒷짐

두 손을 / 등 뒤로 마주 잡은 것

예 교사는 **뒷짐**을 쥔 채 책상 사이를 오가며 학생들의 학습 활동을 살폈다.

1 문장을 읽고, 알맞은 낱말을 써 넣어 봅시다.

1) 일을 해 달라고 청하다 또는 맡기다

2) 다른 것에 비하여 특별히 눈에 띄는 점

3) 예전에, 궁궐 안에서 왕과 왕비를 가까이 모시며 시중을 들던
   여인들을 통틀어 이르던 말

4) 예전에, 궁궐 안에서 임금의 진지를 짓는 부엌

5) 눈에 눈물이 넘칠 듯이 모이다

6) 두 손을 등 뒤로 마주 잡은 것

2 밑줄 친 곳에 알맞은 낱말을 써 넣어 문장을 완성해 봅시다.

1) 준비물을 집에 놓고 와서 엄마께 갖다 달라고 전화로 _____ .

2) 뱀의 _____ 중 하나는 냄새를 코로 맡지 않고 갈라진 혀로 맡는다는
   점이다.

3) 조선 시대에 _____ 는 왕실의 온갖 허드렛일을 도맡아 하였다.

4) 장금이는 열 살 때 궁중에 들어가 _____ 에서 요리를 했다.

5) 친구와 다툰 아이는 눈물을 _____ 끝내 울음을 터뜨리고 말았다.

6) 교사는 _____ 을 쥔 채 책상 사이를 오가며 학생들의 학습 활동을 살폈다.

정답 및 풀이 | 교과서 40~43쪽 |

찡그리다
(쨍그리다)

얼굴의 근육이나 *눈살에 / 힘을 주어 / 주름이 잡히게 하다

예 선생님이 꾸중하자 아이는 *억울하다는 듯 얼굴을 **찡그렸다**.

* 눈살   두 눈썹 사이(양미간)에 잡힌 주름(피부에 생긴 줄 자국)
* 억울하다   아무 잘못 없이 꾸중을 듣거나 벌을 받아서 화나고 답답하다

상궁
한자 오히려 상 尙
집 궁 宮

조선 시대에 / 정오품 *품계를 받고 일하는 / 궁녀

예 왕비는 가끔 시중을 드는 **상궁**들과 *함께 *투호를 즐겼다.

* 품계   고려와 조선 시대 벼슬의 등급으로, 첫 번째 품계인 정일품에서 가장 아래
       품계인 종구품으로 18단계임
* 함께   서로 더불어. 한꺼번에 같이
* 투호   항아리 따위에 화살을 던져 넣어 많이 넣는 수로 승부를 가리는 놀이

소식 (알림)
한자 사라질 소 消
쉴 식 息

사람의 *안부 또는 일의 *형세 따위를 알리는 / 말이나 글

예 아이가 시험에 *합격했다는 **소식**을 듣고 엄마는 무척 기뻐했다.

* 안부   어떤 사람이 편안하게 잘 지내는지 그렇지 않은지에
       대한 소식. 또는 인사로 편안한지를 묻는 일
* 형세(정세)   일이 되어 가는 형편(상태 · 경로 · 결과)
* 합격하다   시험 · 검사 · 심사 따위에서 일정한 조건을 갖춰 자격이나 지위 따위를 얻다

옥살이
한자 옥 옥 獄

*감옥에 갇혀 지내는 / 생활

예 장 발장은 빵 한 조각을 훔쳤다가 19년이나 **옥살이**를 했다.

* 감옥   죄인을 가두어 두는 곳. 한때 '형무소'로 불렀으나 현재는 '교도소'로 부름

꾸중 (꾸지람)

아랫사람의 잘못을 / 꾸짖음 또는 꾸짖는 말

예 아이는 *잔치에 쓸 국수를 바닥에 *쏟아 **꾸중**을 들었다.

* 잔치(연찬)   기쁜 일이 있을 때에 음식을 차려 놓고 여러 사이 모여 즐기는 일
* 쏟다   그릇 따위에 담긴 것을 기울여서 한꺼번에 밖으로 나오게 하다

실감나다
한자 열매 실 實
느낄 감 感

*체험하는 듯한 / 느낌이 들다

예 극장에서 영화를 보면 *화면이 커서 훨씬 더 **실감난다**.

* 체험하다   (사람이 일을) 실제로 보고 듣고 겪다
* 화면   텔레비전이나 컴퓨터 따위에서, 그림이나 영상이 나타나는 면

→ 바른 답 294쪽

1 문장을 읽고, 알맞은 낱말을 써 넣어 봅시다.

1) 얼굴의 근육이나 눈살에 힘을 주어 주름이
   잡히게 하다

2) 조선 시대에 정오품 품계를 받고 일하는 궁녀

3) 사람의 안부 또는 일의 형세 따위를 알리는 말이나 글

4) 감옥에 갇혀 지내는 생활

5) 아랫사람의 잘못을 꾸짖음 또는 꾸짖는 말

6) 체험하는 듯한 느낌이 들다

2 밑줄 친 곳에 알맞은 낱말을 써 넣어 문장을 완성해 봅시다.

1) 선생님이 꾸중하자 아이는 억울하다는 듯 얼굴을 _____.

2) 왕비는 가끔 시중을 드는 _____ 들과 함께 투호를 즐겼다.

3) 아이가 시험에 합격했다는 _____ 을 듣고 엄마는 무척 기뻐했다.

4) 장 발장은 빵 한 조각을 훔쳤다가 19년이나 _____ 를 했다.

5) 아이는 잔치에 쓸 국수를 바닥에 쏟아 _____ 을 들었다.

6) 극장에서 영화를 보면 화면이 커서 훨씬 더 _____.

1. 작품을 보고 느낌을 나누어요

이해하다

한자 다스릴 이 理
풀 해 解

말이나 글의 뜻을 / 듣거나 보고 / 깨달아 알다

예 그는 외국 영화를 자막 없이 봐도 무슨 내용인지
정확히 **이해할** 수 있다.

**감상하다
(상감하다)**

한자 거울 감 鑑
상줄 상 賞

예술 작품, 경치 따위를 / 느끼고 이해하다 또는 즐기고 °평가하다

예 지난 주말에 가족과 함께 미술관에 가서 전시된 그림들을 **감상했다.**

° **평가하다**　(사물의 좋고 나쁨, 잘하고 못함, 옳고 그름 따위를) 가르고 정하다

섭섭하다

바라는 대로 되지 않아 / °아쉽고 °못마땅하다

예 아이는 친구들이 자신의 마음을 °몰라주는 게 °못내 **섭섭했다.**

° **아쉽다**　　(어떤 일이 하고 싶지 않거나 뜻대로 되지 않아) 섭섭하고 서운하다

° **못마땅하다**　마음에 들지 않아 기분이 좋지 않다

° **몰라주다**　(남의 사정이나 마음을) 알아주지 않거나 이해하여 주지 못하다

° **못내**　　　마음에 두거나 잊지 못하고 계속해서

**돋보이다
(도두보이다)**

다른 것보다 눈에 띄게 / 겉으로 나타나다 또는 좋아 보이다

예 아름다운 °외모를 지닌 그녀는 사람들 속에서 °단연 **돋보였다.**

° **외모(겉모습, 외양)**　　겉으로 드러나 보이는 모습

° **단연**　　두말할 것도 없이 분명하게

망치다

잘못되게 하다 또는 못쓰게 만들다

예 아이는 친구를 돋보이게 하고 싶어서 일부러 자신의 °무대를 **망쳤다.**

° **무대**　　재능을 발휘하거나 나타내 보이는 곳. 활약하는 마당

연습하다

한자 익힐 연 練
익힐 습 習

학문이나 °기예 따위를 / 되풀이하여 °익히다

예 큰 대회를 앞둔 선수들은 °구슬땀을 흘리며 열심히 **연습했다.**

° **기예**　　갈고 닦은 기술이나 재주

° **익히다**　　어떤 일을 익숙하게(여러 번 하여 잘하게) 하다

° **구슬땀**　　구슬처럼 방울방울 맺힌 땀

비 단련하다, 훈련하다, 익히다

1 문장을 읽고, 알맞은 낱말을 써 넣어 봅시다.

1) 말이나 글의 뜻을 듣거나 보고 깨달아 알다

2) 예술 작품, 경치 따위를 느끼고 이해하다 또는
    즐기고 평가하다

3) 바라는 대로 되지 않아 아쉽고 못마땅하다

4) 다른 것보다 눈에 띄게 겉으로 나타나다 또는
    좋아 보이다

5) 잘못되게 하다 또는 못쓰게 만들다

6) 학문이나 기예 따위를 되풀이하여 익히다

2 밑줄 친 곳에 알맞은 낱말을 써 넣어 문장을 완성해 봅시다.

1) 그는 외국 영화를 자막 없이 봐도 무슨 내용인지 정확히 _____ 수 있다.

2) 지난 주말에 가족과 함께 미술관에 가서 전시된 그림들을 _____.

3) 아이는 친구들이 자신의 마음을 몰라주는 게 못내 _____.

4) 아름다운 외모를 지닌 그녀는 사람들 속에서 단연 _____.

5) 아이는 친구를 돋보이게 하고 싶어서 일부러 자신의 무대를 _____.

6) 큰 대회를 앞둔 선수들은 구슬땀을 흘리며 열심히 _____.

1 문장을 읽고, 알맞은 낱말을 써 넣어 봅시다.

1) 침착하지 못하고 조심성 없이 몸을 움직이다 _____

2) 말이나 글의 뜻을 듣거나 보고 깨달아 알다 _____

3) 자신의 잘못을 인정하고 용서를 빌다 _____

4) 예술 작품, 경치 따위를 느끼고 이해하다 또는
즐기고 평가하다 _____

5) 말이나 행동이 예의 바르고·겸손하다 _____

6) 바라는 대로 되지 않아 아쉽고 못마땅하다 _____

7) 몸을 움직이는 모양 _____

8) 다른 것보다 눈에 띄게 겉으로 나타나다 또는
좋아 보이다 _____

9) 특별한 일이 없는 보통 때 _____

10) 눈에 눈물이 넘칠 듯이 모이다 _____

11) 예전에, 궁궐 안에서 왕과 왕비를 가까이 모시며
시중을 들던 여인들을 통틀어 이르던 말 _____

12) 잘못되게 하다 또는 못쓰게 만들다 _____

13) 다른 사람에게 괴로움이나 폐를 끼쳐
마음이 편하지 않다 _____

14) 얼굴의 근육이나 눈살에 힘을 주어 주름이 잡히게 하다 _____

→ 바른 답 294쪽

15)　조선 시대에 정오품 품계를 받고 일하는 궁녀　_____

16)　마음에 새겨 두고 조심하다　_____

17)　사람의 안부 또는 일의 형세 따위를 알리는 말이나 글　_____

18)　감옥에 갇혀 지내는 생활　_____

19)　아랫사람의 잘못을 꾸짖음 또는 꾸짖는 말　_____

20)　마음속에 품은 기쁨·슬픔·좋음·싫음 따위의 감정이
　　얼굴에 나타난 모양　_____

21)　예전에, 궁궐 안에서 임금의 진지를 짓는 부엌　_____

22)　체험하는 듯한 느낌이 들다　_____

23)　일을 해 달라고 청하다 또는 맡기다　_____

24)　어떤 목적이나 생각을 갖고 또는 알면서도 마음을 숨기고　_____

25)　그림, 조각, 시, 노래, 소설 따위의 창작 활동으로
　　만들어 낸 물건 또는 예술 작품　_____

26)　다른 것에 비하여 특별히 눈에 띄는 점　_____

27)　학문이나 기예 따위를 되풀이하여 익히다　_____

28)　두 손을 등 뒤로 마주 잡은 것　_____

29)　말의 빠르기, 높낮이, 세기 따위에서 드러나는
　　독특한 방식 또는 느낌　_____

30)　생각이나 감정을 말, 행동, 글, 음악, 그림 따위를 통해
　　겉으로 나타내다　_____

2 밑줄 친 곳에 알맞은 낱말을 써 넣어 문장을 완성해 봅시다.

1) 아이는 _____ 성격이어서 종종 휴대폰을 교실에 놓고 집에 간다.

2) 그는 외국 영화를 자막 없이 봐도 무슨 내용인지 정확히 _____ 수 있다.

3) 교사는 _____ 을 쥔 채 책상 사이를 오가며 학생들의 학습 활동을 살폈다.

4) 표정, 몸짓, 말투에 _____ 말하면 듣는 사람에게 자신의 마음을 더 잘 전할 수 있다.

5) 실수로 친구의 발을 밟고 나서 미안한 표정을 지으며 진심으로 _____ .

6) 왕비는 가끔 시중을 드는 _____ 들과 함께 투호를 즐겼다.

7) 지난 주말에 가족과 함께 미술관에 가서 전시된 그림들을 _____ .

8) 아이는 친구를 돋보이게 하고 싶어서 일부러 자신의 무대를 _____ .

9) 다른 사람과 이야기를 나눌 때에는 표정은 상냥하게, 몸짓은 공손하게, _____ 는 친절하게 해야 한다.

10) 교사는 학생들이 미술 시간에 만든 _____ 을 사물함 위에 전시했다.

11) 아이는 잔치에 쓸 국수를 바닥에 쏟아 _____ 을 들었다.

12) _____ 에 아침 일곱 시쯤 일어나는데, 오늘은 늦잠을 자서 열 시에 일어났다.

13) 친구를 놀래 주려고 _____ 아픈 표정을 짓고 다리를 절룩거렸다.

14) 큰 대회를 앞둔 선수들은 구슬땀을 흘리며 열심히 _____ .

→ 바른 답 294쪽

15) 선생님이 꾸중하자 아이는 억울하다는 듯 얼굴을 _____.

16) 아름다운 외모를 지닌 그녀는 사람들 속에서 단연 _____.

17) 장금이는 열 살 때 궁중에 들어가 _____ 에서 요리를 했다.

18) 아이가 시험에 합격했다는 _____ 을 듣고 엄마는 무척 기뻐했다.

19) 등굣길에 만난 친구가 활짝 웃으며 반가운 _____ 을 지었다.

20) 친구와 다툰 아이는 눈물을 _____ 끝내 울음을 터뜨리고 말았다.

21) 늦잠을 자는 바람에 친구와 만나기로 한 약속을 못 지켜서 정말 _____.

22) 뱀의 _____ 중 하나는 냄새를 코로 맡지 않고 갈라진 혀로 맡는다는 점이다.

23) 복도에서 선생님과 마주친 학생들은 머리를 숙여 _____ 인사했다.

24) 친구가 뜻 모를 손짓을 했는데, 알고 보니 자기 쪽으로 오라는 _____ 이었다.

25) 장 발장은 빵 한 조각을 훔쳤다가 19년이나 _____ 를 했다.

26) 극장에서 영화를 보면 화면이 커서 훨씬 더 _____.

27) 준비물을 집에 놓고 와서 엄마께 갖다 달라고 전화로 _____.

28) 어버이날에 부모님께 편지로 감사한 마음을 _____.

29) 아이는 친구들이 자신의 마음을 몰라주는 게 못내 _____.

30) 조선 시대에 _____ 는 왕실의 온갖 허드렛일을 도맡아 하였다.

1일

1. 작품을 보고 느낌을 나누어요

미미 언니 자두 | 교과서 44~47쪽 |

감동
한자 느낄 감 感
움직일 동 動

무엇을 / 깊이 느껴 / 마음이 움직임

예 아이가 발에 멍이 들면서도 열심히 연습하는 부분에서 감동을 받았다.

비 감격

줄거리

*군더더기를 다 떼어 버리고 / *핵심만 담은 / 내용

예 인물의 표정, 몸짓, 말투에 주의하며 만화 영화를 보면 **줄거리**를 이해하는 데 도움이 된다.

* 군더더기   쓸데없이 덧붙은 것
* 핵심   가장 중요하고 기본이 되는 부분이나 사실

비 대강, 요지

속상하다
한자 다칠 상 傷

화가 나거나 · 걱정이 되어 / 마음이 불편하고 · 괴롭고 · *우울하다

예 미미는 사람들이 자신을 자두 동생이라고 부르는 게 너무 **속상해서** 울었다.

* 우울하다   답답하거나 걱정스러워 기운이 없다

거인 부벨라와 지렁이 친구 | 교과서 48~61쪽 |

자그마하다
(자그맣다)

크기나 *수량이 / 조금 작다

예 친구가 *발표를 했는데, 목소리가 너무 **자그마해서** 잘 들리지 않았다.

* 수량   수효(사물의 수)와 분량(수효, 무게의 많고 적음이나 부피의 크고 작은 정도)
* 발표   (어떤 사실, 결과, 작품 따위를) 세상에 널리 드러내어 알림

주인공 (주공)
한자 주인 주 主
사람 인 人
공평할 공 公

연극, 영화, 소설 따위에서 / 사건을 이끌어 가는 / *중심인물

예 「거인 부벨라와 지렁이 친구」에 나오는 인물 중에서 **주인공**은 '부벨라' '정원사' '지렁이'이다.

* 중심인물   사건의 중심이 되는 인물(이야기에서 어떤 역할을 하는 사람)

예외
한자 법식 예 例
바깥 외 外

*일반적 *규칙 또는 보통의 경우에서 / 벗어남

예 모든 사람이 거인을 무서워했는데, 자그마한 목소리의 *주인공인 지렁이는 **예외**로 거인을 무서워하지 않았다..

* 일반적   (일부가 아닌) 전체에 널리 걸치는 (것)
* 규칙   (여러 사람이 다 함께 지키기로 정한) 약속
* 주인공   드러나지 아니한 관심의 대상

| 공부한 날 | 월 | 일 | 학습평가 ☑ |  |

1 문장을 읽고, 알맞은 낱말을 써 넣어 봅시다.

1) 무엇을 깊이 느껴 마음이 움직임

2) 군더더기를 다 떼어 버리고 핵심만 담은 내용

3) 화가 나거나·걱정이 되어 마음이 불편하고·
괴롭고·우울하다

4) 크기나 수량이 조금 작다

5) 연극, 영화, 소설 따위에서 사건을 이끌어 가는 중심인물

6) 일반적 규칙 또는 보통의 경우에서 벗어남

2 밑줄 친 곳에 알맞은 낱말을 써 넣어 문장을 완성해 봅시다.

1) 아이가 발에 멍이 들면서도 열심히 연습하는 부분에서 _____ 을 받았다.

2) 인물의 표정, 몸짓, 말투에 주의하며 만화 영화를 보면 _____ 를 이해하는
데 도움이 된다.

3) 미미는 사람들이 자신을 자두 동생이라고 부르는 게 너무 _____ 울었다.

4) 친구가 발표를 했는데, 목소리가 너무 _____ 잘 들리지 않았다.

5) 「거인 부벨라와 지렁이 친구」에 나오는 인물 중에서 _____ 은 '부벨라'
'정원사' '지렁이'이다.

6) 모든 사람이 거인을 무서워했는데, 자그마한 목소리의 주인공인 지렁이는
_____ 로 거인을 무서워하지 않았다.

2일 1. 작품을 보고 느낌을 나누어요

근처
한자 가까울 근 近
곳 처 處

가까운 곳
예 우리집은 학교 **근처**에 있어서 집에서 학교까지 가는 데 1분 밖에 안 걸린다.
비 근방, 부근, 인근, 가까이

빠끔히 (빠끔)

작은 구멍이나 · *틈 사이로 / 조금만 보이는 모양
예 5교시 수업 시간에 교실 문이 갑자기 *스르르 열리더니 1학년처럼 보이는
아이가 얼굴을 **빠끔히** *내밀었다.
* 틈   벌어져 사이(한 물체에서 다른 물체까지의 공간)가 난 자리
* 스르르   미끄러지듯 슬며시 움직이는 모양
* 내밀다   신체나 물체의 일부분이 밖이나 앞으로 나가게 하다

가로젓다

*거절하거나 · *부정하거나 · 의심스럽다는 뜻으로 / 고개나 손을 따위를 /
*가로 방향으로 흔들다
예 운동장에 나가서 놀자는 내 말에 친구는 싫다는 듯 고개를 **가로저었다.**
* 거절하다   상대편의 요구 · 제안 · 선물 · 부탁 따위를 받아들이지 않고 물리치다
* 부정하다   어떤 사실이 그렇지 않다고 단정하거나 옳지 않다고 반대하다
* 가로   좌우(왼쪽과 오른쪽)의 방향으로

요란하다
한자 흔들 요 搖
어지러울 란 亂

듣기 싫게 떠들썩하다
예 여름만 되면 매미 울음소리로 *온 *동네가 **요란하다.**
* 온   전부의. 모두의. 전체의   * 동네   자기가 사는 집의 근처

젠체하다

잘난 *체하다
예 100점 맞았다고 자꾸 자랑하는 동생에게 너무 **젠체하지** 말라고 *쏘아붙였다.
* 체하다(척하다)   그럴듯하게 꾸미다
* 쏘아붙이다   매섭고 날카롭게 말을 내뱉다

덩치

몸의 / 전체적인 크기나 *부피
예 아이는 *또래 친구들보다 **덩치**가 *훨씬 커서 항상 교실 *맨 뒤에 앉는다.
* 부피   물건이 차지하고 있는 공간(곳)의 크기
* 또래   나이나 수준이 서로 비슷비슷한 무리
* 훨씬   정도 이상으로 많거나 적게
* 맨   '그보다 더할 수 없을 정도로 가장'의 뜻을 나타내는 말

→ 바른 답 294쪽

 문장을 읽고, 알맞은 낱말을 써 넣어 봅시다.

1) 가까운 곳

2) 작은 구멍이나 · 틈 사이로 조금만 보이는 모양

3) 거절하거나 · 부정하거나 · 의심스럽다는 뜻으로 고개나 손을 따위를 가로 방향으로 흔들다

4) 듣기 싫게 떠들썩하다

5) 잘난 체하다

6) 몸의 전체적인 크기나 부피

2 **밑줄 친 곳에 알맞은 낱말을 써 넣어 문장을 완성해 봅시다.**

1) 우리집은 학교 _____에 있어서 집에서 학교까지 가는 데 1분 밖에 안 걸린다.

2) 5교시 수업 시간에 교실 문이 갑자기 스르르 열리더니 1학년처럼 보이는 아이가 얼굴을 _____ 내밀었다.

3) 운동장에 나가서 놀자는 내 말에 친구는 싫다는 듯 고개를 _____.

4) 여름만 되면 매미 울음소리로 온 동네가 _____.

5) 100점 맞았다고 자꾸 자랑하는 동생에게 너무 _____ 말라고 쏘아붙였다.

6) 아이는 또래 친구들보다 _____가 훨씬 커서 항상 교실 맨 뒤에 앉는다.

1. 작품을 보고 느낌을 나누어요

당연하다

한자 마땅 당 當
그럴 연 然

일의 앞뒤 사정을 놓고 볼 때 / 마땅히 그렇다

예 수업을 전혀 안 듣고 공부도 *아예 안 했으니 시험을 망치는 건 **당연하다.**

* 아예　　　절대로. 조금도

비 마땅하다, 지당하다

대답하다

한자 대할 대 對
대답 답 答

상대가 / *묻는 말에 대하여 / *답하다

예 엄마가 "왜 공부를 안 하느냐?"고 묻자, 아이는 당연하다는 듯 "재미없으니까"라고 **대답했다.**

* 묻다　　　남의 대답이나 설명을 구하다

* 답하다　　(사람이 요구나 질문에 응하여) 자기 의견(생각)을 말하다

비 답하다, 답변하다, 응답하다, 회답하다

조심스럽다

한자 잡을 조 操
마음 심 心

잘못이나 실수가 없도록 / 말이나 행동에 / 마음을 쓰는 태도가 있다

예 아이는 숨을 깊이 들이마시고 난 뒤 친구에게 "우리집에 놀러 올래?"라고 **조심스럽게** 물었다.

정신없이

한자 정할 정 精
귀신 신 神

몹시 바쁘게

예 늦잠을 자서 *부리나케 옷을 입고 학교로 **정신없이** 뛰어갔다.

* 부리나케　　몹시 서두르며 매우 급하게

곳곳

*여러 *곳 또는 이곳저곳

예 *휴가철에는 여행을 갔는데, 가는 **곳곳**마다 사람들로 발 디딜 틈이 없었다.

* 여러　　　수가 많은

* 곳　　　　일정한 자리나 지역

* 휴가철　　많은 사람이 휴가를 보내는 기간

비 도처, 각처, 처처, 여기저기, 이곳저곳

정리하다

한자 가지런할 정 整
다스릴 리 理

*흐트러진 것을 / *가지런히 *바로잡다

예 엄마는 집 안 곳곳을 닦고 흐트러진 물건들을 깔끔히 **정리했다.**

* 흐트러지다　사물들이 이리저리 뒤섞여 뒤죽박죽이 되다

* 가지런히　　(여럿이 늘어선 모양이) 나란하거나 차이가 없도록 같게

* 바로잡다　　굽거나 비뚤어진 것을 곧게 만들다

게임 무펠라리와 지렁이 친구 | 교과서 48~61쪽 |

바른 답 295쪽

1 문장을 읽고, 알맞은 낱말을 써 넣어 봅시다.

1) 일의 앞뒤 사정을 놓고 볼 때 마땅히 그렇다

2) 상대가 묻는 말에 대하여 답하다

3) 잘못이나 실수가 없도록 말이나 행동에 마음을 쓰는 태도가 있다

4) 몹시 바쁘게

5) 여러 곳 또는 이곳저곳

6) 흐트러진 것을 가지런히 바로잡다

2 밑줄 친 곳에 알맞은 낱말을 써 넣어 문장을 완성해 봅시다.

1) 수업을 전혀 안 듣고 공부도 아예 안 했으니 시험을 망치는 건 _____ .

2) 엄마가 "왜 공부를 안 하느냐?"고 묻자, 아이는 당연하다는 듯 "재미없으니까"라고 _____ .

3) 아이는 숨을 깊이 들이마시고 난 뒤 친구에게 "우리집에 놀러 올래?"라고 _____ 물었다.

4) 늦잠을 자서 부리나케 옷을 입고 학교로 _____ 뛰어갔다.

5) 휴가철에는 여행을 갔는데, 가는 _____ 마다 사람들로 발 디딜 틈이 없었다.

6) 엄마는 집 안 곳곳을 닦고 흐트러진 물건들을 깔끔히 _____ .

지원이와 지우의 친구 | 교과서 48~61쪽 |

정원

한자 뜰 정 庭
동산 원 園

집 안에 있는 / •뜰 또는 •꽃밭

예 그는 •마당을 **정원**으로 꾸미기 위해 갖가지 꽃과 나무를 심었다.

• **뜰**   (주로 화초나 나무 등을 가꾸는) 집 안에 있는 평평한 땅

• **꽃밭**   꽃을 많이 심어 가꾼 곳. 또는 꽃이 많이 핀 곳

• **마당**   집 둘레에 평평하게 닦아 놓은 땅

비 원정, 뜰, 뜨락, 호정

정원사

한자 뜰 정 庭
동산 원 園
스승 사 師

정원의 / •화단이나 나무를 •가꾸는 일을 / 직업으로 하는 사람

예 화단의 나무를 •손질하고 있는 **정원사**에게 나무 이름을 물어 보았다.

• **화단**   꽃이 피는 풀과 나무를 심기 위해 흙을 쌓아 만든 꽃밭

• **가꾸다**   식물이나 그것을 기르는 장소 따위를 손질하고 보살피다

• **손질하다**   (사람이 사물을) 손으로 매만져 잘 가다듬는 일을 하다

문득

생각이나 느낌 따위가 / 갑자기 •떠오르는 모양

예 만화책을 보다가 학원 숙제가 **문득** 떠올라서 만화책을 덮고 문제집을 펼쳤다.

• **떠오르다**   기억이 되살아나거나 생각이 나다

비 불현듯, 언뜻, 얼핏, 맥연히

초조하다

한자 탈 초 焦
마를 조 燥

마음속이 타는 듯 / 몹시 •불안하고 · 걱정되다

예 마음이 **초조했던** 엄마는 아이의 합격 소식을 듣고 •안도의 한숨을 쉬었다.

• **불안하다**   (걱정스럽거나 초조하여) 마음이 편하지 않고 조마조마하다

• **안도**   어떤 일이 잘 진행되어 마음을 놓음

비 졸이다, 조바심하다, 조마조마하다, 불안하다

당황스럽다

한자 당황할 당 唐
어리둥절할 황 慌

•뜻밖의 일을 당하여 / 어찌할 바를 몰라 / •어리둥절하다

예 아무 말도 하지 않았는데 친구가 갑자기 화를 내서 무척 **당황스러웠다**.

• **뜻밖(의외)**   생각이나 예상을 전혀 하지 못함

• **어리둥절하다**   뜻밖의 일을 당하여 정신을 차릴 수 없다

예전

꽤 오래된 / 지난날

예 작년에 •절교한 친구로부터 "**예전**처럼 친하게 지내자"는 편지를 받았다.

• **절교하다**   두 사람이 사귀어 오던 교제(서로 사귀어 가까이 지냄)를 끊다

비 옛날, 옛적, 왕년

2주
4일

1 문장을 읽고, 알맞은 낱말을 써 넣어 봅시다.

1) 집 안에 있는 뜰 또는 꽃밭

2) 정원의 화단이나 나무를 가꾸는 일을 직업으로 하는 사람

3) 생각이나 느낌 따위가 갑자기 떠오르는 모양

4) 마음속이 타는 듯 몹시 불안하고 · 걱정되다

5) 뜻밖의 일을 당하여 어찌할 바를 몰라 어리둥절하다

6) 꽤 오래된 지난날

2 밑줄 친 곳에 알맞은 낱말을 써 넣어 문장을 완성해 봅시다.

1) 그는 마당을 _____ 으로 꾸미기 위해 갖가지 꽃과 나무를 심었다.

2) 화단의 나무를 손질하고 있는 _____ 에게 나무 이름을 물어 보았다.

3) 만화책을 보다가 학원 숙제가 _____ 떠올라서 만화책을 덮고 문제집을 펼쳤다.

4) 마음이 _____ 엄마는 아이의 합격 소식을 듣고 안도의 한숨을 쉬었다.

5) 아무 말도 하지 않았는데 친구가 갑자기 화를 내서 무척 _____ .

6) 작년에 절교한 친구로부터 "_____ 처럼 친하게 지내자"는 편지를 받았다.

거인 바셀리와 지역이 친구 | 교과서 48~61쪽 |

물끄러미

*우두커니 / *한곳만 / 바라보는 **모양**

예 그는 거인이 다가오는데도 놀라지 않고 *그저 **물끄러미** 바라보기만 했다.

* **우두커니** 넋이 나간 듯이 가만히 한 자리에 서 있거나
  앉아 있는 모양
* **한곳** 어떤 일정한 곳 또는 같은 곳
* **그저** 다른 일은 하지 않고 그냥

털어놓다

비밀이나 고민 등을 / 숨김없이 이야기하다

예 아이는 단짝 친구에게 *걱정거리를 *솔직히 **털어놓았다**.

* **걱정거리** 잘못될까 불안해하며 속을 태우게 되는 일
* **솔직히** 거짓이나 숨김없이 바르게

잠기다

한 가지 일 또는 생각에 / 모든 정신을 쏟다

예 아이의 걱정거리를 들은 친구는 우두커니 서서 *가만히 생각에 **잠겼다**.

* **가만히** 마음속으로 곰곰이(여러모로 깊이 생각하는 모양)

비 몰두하다, 몰입하다, 빠지다, 열중하다, 골똘하다, 젖다

친절하다

한자 친할 친 親
끊을 절 切

말이나 행동이 매우 / *정답고 · 공손하고 · 부드럽다

예 그는 길을 묻는 외국인이 찾아 가려는 장소까지 직접 데려다 줄 만큼 **친절하다**.

* **정답다** 정이 있어 마음이 따뜻하고 포근하다

베풀다

남에게 / 도움, *자선 따위의 / *은혜를 받게 하다

예 길을 찾아 헤매던 외국인은 그가 **베풀어** 준 친절에 감동하여 눈물이 나올 것
만 같았다.

* **자선** (가난하거나 불행한 처지에 있는) 남을 불쌍히 여겨 도와줌
* **은혜** 고맙게 베풀어 주는 도움

보답

한자 갚을 보 報
대답 답 答

남의 *호의나 은혜에 대하여 / *갚음

예 외국인은 친절을 베풀어 준 그에게 어떻게든 꼭 **보답**을 하고 싶었다.

* **호의** 친절한 마음씨. 또는 좋게 생각해 주는 마음
* **갚다** 남에게 진 은혜 · 원한 따위를 그에 상당하게 돌려주다

→ 바른 답 295쪽

1 문장을 읽고, 알맞은 낱말을 써 넣어 봅시다.

2주
5일

1) 우두커니 한곳만 바라보는 모양

2) 비밀이나 고민 등을 숨김없이 이야기하다

3) 한 가지 일 또는 생각에 모든 정신을 쏟다

4) 말이나 행동이 매우 정답고 · 공손하고 · 부드럽다

5) 남에게 도움, 자선 따위의 은혜를 받게 하다

6) 남의 호의나 은혜에 대하여 갚음

2 밑줄 친 곳에 알맞은 낱말을 써 넣어 문장을 완성해 봅시다.

1) 그는 거인이 다가오는데도 놀라지 않고 그저 _____ 바라보기만 했다.

2) 아이는 단짝 친구에게 걱정거리를 솔직히 _____ .

3) 아이의 걱정거리를 들은 친구는 우두커니 서서 가만히 생각에 _____ .

4) 그는 길을 묻는 외국인이 찾아 가려는 장소까지 직접 데려다 줄 만큼 _____ .

5) 길을 찾아 헤매던 외국인은 그가 _____ 준 친절에 감동하여 눈물이 나올 것만 같았다.

6) 외국인은 친절을 베풀어 준 그에게 어떻게든 꼭 _____ 을 하고 싶었다.

1 문장을 읽고, 알맞은 낱말을 써 넣어 봅시다.

1) 작은 구멍이나·틈 사이로 조금만 보이는 모양 _____

2) 우두커니 한곳만 바라보는 모양 _____

3) 잘난 체하다 _____

4) 비밀이나 고민 등을 숨김없이 이야기하다 _____

5) 한 가지 일 또는 생각에 모든 정신을 쏟다 _____

6) 상대가 묻는 말에 대하여 답하다 _____

7) 흐트러진 것을 가지런히 바로잡다 _____

8) 말이나 행동이 매우 정답고·공손하고·부드럽다 _____

9) 남에게 도움, 자선 따위의 은혜를 받게 하다 _____

10) 여러 곳 또는 이곳저곳 _____

11) 무엇을 깊이 느껴 마음이 움직임 _____

12) 잘못이나 실수가 없도록 말이나 행동에
마음을 쓰는 태도가 있다 _____

13) 군더더기를 다 떼어 버리고 핵심만 담은 내용 _____

14) 화가 나거나·걱정이 되어 마음이 불편하고·
괴롭고·우울하다 _____

15) 듣기 싫게 떠들썩하다 _____

→ 바른 답 295쪽

16) 크기나 수량이 조금 작다

17) 가까운 곳

18) 생각이나 느낌 따위가 갑자기 떠오르는 모양

19) 연극, 영화, 소설 따위에서 사건을 이끌어 가는 중심인물

20) 일반적 규칙 또는 보통의 경우에서 벗어남

21) 정원의 화단이나 나무를 가꾸는 일을 직업으로 하는 사람

22) 남의 호의나 은혜에 대하여 갚음

23) 집 안에 있는 뜰 또는 꽃밭

24) 뜻밖의 일을 당하여 어찌할 바를 몰라
     어리둥절하다

25) 마음속이 타는 듯 몹시 불안하고 · 걱정되다

26) 거절하거나 · 부정하거나 · 의심스럽다는 뜻으로
     고개나 손을 따위를 가로 방향으로 흔들다

27) 몸의 전체적인 크기나 부피

28) 꽤 오래된 지난날

29) 일의 앞뒤 사정을 놓고 볼 때 마땅히 그렇다

30) 몹시 바쁘게

2 밑줄 친 곳에 알맞은 낱말을 써 넣어 문장을 완성해 봅시다.

1) 그는 거인이 다가오는데도 놀라지 않고 그저 _____ 바라보기만 했다.

2) 길을 찾아 헤매던 외국인은 그가 _____ 준 친절에 감동하여 눈물이 나올 것만 같았다.

3) 친구가 발표를 했는데, 목소리가 너무 _____ 잘 들리지 않았다.

4) 아이는 단짝 친구에게 걱정거리를 솔직히 _____.

5) 「거인 부벨라와 지렁이 친구」에 나오는 인물 중에서 _____ 은 '부벨라' '정원사' '지렁이'이다.

6) 아이의 걱정거리를 들은 친구는 우두커니 서서 가만히 생각에 _____.

7) 수업을 전혀 안 듣고 공부도 아예 안 했으니 시험을 망치는 건 _____.

8) 모든 사람이 거인을 무서워했는데, 자그마한 목소리의 주인공인 지렁이는 _____ 로 거인을 무서워하지 않았다.

9) 엄마가 "왜 공부를 안 하느냐?"고 묻자, 아이는 당연하다는 듯 "재미없으니까"라고 _____.

10) 작년에 절교한 친구로부터 "_____처럼 친하게 지내자"는 편지를 받았다.

11) 아이는 숨을 깊이 들이마시고 난 뒤 친구에게 "우리집에 놀러 올래?"라고 _____ 물었다.

12) 인물의 표정, 몸짓, 말투에 주의하며 만화 영화를 보면 _____를 이해하는 데 도움이 된다.

13) 아무 말도 하지 않았는데 친구가 갑자기 화를 내서 무척 _____.

14) 늦잠을 자서 부리나케 옷을 입고 학교로 _____ 뛰어갔다.

→ 바른 답 295쪽

2주
평가

15) 100점 맞았다고 자꾸 자랑하는 동생에게 너무 _____ 말라고 쏘아붙였다.

16) 휴가철에는 여행을 갔는데, 가는 _____ 마다 사람들로 발 디딜 틈이 없었다.

17) 운동장에 나가서 놀자는 내 말에 친구는 싫다는 듯 고개를 _____.

18) 엄마는 집 안 곳곳을 닦고 흐트러진 물건들을 깔끔히 _____.

19) 미미는 사람들이 자신을 자두 동생이라고 부르는 게 너무 _____ 울었다.

20) 그는 길을 묻는 외국인이 찾아 가려는 장소까지 직접 데려다 줄 만큼 _____.

21) 아이가 발에 멍이 들면서도 열심히 연습하는 부분에서 _____ 을 받았다.

22) 그는 마당을 _____ 으로 꾸미기 위해 갖가지 꽃과 나무를 심었다.

23) 만화책을 보다가 학원 숙제가 _____ 떠올라서 만화책을 덮고 문제집을 펼쳤다.

24) 화단의 나무를 손질하고 있는 _____ 에게 나무 이름을 물어 보았다.

25) 아이는 또래 친구들보다 _____ 가 훨씬 커서 항상 교실 맨 뒤에 앉는다.

26) 우리집은 학교 _____ 에 있어서 집에서 학교까지 가는 데 1분 밖에 안 걸린다.

27) 마음이 _____ 엄마는 아이의 합격 소식을 듣고 안도의 한숨을 쉬었다.

28) 5교시 수업 시간에 교실 문이 갑자기 스르르 열리더니 1학년처럼 보이는 아이가 얼굴을 _____ 내밀었다.

29) 외국인은 친절을 베풀어 준 그에게 어떻게든 꼭 _____ 을 하고 싶었다.

30) 여름만 되면 매미 울음소리로 온 동네가 _____.

1일

1. 작품을 보고 느낌을 나누어요

| 거인 부벨라와 지렁이 친구 | 교과서 48~61쪽 |

정각
한자 바를 정 正
새길 각 刻

조금도 틀림없는 / 바로 그 •시각
예 12월 31일에서 1월 1일로 바뀌는 밤 12시 **정각**이 되자
　　새해를 알리는 종소리가 울렸다.
• **시각**　　흐르는 시간상의 한 순간. 단위는 초, 분, 시

꼿꼿하다

휘거나 •굽은 데가 없이 / •곧다
예 허리가 굽은 생쥐가 갑자기 허리를 **꼿꼿하게** 펴더니 두 다리로 •똑바로 섰다.
• **굽다(휘다)**　한쪽으로 약간 굽은 듯 휘어지다
• **곧다**　　　(한쪽 끝에서 다른 쪽 끝까지) 구부러지거나 비뚤어지지 않고 똑바르다
• **똑바로**　　(어느 한쪽으로 기울거나 굽은 데가 없이) 곧게

덩실덩실

신이 나서 / 팔다리를 이리저리 움직이며 / 춤을 추는 모양
예 아버지는 아들의 합격 소식을 듣고 기쁜 마음에 **덩실덩실** 춤을 추었다.

분명
한자 나눌 분 分
밝을 명 明

•틀림없이 •확실하게
예 그가 덩실덩실 춤추는 걸 보니, **분명** 뭔가 좋은 일이 생긴 게 틀림없다.
• **틀림없다**　어긋남이 없다. 확실하다. 꼭 같다
• **확실하다**　틀림없이 그렇다

순간
한자 깜짝일 순 瞬
사이 간 間

어떤 일이 일어난 / 바로 그때
예 복도 •모퉁이를 도는 **순간**, •맞은편에서 뛰어오던
　　아이와 부딪혔다.
• **모퉁이**　　꺾어져 돌아간 자리
• **맞은편**　　마주 바라보이는 쪽
비 찰나

마법
한자 마귀 마 魔
법 법 法

사람의 능력을 뛰어넘는 이상한 힘으로 / •불가사의한 일을 / •행하는 것
예 왕자는 나쁜 마녀의 **마법**에 걸려 개구리로 변했다.
• **불가사의하다**　　(사람의 생각으로는 알 수 없을 만큼) 묘하고 이상하다
• **행하다**　　(어떤 일을 마음먹은 대로) 해 나가다

→ 바른 답 295쪽

1 문장을 읽고, 알맞은 낱말을 써 넣어 봅시다.

1) 조금도 틀림없는 바로 그 시각

2) 휘거나 굽은 데가 없이 곧다

3) 신이 나서 팔다리를 이리저리 움직이며
   춤을 추는 모양

4) 틀림없이 확실하게

5) 어떤 일이 일어난 바로 그때

6) 사람의 능력을 뛰어넘는 이상한 힘으로 불가사의한 일을 행하는 것

2 밑줄 친 곳에 알맞은 낱말을 써 넣어 문장을 완성해 봅시다.

1) 12월 31일에서 1월 1일로 바뀌는 밤 12시 _____ 이 되자 새해를 알리는
   종소리가 울렸다.

2) 허리가 굽은 생쥐가 갑자기 허리를 _____ 펴더니 두 다리로 똑바로 섰다.

3) 아버지는 아들의 합격 소식을 듣고 기쁜 마음에 _____ 춤을 추었다.

4) 그가 덩실덩실 춤추는 걸 보니, _____ 뭔가 좋은 일이 생긴 게 틀림없다.

5) 복도 모퉁이를 도는 _____ , 맞은편에서 뛰어오던 아이와 부딪혔다.

6) 왕자는 나쁜 마녀의 _____ 에 걸려 개구리로 변했다.

1. 작품을 보고 느낌을 나누어요

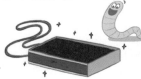

근사하다

한자 가까울 근 近
닮을 사 似

무엇이 / •그럴듯하게 괜찮다 또는 썩 •훌륭하다

예 성냥갑으로 만든 상자 안에는 **근사한** 검은흙이 가득 채워져 있었다.

• **그럴듯하다** (사람이나 사물이) 보기에 꽤 번듯하고 훌륭하다

• **훌륭하다** (어떤 대상이) 칭찬할 만큼 대단하거나 뛰어나다

움큼 (옴큼)

손으로 / •한줌 움켜쥔 만큼의 / •분량 또는 그 분량을 세는 단위

예 농부는 오른손으로 •비료를 한 **움큼**을 퍼서 밭에 뿌렸다.

• **한줌** 주먹 하나에 들 만한 양. 주로 적은 분량을 뜻하는 말로 쓰임

• **분량(양)** 수효, 무게 따위의 많고 적은 정도. 또는 부피의 크고 작은 정도

• **비료(거름)** 식물을 잘 자라게 하기 위해 뿌려 주는 영양 물질

과장되다

한자 자랑할 과 誇
베풀 장 張

무엇이 / 실제보다 더 크거나 대단한 것으로 / •부풀리다

예 소문은 사람들의 입에서 입으로 전해지면서 쉽게 **과장된다**.

• **부풀다** (어떤 일이 사실과 다르게) 실제보다 과장되다

조각

한 물건에서 / 떼어 내거나 · 따로 떨어져 나온 / •부분

예 피자 한 판을 여덟 **조각**으로 나눠서 동생과 네 **조각**씩 먹었다.

• **부분** 전체를 몇 개로 나눈 것의 하나

비 쪼가리, 쪽

대접

한자 기다릴 대 待
이을 접 接

•예우를 갖춰 / 잘 대함

예 "•원님 덕에 •나팔(나발) 분다'는 속담은 '원님과 함께 간 덕분에 나팔 불고 요란히 맞아 주는 •호화로운 **대접**을 받는다'는 뜻이다.

• **예우** 예의를 갖춰 정중하게(점잖고 엄숙하게) 대함(어떤 태도로 행동함)

• **원님(사또, 수령)** 고려와 조선 시대, 각 고을을 다스리던 지방 관리

• **나팔(나발)** 옛 관악기의 하나

• **호화롭다** 사치스럽고 화려한 데가 있다

비 대우, 예우

정상

한자 바를 정 正
항상 상 常

말, 생각, 행동 따위가 / •올바르고 •제대로인 상태

예 누군가에게 특별한 대접을 받았으면 고맙다는 말을 하는 것이 **정상**이다.

• **올바르다** (말, 생각, 행동 따위가) 옳고 바르다

• **제대로** 규정(규칙으로 정해 놓은 것)에 들어맞는 격식(격에 맞는 방식)대로

→ 바른 답 295쪽

| 공부한 날 | 월 | 일 | 학습평가 ☑ | ☺ | 😋 | 😵 |

1 문장을 읽고, 알맞은 낱말을 써 넣어 봅시다.

1) 무엇이 그럴듯하게 괜찮다 또는 썩 훌륭하다

2) 손으로 한줌 움켜쥔 만큼의 분량 또는 그 분량을 세는 단위

3) 무엇이 실제보다 더 크거나 대단한 것으로 부풀리다

4) 한 물건에서 떼어 내거나·따로 떨어져 나온 부분

5) 예우를 갖춰 잘 대함

6) 말, 생각, 행동 따위가 올바르고 제대로인 상태

3주
2일

2 밑줄 친 곳에 알맞은 낱말을 써 넣어 문장을 완성해 봅시다.

1) 성냥갑으로 만든 상자 안에는 _____ 검은흙이 가득 채워져 있었다.

2) 농부는 오른손으로 비료를 한 _____ 을 퍼서 밭에 뿌렸다.

3) 소문은 사람들의 입에서 입으로 전해지면서 쉽게 _____ .

4) 피자 한 판을 여덟 _____ 으로 나눠서 동생과 네 _____ 씩 먹었다.

5) '원님 덕에 나팔(나발) 분다'는 속담은 '원님과 함께 간 덕분에 나팔 불고 요란히 맞아 주는 호화로운 _____ 을 받는다'는 뜻이다.

6) 누군가에게 특별한 대접을 받았으면 고맙다는 말을 하는 것이 _____ 이다.

1. 작품을 보고 느낌을 나누어요

이야기꽃

[•]즐겁고 [•]재미나는 / 이야기 또는 [•]이야기판을 / [•]비유적으로 이르는 말

예 친구들과 만나서 시간 가는 줄 모르고 **이야기꽃**을 피웠다.

- **즐겁다**　(사람이 어떤 대상이) 마음에 들어 흐뭇하고 기쁘다
- **재미나다**　아기자기한(잔재미가 있고 즐거운) 맛이나 즐거움이 있다
- **이야기판**　여러 사람이 모여 이야기를 하는 판(일이 벌어진 자리)
- **비유적**　어떤 현상이나 사물을 (직접 설명하지 아니하고) 다른 비슷한 현상이나 사물에 빗대어서 설명하는 것

호탕하다

한자 호걸 호 豪
　　 호탕할 탕 宕

활발하고 · 힘차며 · 시원스럽다

예 아이는 얼굴에 물감이 잔뜩 묻은 친구를 [•]뚫어져라 [•]쳐다보다가 온몸이 흔들릴 정도로 **호탕하게** 웃었다.

- **뚫어지다**　(사람이 무엇을) 뚫어질 정도로 집중해서 쳐다보다
- **쳐다보다**　(어떤 대상을) 얼굴을 들어 바로 향하여 보다

도망 (도주)

한자 도망할 도 逃
　　 망할 망 亡

피하여 달아남 또는 쫓겨 달아남

예 도깨비는 자기만 보면 무서워서 **도망**을 치는 사람들을 볼 때마다 무척 신이 났다.

해치다

다치게 하다 또는 죽이다

예 사람들은 도깨비만 보면 무서워서 도망을 쳤지만, 사실 도깨비는 파리 한 마리도 **해치지** 못했다.

약초 (약풀)

한자 약 약 藥
　　 풀 초 草

약으로 쓰는 / 식물

예 아버지는 딸의 병을 낫게 하는 **약초**를 찾아 [•]골골샅샅을 [•]헤매고 다녔다.

- **골골샅샅**　한 군데도 빼놓지 않고 갈 수 있는 곳은 모두
- **헤매다**　(목적하는 것을 찾기 위해) 이리저리 돌아다니다

안쓰럽다

어려운 처지에 놓인 / 상대나 · 그 형편이 / 마음 아프고 · 불쌍하다

예 [•]비쩍 마른 채 힘없이 [•]어슬렁거리는 길고양이를 보니 무척 **안쓰럽다**.

- **비쩍**　살이 없을 정도로 매우 심하게 마른 모양
- **어슬렁거리다**　몸을 이리저리 흔들며 계속 천천히 걸어 다니다

개인 무뚜랜드와 지렁이 친구 | 교과서 48~61쪽 |

→ 바른 답 295쪽

1 문장을 읽고, 알맞은 낱말을 써 넣어 봅시다.

1) 즐겁고 재미나는 이야기 또는 이야기판을
   비유적으로 이르는 말

2) 활발하고 · 힘차며 · 시원스럽다

3) 피하여 달아남 또는 쫓겨 달아남

4) 다치게 하다 또는 죽이다

5) 약으로 쓰는 식물

6) 어려운 처지에 놓인 상대나 · 그 형편이
   마음 아프고 · 불쌍하다

3주
3일

2 밑줄 친 곳에 알맞은 낱말을 써 넣어 문장을 완성해 봅시다.

1) 친구들과 만나서 시간 가는 줄 모르고 _____ 을 피웠다.

2) 아이는 얼굴에 물감이 잔뜩 묻은 친구를 뚫어져라 쳐다보다가 온몸이 흔들릴
   정도로 _____ 웃었다.

3) 도깨비는 자기만 보면 무서워서 _____ 을 치는 사람들을 볼 때마다 무척
   신이 났다.

4) 사람들은 도깨비만 보면 무서워서 도망을 쳤지만, 사실 도깨비는 파리 한 마리도
   _____ 못했다.

5) 아버지는 딸의 병을 낫게 하는 _____ 를 찾아 골골샅샅을 헤매고 다녔다.

6) 비쩍 마른 채 힘없이 어슬렁거리는 길고양이를 보니 무척 _____ .

4일 1. 작품을 보고 느낌을 나누어요

정글 (밀림)
영어 jungle

큰 나무들이 / •빽빽하게 •들어찬 / 깊은 숲

예 •탐사대는 하늘이 안 보일 정도로 나무가 빽빽하게 들어찬 정글로 들어갔다.

• 빽빽하다   (무엇이 어디에) 사이가 촘촘하게 들어찬 상태에 있다

• 들어차다   (사람이나 물질이 어떤 곳에) 많이 들어서 가득 차다

• 탐사대   탐사(알려지지 않은 사물이나 사실 따위를 샅샅이 더듬어 조사함) 작업을
하기 위하여 조직한 모임. 또는 그 구성원

짐작하다
한자 짐작할 짐 斟
술 부을 작 酌

이미 알고 있는 사실에 / •비추어 / 무엇이 어찌할 것이라고 / 생각하다

예 많은 이들이 함께 모여 살면 홀로 지내는 생활이 어떠할지 그저 짐작할
수밖에 없다.

• 비추다   ('A에 비추어' 꼴로 쓰여) A와 견주어(비교하여) 보다

비 어림하다, 헤아리다, 추측하다

군침(이) 돌다

음식을 먹고 싶은 마음이 / 생기다

예 아이는 치킨을 너무 좋아해서 치킨 생각만 해도 군침이 돌았다.

비 군침(이) 돋다, 군침이 흐르다

미소
한자 작을 미 微
웃을 소 笑

소리 내지 않고 / •빙긋이 웃음 또는 그 웃음

예 오랜만에 만난 친구가 반가워서 미소를 지으며 친구에게로 다가갔다.

• 방긋이(방긋)   입을 예쁘게 벌려 소리 없이 가볍게 한 번 웃는 모양

처음

일의 •과정에서 / 시간적으로 또는 •순서상으로 / 맨 앞

예 '처음이 나쁘면 끝도 나쁘다'는 말은 '시작이 좋아야 •결과도 좋다'는 뜻이다.

• 과정   일이 진행되는(되어 가는) 하나하나의 순서

• 순서상   순서(여럿을 먼저와 나중으로 정해 놓은 차례)와 관련된 부분

• 결과   어떤 원인으로 결말(일을 맺는 끝)이 생김. 또는 그런 결말의 상태

지독하다
한자 이를 지 至
독 독 毒

무엇의 정도가 / 참기 어려울 만큼 / 아주 심하다

예 아이는 지독한 감기에 걸려서 •무려 3주 동안 •끙끙 •앓았다.

• 무려   (어떤 수를 말할 때) 그 수가 예상보다 상당히 많음을
나타내는 말

• 끙끙   몹시 힘들거나 아파서 자꾸 앓는 소리를 나타내는 말

• 앓다   병에 걸려 아프고 괴로워하다

⟶ 바른 답 295쪽

1 문장을 읽고, 알맞은 낱말을 써 넣어 봅시다.

1) 큰 나무들이 **빽빽**하게 들어찬 깊은 숲

2) 이미 알고 있는 사실에 비추어 무엇이
   어찌할 것이라고 생각하다

3) 음식을 먹고 싶은 마음이 생기다

4) 소리 내지 않고 빙긋이 웃음 또는 그 웃음

5) 일의 과정에서 시간적으로 또는 순서상으로 맨 앞

6) 무엇의 정도가 참기 어려울 만큼 아주 심하다

2 밑줄 친 곳에 알맞은 낱말을 써 넣어 문장을 완성해 봅시다.

1) 탐사대는 하늘이 안 보일 정도로 나무가 **빽빽**하게 들어찬 _____ 로
   들어갔다.

2) 많은 이들이 함께 모여 살면 홀로 지내는 생활이 어떠할지 그저 _____
   수밖에 없다.

3) 아이는 치킨을 너무 좋아해서 치킨 생각만 해도 _____ .

4) 오랜만에 만난 친구가 반가워서 _____ 를 지으며 친구에게로 다가갔다.

5) '_____ 이 나쁘면 끝도 나쁘다'는 말은 '시작이 좋아야 결과도 좋다'는 뜻이다.

6) 아이는 _____ 감기에 걸려서 무려 3주 동안 끙끙 앓았다.

5일 1. 작품을 보고 느낌을 나누어요

이기적 (이기주의적)

한자 이로울 이 利
몸 기 己
과녁 적 的

자기에게 / *이익되는 일에만 / *힘쓰는 (것)

예 그는 지독히 **이기적인** 사람이라서 오직 자신에게 이익이
되는 일만 한다.

* 이익   정신적, 물질적으로 이롭고 보탬이 되는 일
* 힘쓰다   힘을 들여 일을 하다

다양하다

한자 많을 다 多
모양 양 樣

모양, 색깔, 종류 따위가 / 여러 가지로 / 많다

예 전주 한옥마을로 여행을 갔는데, 먹을거리와 볼거리가 **다양했다.**

뿌듯하다

기쁨이나 *감격 따위의 감정이 / 마음에 넘칠 듯이 / 가득하다

예 시험에 합격하고 부모님께 칭찬까지 들으니 가슴이 **뿌듯하다.**

* 감격   마음속 깊이 느껴 뭉클한 감정이 일어남

의좋다

한자 정 의 誼

서로 *정이 / 굳고 · 깊다

예 어린 시절부터 지독한 가난을 함께 이겨낸 *남매는 *평생 동안 **의좋게** 지냈다.

* 정(情: 뜻 정)   (오랫동안 지내 오면서 생기는) 사랑하는 마음이나 친근한 마음
* 남매   오빠와 여동생. 또는 누나와 남동생
* 평생(한평생, 일평생)   살아 있는 동안

볏단

벼를 / 베어 묶은 / *단

예 *추수를 끝낸 *들판에는 잘 마른 **볏단**이 군데군데 쌓여 있었다.

* 단   (짚 · 땔나무 · 나물 따위의) 묶음
* 추수(가을걷이)   가을에 익은 곡식을 거둬들이는 일
* 들판   평평하고 넓게 확 트인 땅

흐뭇하다

마음이 / *흡족하고 · *푸근하다

예 엄마는 *명문대에 다니는 아들과 딸을 보고 *그지없이 **흐뭇했다.**

* 흡족하다   (조금도 모자람이 없이) 넉넉하여 만족하다
* 푸근하다   감정이나 분위기 따위가 부드럽고 따뜻하여 편안한 느낌이 있다
* 명문대   이름이 널리 알려진 좋은 대학교
* 그지없이   이루 다 말할 수 없이

⟶ 바른 답 295쪽

1 문장을 읽고, 알맞은 낱말을 써 넣어 봅시다.

1) 자기에게 이익되는 일에만 힘쓰는 (것)

2) 모양, 색깔, 종류 따위가 여러 가지로 많다

3) 기쁨이나 감격 따위의 감정이 마음에 넘칠 듯이 가득하다

4) 서로 정이 굳고 · 깊다

5) 벼를 베어 묶은 단

6) 마음이 흡족하고 · 푸근하다

3주 5일

2 밑줄 친 곳에 알맞은 낱말을 써 넣어 문장을 완성해 봅시다.

1) 그는 지독히 _____ 사람이라서 오직 자신에게 이익이 되는 일만 한다.

2) 전주 한옥마을로 여행을 갔는데, 먹을거리와 볼거리가 _____.

3) 시험에 합격하고 부모님께 칭찬까지 들으니 가슴이 _____.

4) 어린 시절부터 지독한 가난을 함께 이겨낸 남매는 평생 동안 _____ 지냈다.

5) 추수를 끝낸 들판에는 잘 마른 _____ 이 군데군데 쌓여 있었다.

6) 엄마는 명문대에 다니는 아들과 딸을 보고 그지없이 _____.

1 문장을 읽고, 알맞은 낱말을 써 넣어 봅시다.

1) 일의 과정에서 시간적으로 또는 순서상으로 맨 앞 _____

2) 약으로 쓰는 식물 _____

3) 이미 알고 있는 사실에 비추어 무엇이
   어찌할 것이라고 생각하다 _____

4) 손으로 한줌 움켜쥔 만큼의 분량 또는 그 분량을 세는 단위 _____

5) 모양, 색깔, 종류 따위가 여러 가지로 많다 _____

6) 마음이 흡족하고 · 푸근하다 _____

7) 서로 정이 굳고 깊다 _____

8) 즐겁고 재미나는 이야기 또는 이야기판을
   비유적으로 이르는 말 _____

9) 벼를 베어 묶은 단 _____

10) 활발하고 · 힘차며 · 시원스럽다 _____

11) 조금도 틀림없는 바로 그 시각 _____

12) 어떤 일이 일어난 바로 그때 _____

13) 음식을 먹고 싶은 마음이 생기다 _____

14) 휘거나 굽은 데가 없이 곧다 _____

15) 말, 생각, 행동 따위가 올바르고 제대로인 상태 _____

→ 바른 답 296쪽

16) 예우를 갖춰 잘 대함 _____

17) 신이 나서 팔다리를 이리저리 움직이며 춤을 추는 모양 _____

18) 틀림없이 확실하게 _____

19) 소리 내지 않고 빙긋이 웃음 또는 그 웃음 _____

20) 한 물건에서 떼어 내거나 · 따로 떨어져 나온 부분 _____

21) 사람의 능력을 뛰어넘는 이상한 힘으로 불가사의한
     일을 행하는 것 _____

22) 자기에게 이익되는 일에만 힘쓰는 (것) _____

23) 피하여 달아남 또는 쫓겨 달아남 _____

24) 다치게 하다 또는 죽이다 _____

25) 기쁨이나 감격 따위의 감정이 마음에 넘칠 듯이
     가득하다 _____

26) 무엇의 정도가 참기 어려울 만큼 아주 심하다 _____

27) 어려운 처지에 놓인 상대나 그 형편이
     마음 아프고 · 불쌍하다 _____

28) 무엇이 그럴듯하게 괜찮다 또는 썩 훌륭하다 _____

29) 무엇이 실제보다 더 크거나 대단한 것으로 부풀리다 _____

30) 큰 나무들이 빽빽하게 들어찬 깊은 숲 _____

2 밑줄 친 곳에 알맞은 낱말을 써 넣어 문장을 완성해 봅시다.

1) 허리가 굽은 생쥐가 갑자기 허리를 _____ 펴더니 두 다리로 똑바로 섰다.

2) 비쩍 마른 채 힘없이 어슬렁거리는 길고양이를 보니 무척 _____ .

3) 탐사대는 하늘이 안 보일 정도로 나무가 **빽빽하게** 들어찬 _____ 로 들어갔다.

4) 추수를 끝낸 들판에는 잘 마른 _____ 이 군데군데 쌓여 있었다.

5) 많은 이들이 함께 모여 살면 홀로 지내는 생활이 어떠할지 그저 _____ 수밖에 없다.

6) '원님 덕에 나팔(나발) 분다'는 속담은 '원님과 함께 간 덕분에 나팔 불고 요란히 맞아 주는 호화로운 _____ 을 받는다'는 뜻이다.

7) '_____이 나쁘면 끝도 나쁘다'는 말은 '시작이 좋아야 결과도 좋다'는 뜻이다.

8) 아이는 치킨을 너무 좋아해서 치킨 생각만 해도 _____ .

9) 왕자는 나쁜 마녀의 _____ 에 걸려 개구리로 변했다.

10) 복도 모퉁이를 도는 _____ , 맞은편에서 뛰어오던 아이와 부딪혔다.

11) 피자 한 판을 여덟 _____ 으로 나눠서 동생과 네 _____ 씩 먹었다.

12) 오랜만에 만난 친구가 반가워서 _____ 를 지으며 친구에게로 다가갔다.

13) 아이는 _____ 감기에 걸려서 무려 3주 동안 끙끙 앓았다.

14) 전주 한옥마을로 여행을 갔는데, 먹을거리와 볼거리가 _____ .

15) 친구들과 만나서 시간 가는 줄 모르고 _____ 을 피웠다.

→ 바른 답 296쪽

16) 그가 덩실덩실 춤추는 걸 보니, _____ 뭔가 좋은 일이 생긴 게 틀림없다.

17) 아이는 얼굴에 물감이 잔뜩 묻은 친구를 뚫어져라 쳐다보다가 온몸이 흔들릴 정도로 _____ 웃었다.

18) 그는 지독히 _____ 사람이라서 오직 자신에게 이익이 되는 일만 한다.

19) 어린 시절부터 지독한 가난을 함께 이겨낸 남매는 평생 동안 _____ 지냈다.

20) 엄마는 명문대에 다니는 아들과 딸을 보고 그지없이 _____ .

21) 도깨비는 자기만 보면 무서워서 _____ 을 치는 사람들을 볼 때마다 무척 신이 났다.

22) 농부는 오른손으로 비료를 한 _____ 을 퍼서 밭에 뿌렸다.

23) 사람들은 도깨비만 보면 무서워서 도망을 쳤지만, 사실 도깨비는 파리 한 마리도 _____ 못했다.

24) 시험에 합격하고 부모님께 칭찬까지 들으니 가슴이 _____ .

25) 성냥갑으로 만든 상자 안에는 _____ 검은흙이 가득 채워져 있었다.

26) 누군가에게 특별한 대접을 받았으면 고맙다는 말을 하는 것이 _____ 이다.

27) 소문은 사람들의 입에서 입으로 전해지면서 쉽게 _____ .

28) 12월 31일에서 1월 1일로 바뀌는 밤 12시 _____ 이 되자 새해를 알리는 종소리가 울렸다.

29) 아버지는 딸의 병을 낫게 하는 _____ 를 찾아 골골샅샅을 헤매고 다녔다.

30) 아버지는 아들의 합격 소식을 듣고 기쁜 마음에 _____ 춤을 추었다.

이야기 국어 만들기 | 교과서 59~65쪽 |

아는 내용이나 겪은 일과 관련지어 글을 이해하면 좋은 점을 알기 | 교과서 66~71쪽 |

장면
한자 마당 장 場
낮·모습 면 面

˙문학, 영화, 연극 따위에서 / 일정한 장소에서 / 일이 벌어지는 / 모습

예 그 영화는 바닷가에 있는 등대가 ˙깜박이는 **장면**으로 시작된다.

˙ 문학　　인간의 생각과 감정을 글로 표현한 시, 소설, 희곡
　　　　　따위의 작품

˙ 깜박이다　등불이나 별 따위가 잠깐씩 어두워졌다 밝아졌다 하다

관련짓다
한자 관계할 관 關
연이을 련 聯

둘 이상의 사람, 사물, 현상 따위가 / 서로 ˙관계를 맺게 하다

예 아는 내용이나 겪은 일과 **관련지어** 글을 읽으면 내용을 더 쉽게 이해할 수 있다.

˙ 관계　　(둘 이상의 사람·사물·현상 따위가) 서로 관련을 맺음

위기
한자 위태할 위 危
틀 기 機

일이 진행되는 과정에서 / 갑작스럽게 ˙악화된 상황 또는 ˙파국을 맞을 만큼 위험한 ˙고비

예 전염병이 전국적으로 퍼질 **위기**에 처하자 사람들은 ˙공포에 휩싸였다.

˙ 악화되다　(상태나 관계 따위가) 나쁜 쪽으로 바뀌다

˙ 파국　　(일이나 상황이 잘못되어) 완전히 깨어짐

˙ 고비　　일의 과정에서 가장 중요한 기회나 막다른 때의 상황

˙ 공포　　두려움과 무서움

멸종
한자 멸할 멸 滅
씨 종 種

한 생물 ˙종의 / 살아있는 모든 ˙개체가 / 지구에서 완전히 없어지는 것

예 호주 산불로 인해 ˙서식지를 잃은 코알라가 **멸종** 위기에 처했다.

˙ 종　　　생물을 분류하는 가장 기본적 단위

˙ 개체　　(완전한 기능을 갖는) 최소 단위의 독립된 하나의 생물체

˙ 서식지　동물이 자리 잡고 사는 곳

균형
한자 고를 균 均
저울대 형 衡

높낮이, 크기, 양 따위가 / 한쪽으로 기울거나·치우치지 않고 / 차이가 없이 똑같은 상태

예 평균대 운동은 좁고 긴 나무대 위에서 **균형**을 잡으며
　　여러 가지 ˙동작을 표현하는 운동이다.

˙ 동작　　몸이나 손발 따위를 움직임. 또는 그런 모양

깨금발

한 발을 들고 / 한 발로 섬 또는 그런 자세

예 닭싸움은 한쪽 다리를 들어 올려 두 손으로 잡고, 다른 다리로 균형을 잡아
　　깨금발로 뛰면서 상대를 밀어 넘어뜨리는 전통 놀이이다.

→ 바른 답 296쪽

1 　문장을 읽고, 알맞은 낱말을 써 넣어 봅시다.

1)　문학, 영화, 연극 따위에서 일정한 장소에서 일이 벌어지는 모습

2)　둘 이상의 사람, 사물, 현상 따위가 서로 관계를 맺게 하다

3)　일이 진행되는 과정에서 갑작스럽게 악화된 상황 또는 파국을 맞을 만큼 위험한 고비

4)　한 생물 종의 살아있는 모든 개체가 지구에서 완전히 없어지는 것

5)　높낮이, 크기, 양 따위가 한쪽으로 기울거나·치우치지 않고 차이가 없이 똑같은 상태

6)　한 발을 들고 한 발로 섬 또는 그런 자세

2 　밑줄 친 곳에 알맞은 낱말을 써 넣어 문장을 완성해 봅시다.

1)　그 영화는 바닷가에 있는 등대가 깜박이는 _____ 으로 시작된다.

2)　아는 내용이나 겪은 일과 _____ 글을 읽으면 내용을 더 쉽게 이해할 수 있다.

3)　전염병이 전국적으로 퍼질 _____ 에 처하자 사람들은 공포에 휩싸였다.

4)　호주 산불로 인해 서식지를 잃은 코알라가 _____ 위기에 처했다.

5)　평균대 운동은 좁고 긴 나무대 위에서 _____ 을 잡으며 여러 가지 동작을 표현하는 운동이다.

6)　닭싸움은 한쪽 다리를 들어 올려 두 손으로 잡고, 다른 다리로 균형을 잡아서 _____ 로 뛰면서 상대를 밀어 넘어뜨리는 전통 놀이이다.

야생

한자 들 야 野
날 생 生

산이나 들에서 / •동식물이 저절로 나서 자람 또는 그런 동식물

예 그는 •야산에서 •발견한 **야생** 고양이를 집에 데려와서 길렀다.

• **동식물**   동물과 식물   • **야산**   들 근처에 있는 나지막한 산

• **발견하다**   (세상에 알려지지 않은 것을) 처음 찾아내다. 또는 알아내다

지정하다

한자 가리킬 지 指
정할 정 定

특정한 •자격을 주다 또는 분명히 가리켜 정하다

예 유네스코에서는 불국사를 1996년에 •세계 문화유산으로 **지정했다.**

• **자격**   (일정한 신분이나 지위를 갖거나, 역할이나 일을 하는
데 필요한) 조건 · 능력

• **세계 문화유산**   유네스코에서 인류 전체를 위하여 보호해야 할
가치가 있다고 인정한 문화유산(옛 조상들이 남긴 가치 있는 문화)

전통

한자 전할 전 傳
거느릴 통 統

한 집단이나 •공동체에서 / 옛날부터 •전해 내려오는 /
바람직한 생활 방식, 생각, 행동 따위가 / 현재까지 전해진 것

예 우리나라의 **전통** 옷은 '한복'이고, **전통** 놀이로는 '윷놀이'
'강강술래' 등이 있다.

• **공동체**   생활, 행동, 목적 따위를 같이하는 두 사람 이상의 모임

• **전하다**   당대(지금 이 시대)나 후대(뒤에 올 세대나 시대)에 이어지거나 남겨지다

간단하다

한자 대쪽 ·
간략할 간 簡
홀 단 單

단순하고 · 쉽다

예 이번 수학 시험은 **간단한** 문제는 거의 없고, •복잡한 문제가 대부분이었다.

• **복잡하다**   (일을 끝맺기) 까다롭고 어렵다

겨루다

•승부 · •우열을 가리기 위해 / 서로 굽히지 않고 맞서 / •다투다

예 두 아이는 누가 더 빠른지 운동장에서 달리기 •실력을 **겨루었다.**

• **승부**   이기고 지는 것   • **우열**   우수함과 열등함. 나음과 못함

• **다투다**   승부나 우열을 겨루어 가리다(여럿 중에서 어떤 것을 골라내거나 뽑다)

• **실력**   어떤 일을 실제로 해낼 수 있는 힘

필요하다

한자 반드시 필 必
요긴할 요 要

반드시 쓸 곳이 있다 또는 반드시 갖춰야 한다

예 전통 놀이인 닭싸움은 •경기 방법이 간단하여 준비물이 **필요하지** 않다.

• **경기**   운동 · 기술 · 기량 등을 겨루어 우열을 가림

비 긴요하다, 긴하다, 절실하다, 수요하다

아는 내용이나 겪은 일과 관련지어 글을 이해하면 좋은 점 알기 | 교과서 66~71쪽 |

1 문장을 읽고, 알맞은 낱말을 써 넣어 봅시다.

1) 산이나 들에서 동식물이 저절로 나서 자람 또는 그런 동식물

2) 특정한 자격을 주다 또는 분명히 가리켜 정하다

3) 한 집단이나 공동체에서 옛날부터 전해 내려오는 바람직한
생활 방식, 생각, 행동 따위가 현재까지 전해진 것

4) 단순하고 · 쉽다

5) 승부 · 우열을 가리기 위해 서로 굽히지 않고 맞서 다투다

6) 반드시 쓸 곳이 있다 또는 반드시 갖춰야 한다

4주
2일

2 밑줄 친 곳에 알맞은 낱말을 써 넣어 문장을 완성해 봅시다.

1) 그는 야산에서 발견한 _____ 고양이를 집에 데려와서 길렀다.

2) 유네스코에서는 불국사를 1996년에 세계 문화유산으로 _____ .

3) 우리나라의 _____ 옷은 '한복'이고, _____ 놀이로는 '윷놀이'
'강강술래' 등이 있다.

4) 이번 수학 시험은 _____ 문제는 거의 없고, 복잡한 문제가 대부분이었다.

5) 두 아이는 누가 더 빠른지 운동장에서 달리기 실력을 _____ .

6) 전통 놀이인 닭싸움은 경기 방법이 간단하여 준비물이 _____ 않다.

2. 중심 생각을 찾아요

아는 내용이나 겪은 일과 관련지어 글을 이해하면 좋은 점을 알기 | 교과서 66~71쪽 |

천연기념물

한자 하늘 천 天
그럴 연 然
벼리 기 紀
생각 념 念
물건 물 物

법으로 정해서 보호하고 관리하는 / 동식물과 · 그 동식물의 서식지 또는 *지질,
*광물 등의 *천연물

예 우리나라에서는 멸종 위기 야생 생물 1급인 황새를 **천연기념물**로 지정해 보
호하고 있다.

* 지질   지각(지구의 표면을 이루는 암석층)을 구성하는 물질
* 광물   암석(지각을 이루는 부피가 매우 크고 단단한 돌)을 구성하는 작은 알갱이
* 천연물   천연(사람의 힘을 가하지 않은 상태) 그대로의 물건

비슷하다

둘 이상의 대상이 / 거의 같다 또는 닮은 점이 많다

예 '닭싸움'은 두 사람이 겨루는 모습이 닭이 싸우는 모습과
비슷해서 지어진 이름이다.

비 유사하다, 흡사하다, 비등하다, 근사하다, 맞먹다

인전하게 과학 실험을 해요 | 교과서 72~75쪽 |

안전하다

한자 편안할 안 安
온전할 전 全

위험이 생기거나 · 사고가 날 염려가 없이 / *편안하고 *온전하다

예 **안전한** 학교생활을 위해서 질서를 잘 지키고 위험한 장난을 치면 안 된다.

* 편안하다   (몸이나 마음이) 편하고 좋다
* 온전하다   (상태나 모습이) 처음 그대로 고스란히 잘 있다

실험

한자 열매 실 實
시험 험 驗

*일정한 *조건을 *인위적으로 정해서 / 어떤 현상이 일어나는지 또는 기대했던
결과가 나타나는지 / 자세히 찾아보고 알아보는 일

예 과학 시간에 운동장 흙과 화단 흙의 물빠짐을 비교하는 **실험**을 했다.

* 일정하다   (어떤 것의 크기, 모양, 범위, 시간 따위가) 하나로 정해져 있다
* 조건   일이 이루어지게 하기 위해 갖춰야 할 것
* 인위적   사람의 힘으로 이루어지는 (것)

점검하다

한자 점 점 點
검사할 검 檢

하나하나 빠짐없이 / 모두 *검사하다

예 교사는 학교 안에 위험한 물건이 없는지 교실 안팎을 **점검했다**.

* 검사하다   (사물의 좋고 나쁨, 옳고 그름 따위를) 자세히 살펴보고
              찾아보다

궁금하다

무엇이 알고 싶어 / 마음이 *답답하다

예 오늘 수학 시험을 봤는데, 몇 점을 맞았을지 결과가 정말 **궁금하다**.

* 답답하다   애(걱정에 싸인 초조한 마음속)가 타고 갑갑하다

1 **문장을 읽고, 알맞은 낱말을 써 넣어 봅시다.**

1) 법으로 정해서 보호하고 관리하는 동식물과 ·
그 동식물의 서식지 또는 지질, 광물 등의 천연물

2) 둘 이상의 대상이 거의 같다 또는 닮은 점이 많다

3) 위험이 생기거나 · 사고가 날 염려가 없이
편안하고 온전하다

4) 일정한 조건을 인위적으로 정해서 어떤 현상이 일어나는지 또는
기대했던 결과가 나타나는지 자세히 찾아보고 알아보는 일

5) 하나하나 빠짐없이 모두 검사하다

6) 무엇이 알고 싶어 마음이 답답하다

4주
3일

2 **밑줄 친 곳에 알맞은 낱말을 써 넣어 문장을 완성해 봅시다.**

1) 우리나라에서는 멸종 위기 야생 생물 1급인 황새를 _____ 로 지정해
보호하고 있다.

2) '닭싸움'은 두 사람이 겨루는 모습이 닭이 싸우는 모습과 _____ 지어진
이름이다.

3) _____ 학교생활을 위해서 질서를 잘 지키고 위험한 장난을 치면 안 된다.

4) 과학 시간에 운동장 흙과 화단 흙의 물빠짐을 비교하는 _____ 을 했다.

5) 교사는 학교 안에 위험한 물건이 없는지 교실 안팎을 _____ .

6) 오늘 수학 시험을 봤는데, 몇 점을 맞았을지 결과가 정말 _____ .

수칙
한자 지킬 수 守
법칙 칙 則

행동이나 °절차에 대해 / 지켜야 할 °사항을 °정한 / 규칙

예 과학 실험을 할 때는 위험한 상황이 생길 수 있으니 안전 **수칙**을 잘 지켜야 한다.

° **절차** 　일을 하는 데 거쳐야 하는 정해진 차례와 방법

° **사항** 　몇 가지로 나뉘어 정리되는 일들의 각각(하나하나)

° **정하다** 　(규칙, 법 따위를 일정한 내용으로 꾸며) 여러 사람 사이에 약속으로 삼다

탐구하다
한자 찾을 탐 探
연구할 구 究

대상이나 현상 따위를 / 자세히 찾아보고 생각하여 / °진리를 알아내다

예 학생들은 과학 시간에 실험을 통해 과학적 °지식을 **탐구한다.**

° **진리** 　언제 어디서나 누구에게나 옳고 맞다고 인정되는 사실

° **지식** 　(배우거나 실천하여) 알게 된 것

비 연구하다

호기심
한자 좋을 호 好
기특할 기 奇
마음 심 心

새롭고 °신기한 것을 / 좋아하는 마음

예 스티븐 호킹은 우주에 대한 강한 **호기심**을 갖고 °미지의 °외계를 탐구했다.

° **신기하다** 　(사물 · 현상 따위가) 낯선 것이어서 새롭고 이상하다

° **미지** 　아직 알지 못함

° **외계** 　지구 밖의 세계

해결하다
한자 풀 해 解
결단할 결 決

얽힌 일을 풀어서 / 잘 °처리하다 또는 문제를 풀어서 / °결말짓다

예 학생들은 과학 실험을 하면서 평소에 품었던 °궁금증을 **해결한다.**

° **처리하다** 　(정해진 차례와 방법에 따라) 일을 끝맺다

° **결말짓다(끝맺다)** 　일을 마무리하여 끝을 내다

° **궁금증** 　무엇을 몹시 알고 싶어하는 마음

발생하다
한자 필 발 發
날 생 生

일이나 사물이 / °생겨나다

예 두 학생이 장난치다가 알코올램프를 바닥에 떨어뜨려 °화재가 **발생했다.**

° **생겨나다** 　없던 것이 있게 되다. 생기다

° **화재** 　불이 나는 사고. 불로 인한 재난(불행한 일)

비 생겨나다, 나타나다, 일어나다, 벌어지다

안전사고
한자 편안 안 安
온전할 전 全
일 사 事　연고 고 故

조심하지 않거나 · 안전에 관한 지식이 부족하여 / 일어나는 °사고

예 운동장에서 축구를 하다가 다리가 부러지는 **안전사고**가 발생했다.

° **사고** 　뜻밖에 일어난 불행한 사건

안전하게 과학 실험을 해요 | 교과서 72~75쪽 |

→ 바른 답 296쪽

공부한 날   월   일   학습평가 ☑   😊 😛 😵

1 문장을 읽고, 알맞은 낱말을 써 넣어 봅시다.

1) 행동이나 절차에 대해 지켜야 할 사항을 정한 규칙

2) 대상이나 현상 따위를 자세히 찾아보고
   생각하여 진리를 알아내다

3) 새롭고 신기한 것을 좋아하는 마음

4) 얽힌 일을 풀어서 잘 처리하다 또는 문제를
   풀어서 결말짓다

5) 일이나 사물이 생겨나다

6) 조심하지 않거나 · 안전에 관한 지식이 부족하여
   일어나는 사고

2 밑줄 친 곳에 알맞은 낱말을 써 넣어 문장을 완성해 봅시다.

1) 과학 실험을 할 때는 위험한 상황이 생길 수 있으니 안전 _____을 잘 지켜야
   한다.

2) 학생들은 과학 시간에 실험을 통해 과학적 지식을 _____.

3) 스티븐 호킹은 우주에 대한 강한 _____ 을 갖고 미지의 외계를 탐구했다.

4) 학생들은 과학 실험을 하면서 평소에 품었던 궁금증을 _____.

5) 두 학생이 장난치다가 알코올램프를 바닥에 떨어뜨려 화재가 _____.

6) 운동장에서 축구를 하다가 다리가 부러지는 _____ 가 발생했다.

안전하게 과학 실험을 해요 | 교과서 72~75쪽 |

실천하다
한자 열매 실 實
밟을 천 踐

생각한 일을 / 실제로 해 *나가다

예 실험 안전 수칙을 확인하고 **실천하여** 안전사고의 위험을 줄여야 한다.

*나가다　앞말이 뜻하는 행동을 계속 진행함을 나타내는 말

비 실행하다, 이행하다

예방하다
한자 미리 예 豫
막을 방 防

어떤 일이 생기기 전에 / 알맞은 *조치를 *취하여 / *미리 막다

예 과학 실험 기구나 화학 약품을 조심히 다뤄야 안전사고를 **예방할** 수 있다.

*조치　문제를 해결하기 위해 필요한 대책(어떤 일에 대처할 계획이나 수단)을 세움. 또는 그 대책

*취하다　(어떤 일에 대하여) 어떤 행동을 하거나 일정한 태도를 가지다

*미리　어떤 일이 생기기 전에 먼저

화학 약품
한자 될 화 化
배울 학 學
약 약 藥
물건 품 品

과학 실험에 사용되는 / *약품

예 과학실에는 조심히 다뤄야 할 **화학 약품**이 많다.

*약품　병·상처 따위를 고치거나 예방하기 위해 먹거나 바르거나 주사하는 물질

날카롭다

끝이 뾰족하다 또는 *날이 서 있다

예 유리로 만든 실험 기구가 깨지면 **날카로운** 유리 조각이 생겨 다칠 수 있다.

*날　칼 따위의 연장(일하는 데 쓰는 도구)에서 가장 얇고 날카로운 부분

비 예리하다, 첨예하다

진지하다
한자 참 진 眞
잡을 지 摯

사람이 / 일이나 상황 따위를 대하는 *마음가짐이 / *참되고 *착실하다

예 학생들은 실험 안전 수칙을 지키며 **진지한** 자세로 과학 실험을 했다.

*마음가짐　(무엇을 대할 때 갖는) 마음의 자세

*참되다　(거짓이 없이) 진실하고 올바르다

*착실하다　(성질, 행동이) 차분하고 꼼꼼하며 정성을 다하다

거리
한자 상거할 거 距
떠날 리 離

두 곳 사이가 / 떨어져 있는 / 정도

예 실험을 할 때에는 책상에 너무 *바짝 다가가지 않고 실험 기구와 어느 정도 **거리**를 *유지하는 것이 안전하다.

*바짝　매우 가까이 달라붙은 모양

*유지하다　(어떤 상태나 상황을) 변함없이 계속 이어 가다

→ 바른 답 296쪽

1 **문장을 읽고, 알맞은 낱말을 써 넣어 봅시다.**

1) 생각한 일을 실제로 해 나가다

2) 어떤 일이 생기기 전에 알맞은 조치를 취하여 미리 막다

3) 과학 실험에 사용되는 약품

4) 끝이 뾰족하다 또는 날이 서 있다

5) 사람이 일이나 상황 따위를 대하는 마음가짐이 참되고 착실하다

6) 두 곳 사이가 떨어져 있는 정도

2 **밑줄 친 곳에 알맞은 낱말을 써 넣어 문장을 완성해 봅시다.**

1) 실험 안전 수칙을 확인하고 _____ 안전사고의 위험을 줄여야 한다.

2) 과학 실험 기구나 화학 약품을 조심히 다뤄야 안전사고를 _____ 수 있다.

3) 과학실에는 조심히 다뤄야 할 _____ 이 많다.

4) 유리로 만든 실험 기구가 깨지면 _____ 유리 조각이 생겨 다칠 수 있다.

5) 학생들은 실험 안전 수칙을 지키며 _____ 자세로 과학 실험을 했다.

6) 실험을 할 때에는 책상에 너무 바짝 다가가지 않고 실험 기구와 어느 정도 _____ 를 유지하는 것이 안전하다.

1 문장을 읽고, 알맞은 낱말을 써 넣어 봅시다.

1) 무엇이 알고 싶어 마음이 답답하다 _____

2) 생각한 일을 실제로 해 나가다 _____

3) 사람이 일이나 상황 따위를 대하는 마음가짐이
   참되고 착실하다 _____

4) 과학 실험에 사용되는 약품 _____

5) 일이 진행되는 과정에서 갑작스럽게 악화된 상황 또는
   파국을 맞을 만큼 위험한 고비 _____

6) 행동이나 절차에 대해 지켜야 할 사항을 정한 규칙 _____

7) 산이나 들에서 동식물이 저절로 나서 자람 또는
   그런 동식물 _____

8) 한 집단이나 공동체에서 옛날부터 전해 내려오는 바람직한
   생활 방식, 생각, 행동 따위가 현재까지 전해진 것 _____

9) 한 발을 들고 한 발로 섬 또는 그런 자세 _____

10) 둘 이상의 대상이 거의 같다 또는 닮은 점이 많다 _____

11) 승부·우열을 가리기 위해 서로 굽히지 않고 맞서 다투다 _____

12) 반드시 쓸 곳이 있다 또는 반드시 갖춰야 한다 _____

13) 대상이나 현상 따위를 자세히 찾아보고
    생각하여 진리를 알아내다 _____

14) 일정한 조건을 인위적으로 정해서 어떤 현상이 일어나는지 또는
    기대했던 결과가 나타나는지 자세히 찾아보고 알아보는 일 _____

15) 새롭고 신기한 것을 좋아하는 마음 _____

→ 바른 답 296쪽

16) 두 곳 사이가 떨어져 있는 정도 _____

17) 단순하고 쉽다 _____

18) 한 생물 종의 살아있는 모든 개체가 지구에서 완전히
      없어지는 것 _____

19) 얽힌 일을 풀어서 잘 처리하다 또는 문제를
      풀어서 결말짓다 _____

20) 조심하지 않거나 · 안전에 관한 지식이 부족하여
      일어나는 사고 _____

21) 어떤 일이 생기기 전에 알맞은 조치를 취하여
      미리 막다 _____

22) 특정한 자격을 주다 또는 분명히 가리켜 정하다 _____

23) 하나하나 빠짐없이 모두 검사하다 _____

24) 끝이 뾰족하다 또는 날이 서 있다 _____

25) 둘 이상의 사람, 사물, 현상 따위가 서로 관계를 맺게 하다 _____

26) 일이나 사물이 생겨나다 _____

27) 법으로 정해서 보호하고 관리하는 동식물과 ·
      그 동식물의 서식지 또는 지질, 광물 등의 천연물 _____

28) 문학, 영화, 연극 따위에서 일정한 장소에서 일이
      벌어지는 모습 _____

29) 위험이 생기거나 · 사고가 날 염려가 없이
      편안하고 온전하다 _____

30) 높낮이, 크기, 양 따위가 한쪽으로 기울거나 · 치우치지
      않고 차이가 없이 똑같은 상태 _____

2 **밑줄 친 곳에 알맞은 낱말을 써 넣어 문장을 완성해 봅시다.**

1) 오늘 수학 시험을 봤는데, 몇 점을 맞았을지 결과가 정말 _____ .

2) 전통 놀이인 닭싸움은 경기 방법이 간단하여 준비물이 _____ 않다.

3) 과학 실험 기구나 화학 약품을 조심히 다뤄야 안전사고를 _____ 수 있다.

4) 두 아이는 누가 더 빠른지 운동장에서 달리기 실력을 _____ .

5) 과학 실험을 할 때는 위험한 상황이 생길 수 있으니 안전 _____을 잘 지켜야 한다.

6) 두 학생이 장난치다가 알코올램프를 바닥에 떨어뜨려 화재가 _____ .

7) 이번 수학 시험은 _____ 문제는 거의 없고, 복잡한 문제가 대부분이었다.

8) 그 영화는 바닷가에 있는 등대가 깜박이는 _____ 으로 시작된다.

9) 우리나라의 _____ 옷은 '한복'이고, _____ 놀이로는 '윷놀이' '강강술래' 등이 있다.

10) 아는 내용이나 겪은 일과 _____ 글을 읽으면 내용을 더 쉽게 이해할 수 있다.

11) 평균대 운동은 좁고 긴 나무대 위에서 _____ 을 잡으며 여러 가지 동작을 표현하는 운동이다.

12) 그는 야산에서 발견한 _____ 고양이를 집에 데려와서 길렀다.

13) 실험 안전 수칙을 확인하고 _____ 안전사고의 위험을 줄여야 한다.

14) 실험을 할 때에는 책상에 너무 바짝 다가가지 앉지 않고 실험 기구와 어느 정도 _____ 를 유지하는 것이 안전하다.

→ 바른 답 296쪽

15) 닭싸움은 한쪽 다리를 들어 올려 두 손으로 잡고, 다른 다리로 균형을 잡아서 _____ 로 뛰면서 상대를 밀어 넘어뜨리는 전통 놀이이다.

16) 교사는 학교 안에 위험한 물건이 없는지 교실 안팎을 _____.

17) 학생들은 과학 시간에 실험을 통해 과학적 지식을 _____.

18) 스티븐 호킹은 우주에 대한 강한 _____ 을 갖고 미지의 외계를 탐구했다.

19) 학생들은 과학 실험을 하면서 평소에 품었던 궁금증을 _____.

20) 운동장에서 축구를 하다가 다리가 부러지는 _____ 가 발생했다.

21) 유리로 만든 실험 기구가 깨지면 _____ 유리 조각이 생겨 다칠 수 있다.

22) 우리나라에서는 멸종 위기 야생 생물 1급인 황새를 _____ 로 지정해 보호하고 있다.

23) 전염병이 전국적으로 퍼질 _____ 에 처하자 사람들은 공포에 휩싸였다.

24) '닭싸움'은 두 사람이 겨루는 모습이 닭이 싸우는 모습과 _____ 지어진 이름이다.

25) 호주 산불로 인해 서식지를 잃은 코알라가 _____ 위기에 처했다.

26) _____ 학교생활을 위해서 질서를 잘 지키고 위험한 장난을 치면 안 된다.

27) 과학실에는 조심히 다뤄야 할 _____ 이 많다.

28) 학생들은 실험 안전 수칙을 지키며 _____ 자세로 과학 실험을 했다.

29) 과학 시간에 운동장 흙과 화단 흙의 물빠짐을 비교하는 _____ 을 했다.

30) 유네스코에서는 불국사를 1996년에 세계 문화유산으로 _____.

4주
평가

1 문장을 읽고, 알맞은 낱말을 써 넣어 봅시다.

1) 침착하지 못하고 조심성 없이 몸을 움직이다 ( )

2) 휘거나 굽은 데가 없이 곧다 ( )

3) 무엇이 알고 싶어 마음이 답답하다 ( )

4) 군더더기를 다 떼어 버리고 핵심만 담은 내용 ( )

5) 둘 이상의 사람, 사물, 현상 따위가 서로 관계를 맺게 하다 ( )

6) 사람의 안부 또는 일의 형세 따위를 알리는 말이나 글 ( )

7) 새롭고 신기한 것을 좋아하는 마음 ( )

8) 뜻밖의 일을 당하여 어찌할 바를 몰라 어리둥절하다 ( )

9) 우두커니 한곳만 바라보는 모양 ( )

10) 어떤 일이 생기기 전에 알맞은 조치를 취하여 미리 막다 ( )

11) 다른 것보다 눈에 띄게 겉으로 나타나다 또는 즐기고
평가하다 ( )

12) 무엇이 실제보다 더 크거나 대단한 것으로 부풀리다 ( )

13) 일의 앞뒤 사정을 놓고 볼 때 마땅히 그렇다 ( )

14) 하나하나 빠짐없이 모두 검사하다 ( )

15) 얼굴의 근육이나 눈살에 힘을 주어 주름이 잡히게 하다 ( )

⟶ 바른 답 297쪽

16) 대상이나 현상 따위를 자세히 찾아보고 생각하여
진리를 알아내다 ( )

17) 상대가 묻는 말에 대하여 답하다 ( )

18) 행동이나 절차에 대해 지켜야 할 사항을 정한 규칙 ( )

19) 활발하고 · 힘차며 · 시원스럽다 ( )

20) 눈에 눈물이 넘칠 듯이 모이다 ( )

21) 예우를 갖춰 잘 대함 ( )

22) 생각이나 감정을 말, 행동, 글, 음악, 그림 따위를 통해
겉으로 나타내다 ( )

23) 기쁨이나 감격 따위의 감정이 마음에 넘칠 듯이 가득하다 ( )

24) 얽힌 일을 풀어서 잘 처리하다 또는 문제를 풀어서
결말짓다 ( )

25) 남에게 도움, 자선 따위의 은혜를 받게 하다 ( )

26) 크기나 수량이 조금 작다 ( )

27) 마음이 흡족하고 · 푸근하다 ( )

28) 체험하는 듯한 느낌이 들다 ( )

29) 일반적 규칙 또는 보통의 경우에서 벗어남 ( )

30) 손으로 한줌 움켜쥔 만큼의 분량 또는 그 분량을 세는 단위 ( )

2 밑줄 친 곳에 알맞은 낱말을 써 넣어 문장을 완성해 봅시다.

1) 과학 실험을 할 때는 위험한 상황이 생길 수 있으니 안전 _____ 을 잘 지켜야 한다.

2) 5교시 수업 시간에 교실 문이 갑자기 스르르 열리더니 1학년처럼 보이는 아이가 얼굴을 _____ 내밀었다.

3) 복도에서 선생님과 마주친 학생들은 머리를 숙여 _____ 인사했다.

4) 호주 산불로 인해 서식지를 잃은 코알라가 _____ 위기에 처했다.

5) 수업을 전혀 안 듣고 공부도 아예 안 했으니 시험을 망치는 건 _____ .

6) 그는 외국 영화를 자막 없이 봐도 무슨 내용인지 정확히 _____ 수 있다.

7) 운동장에서 축구를 하다가 다리가 부러지는 _____ 가 발생했다.

8) '_____ 이 나쁘면 끝도 나쁘다'는 말은 '시작이 좋아야 결과도 좋다'는 뜻이다.

9) 친구와 다툰 아이는 눈물을 _____ 끝내 울음을 터뜨리고 말았다.

10) 우리나라에서는 멸종 위기 야생 생물 1급인 황새를 _____ 로 지정해 보호하고 있다.

11) 미미는 사람들이 자신을 자두 동생이라고 부르는 게 너무 _____ 울었다.

12) 100점 맞았다고 자꾸 자랑하는 동생에게 너무 _____ 말라고 쏘아붙였다.

13) 전염병이 전국적으로 퍼질 _____ 에 처하자 사람들은 공포에 휩싸였다.

14) 큰 대회를 앞둔 선수들은 구슬땀을 흘리며 열심히 _____ .

→ 바른 답 297쪽

15) 유네스코에서는 불국사를 1996년에 세계 문화유산으로 _____ .

16) 길을 찾아 헤매던 외국인은 그가 _____ 준 친절에 감동하여 눈물이 나올 것만 같았다.

17) 학생들은 과학 시간에 실험을 통해 과학적 지식을 _____ .

18) 장금이는 열 살 때 궁중에 들어가 _____ 에서 요리를 했다.

19) 그는 야산에서 발견한 _____ 고양이를 집에 데려와서 길렀다.

20) 아버지는 아들의 합격 소식을 듣고 기쁜 마음에 _____ 춤을 추었다.

21) 전주 한옥마을로 여행을 갔는데, 먹을거리와 볼거리가 _____ .

22) 표정, 몸짓, 말투에 _____ 말하면 듣는 사람에게 자신의 마음을 더 잘 전할 수 있다.

23) 비쩍 마른 채 힘없이 어슬렁거리는 길고양이를 보니 무척 _____ .

24) 어린 시절부터 지독한 가난을 함께 이겨낸 남매는 평생 동안 _____ 지냈다.

25) 아이는 친구들이 자신의 마음을 몰라주는 게 못내 _____ .

26) 전통 놀이인 닭싸움은 경기 방법이 간단하여 준비물이 _____ 않다.

27) 마음이 _____ 엄마는 아이의 합격 소식을 듣고 안도의 한숨을 쉬었다.

28) 다른 사람과 이야기를 나눌 때에는 표정은 상냥하게, 몸짓은 공손하게, _____ 는 친절하게 해야 한다.

29) 과학 시간에 운동장 흙과 화단 흙의 물빠짐을 비교하는 _____ 을 했다.

30) 추수를 끝낸 들판에는 잘 마른 _____ 이 군데군데 쌓여 있었다.

5~8주

칭찬 사과 스티커

하루 공부를 잘 마쳤다면 나에게 칭찬 사과를 선물하세요.
사과 나무에 사과가 주렁주렁 열릴 때까지 열심히 공부합시다!

■ 스티커는 국어 교과서 작품 목록 이후 페이지에 있습니다.

안전하게 과학 실험을 해요 | 교과서 72~75쪽 |

기억하다
한자 기록할 기 記
생각할 억 憶

과거의 경험, 지식, °인상 따위를 / 머릿속에 °새겨 두다 또는 °되살려 생각해 내다

예 나는 작년에 그 일을 °또렷이 **기억하고** 있지만, 친구는 전혀 **기억하지** 못했다.

* **인상**　　(어떤 대상에 대해) 마음에 새겨지는 느낌
* **새기다**　　(잊지 않도록 마음속에 깊이) 간직하다. 기억하다
* **되살다**　　(잊혀진 기억 · 감정 등이) 다시 일어나다
* **또렷이**　　분명하고 확실하게

노력하다
한자 힘쓸 노 努
힘 력 力

어떤 일을 이루기 위해 / 있는 힘을 다하여 / °애쓰다

예 과학 실험 안전 수칙을 항상 기억하고 실천해 안전하게 실험을 할 수 있도록 **노력해야** 한다.

* **애쓰다**　　마음과 힘을 다하여 무엇을 이루려고 힘쓰다(힘들여 일하다)

갯벌을 보존해야 하는 까닭 | 교과서 76~81쪽 |

중심 생각
한자 가운데 중 中
마음 심 心

글쓴이가 / 글에서 °전하려고 하는 / 생각

예 각 문단의 °중심 문장을 간추리면 글쓴이의 **중심 생각**을 찾을 수 있다.

* **전하다**　　어떤 사실을 상대에게 알리다
* **중심**　　매우 중요하고 기본이 되는 부분

편평하다
한자 작을 편 扁
평평할 평 平

바닥이나 표면이 / 높낮이가 없이 / 넓고 · °평평하다

예 오르막길에서 느릿느릿 기어가던 자전거가 **편평한** 길을 만나자 씽씽 달린다.

* **평평하다**　　바닥이 (높낮이가 없이) 고르고 넓다

번식하다
한자 번성할 번 繁
불릴 식 殖

동식물의 수가 / °늘어서 / 많이 퍼지다

예 적조현상이란 °플랑크톤이 갑자기 **번식해서** 바다나 강 등의 색이 바뀌는 현상을 말한다.

* **늘다**　　(수, 길이, 무게, 부피 따위가) 본디보다 더 크게, 더 많게, 더 길게 되다
* **플랑크톤(plankton)**　　물속에 떠다니는 작은 생물을 통틀어 이르는 말

보존하다
한자 지킬 보 保
있을 존 存

잘 지켜서 / 남아 있게 하다

예 우리의 전통과 °문화유산을 아끼고 **보존하는** 일은 매우 중요하다.

* **문화유산**　　조상들의 문화 중에서 후손들에게 물려줄 만한 가치가 있는 (과학 · 기술 · 관습 · 규범 따위의) 것

1 문장을 읽고, 알맞은 낱말을 써 넣어 봅시다.

1) 과거의 경험, 지식, 인상 따위를 머릿속에 새겨 두다
   또는 되살려 생각해 내다

2) 어떤 일을 이루기 위해 있는 힘을 다하여 애쓰다

3) 글쓴이가 글에서 전하려고 하는 생각

4) 바닥이나 표면이 높낮이가 없이 넓고 · 평평하다

5) 동식물의 수가 늘어서 많이 퍼지다

6) 잘 지켜서 남아 있게 하다

2 밑줄 친 곳에 알맞은 낱말을 써 넣어 문장을 완성해 봅시다.

1) 나는 작년에 그 일을 또렷이 _____ 있지만, 친구는 전혀 _____
   못했다.

2) 과학 실험 안전 수칙을 항상 기억하고 실천해 안전하게 실험을 할 수 있도록
   _____ 한다.

3) 각 문단의 중심 문장을 간추리면 글쓴이의 _____ 을 찾을 수 있다.

4) 오르막길에서 느릿느릿 기어가던 자전거가 _____ 길을 만나자 쌩쌩 달린다.

5) 적조현상이란 플랑크톤이 갑자기 _____ 바다나 강 등의 색이 바뀌는 현상
   을 말한다.

6) 우리의 전통과 문화유산을 아끼고 _____ 일은 매우 중요하다.

2. 중심 생각을 찾아요

갯벌

ᵒ밀물 때 **바닷물에** 잠기고 / ᵒ썰물 때 **육지로** 드러나는 / ᵒ**바닷가**의 넓고 평평한 / **땅**

예 썰물 때 육지로 드러나는 바닷가의 편평한 곳을 **갯벌**이라고 부른다.

ᵒ **밀물**　　바닷물이 밀려 들어와서 바닷물의 높이가 높아지는 현상. 또는 그 바닷물

ᵒ **썰물**　　바닷물이 밀려 나가서 바닷물의 높이가 낮아지는 현상. 또는 그 바닷물

ᵒ **바닷가(해변가, 해안가)** 바닷물과 땅이 서로 닿은 곳이나 그 근처

비 간석, 간석지, 개펄, 펄, 갯땅, 갯밭

적합하다

한자 맞을 적 適
　　합할 합 合

일이나 조건 따위에 / 꼭 알맞다

예 식물이 자라는 데 **적합한** 조건을 갖추기 위해서는 적당한
　　양의 물, 충분한 햇빛, 양분, 온도, 공기 등이 필요하다.

비 알맞다, 적절하다, 적당하다

환경

한자 고리 환 環
　　지경 경 境

인간, 동식물의 / ᵒ**생존이나 생활에** ᵒ**영향을 주는** / 자연적 조건 또는 사회적 상황

예 갯벌은 물이 들어오고 빠지면서 생물이 살기에 적합한 **환경**을 만든다.

ᵒ **생존**　　살아 있음. 또는 살아남음

ᵒ **영향**　　어떤 사물의 효과나 작용이 다른 것에 미치는 일

철새

ᵒ**철이** 되면 그때에 맞추어 / 옮겨다니며 사는 / 새

예 갯벌은 **철새**들이 휴식하거나 번식하려고 ᵒ이동하는 중간에 머물며 살기도
　　하는 장소이다.

ᵒ **철(계절)**　　봄, 여름, 가을, 겨울 중에서 한 시기

ᵒ **이동하다**　　움직여서 옮기다. 또는 움직여서 자리를 바꾸다

어민
(어부, 고기잡이)

한자 고기잡을 어 漁
　　백성 민 民

물고기 잡는 일을 / 직업으로 하는 / 사람

예 **어민**들은 갯벌에서 조개나 물고기, 낙지 따위를 잡아서 판다.

수산물

한자 물 수 水
　　낳을 산 産
　　물건 물 物

바다, 강, 호수 따위의 / 물에서 ᵒ나는 / 물고기, 조개, ᵒ해초 따위의 / ᵒ물품

예 엄마는 **수산물** 시장에서 사 온 갈치가 ᵒ싱싱하지 않다고 하셨다.

ᵒ **나다**　　(어디에서 농산물, 수산물 따위가) 재배되거나 만들어지다

ᵒ **해초**　　바다에서 나는 식물을 통틀어 이르는 말

ᵒ **물품**　　쓸 만한 값어치가 있는 물건

ᵒ **싱싱하다(생생하다)**　　시들거나 상하지 않고 생기가 있다

문장을 읽고, 알맞은 낱말을 써 넣어 봅시다.

1) 밀물 때 바닷물에 잠기고 썰물 때 육지로 드러나는 바닷가의 넓고 평평한 땅

2) 일이나 조건 따위에 꼭 알맞다

3) 인간, 동식물의 생존이나 생활에 영향을 주는 자연적 조건 또는 사회적 상황

4) 철이 되면 그때에 맞추어 옮겨다니며 사는 새

5) 물고기 잡는 일을 직업으로 하는 사람

6) 바다, 강, 호수 따위의 물에서 나는 물고기, 조개, 해초 따위의 물품

밑줄 친 곳에 알맞은 낱말을 써 넣어 문장을 완성해 봅시다.

1) 썰물 때 육지로 드러나는 바닷가의 편평한 곳을 _____ 이라고 부른다.

2) 식물이 자라는 데 _____ 조건을 갖추기 위해서는 적당한 양의 물, 충분한 햇빛, 양분, 온도, 공기 등이 필요하다.

3) 갯벌은 물이 들어오고 빠지면서 생물이 살기에 적합한 _____ 을 만든다.

4) 갯벌은 _____ 들이 휴식하거나 번식하려고 이동하는 중간에 머물며 살기도 하는 장소이다.

5) _____ 들은 갯벌에서 조개나 물고기, 낙지 따위를 잡아서 판다.

6) 엄마는 _____ 시장에서 사 온 갈치가 싱싱하지 않다고 하셨다.

3일

2. 중심 생각을 찾아요

양식

한자 기를 양 養
불릴 식 殖

물고기, 해초, 버섯 따위의 *농수산물을 / 사람이 **직접** 길러서 번식시키는 / 일

예 어민들은 바다 생물들을 직접 키우는 **양식**을 하기도 한다.

* 농수산물　농산물(농업에 의해 생산된 곡식 · 채소 · 과실 등의 물품)과 수산물

**농작물
(농작, 작물)**

한자 농사 농 農
지을 작 作
물건 물 物

논밭에 심어 가꾸는 / 곡식이나 *채소류를 / **통틀어 이르는 말**

예 양식은 *농민들이 밭이나 논에서 **농작물**을 키워 파는 것과 비슷하다.

* 채소류　사람이 먹을 수 있는 채소(밭에서 기르는 농작물) 종류
* 농민(농부, 농사꾼)　농사짓는 일을 직업으로 하는 사람

오염

한자 더러울 오 汚
물들 염 染

공기, 물, 환경 따위가 / 더러워짐

예 나무는 공기 중에 있는 *오염 물질을 빨아들여 공기를 깨끗하게 한다.

* 오염 물질　오염을 일으키는 물질

분해하다

한자 나눌 분 分
풀 해 解

한 종류의 *화합물을 / 두 가지 이상의 *원소로 나누다

예 갯벌은 육지에서 나오는 오염 물질을 **분해하여** 깨끗한 환경을 만든다.

* 화합물　두 개 이상의 다른 원소들이 일정 비율로 구성된 물질
* 원소(화학 원소)　(더 이상 다른 물질로 분해되지 않는) 물질을 이루는 기본 성분. 금 · 은 · 산소 · 수소 등 현재까지 112종의 원소가 알려졌음

진흙탕

흙이 / *질척질척하게 된 / 땅

예 *장맛비에 **진흙탕**으로 변한 운동장에서 아이들이 맨발로 축구를 한다.

* 질척질척하다　(진흙이나 반죽 따위가 물기가 매우 많아) 몹시 끈적끈적한 느낌이 들다
* 장맛비(장우)　장마 때 오는 비

기능

한자 틀 기 機
능할 능 能

무엇이 / 특정한 일을 해내는 / *능력

예 옷의 여러 **기능** 중 하나는 햇빛, 먼지, 외부 환경의 오염 물질로부터 몸을 *보호해 주는 것이다.

* 능력(역능)　어떤 일을 해낼 수 있는 힘. 또는 어떤 일에 대한 재능
* 보호하다　(위험이나 곤란 따위가 미치지 않도록) 보살피거나 지키다

→ 바른 답 297쪽

1 **문장을 읽고, 알맞은 낱말을 써 넣어 봅시다.**

1) 물고기, 해초, 버섯 따위의 농수산물을 사람이 직접 길러서
   번식시키는 일

2) 논밭에 심어 가꾸는 곡식이나 채소류를 통틀어 이르는 말

3) 공기, 물, 환경 따위가 더러워짐

4) 한 종류의 화합물을 두 가지 이상의 원소로 나누다

5) 흙이 질척질척하게 된 땅

6) 무엇이 특정한 일을 해내는 능력

2 **밑줄 친 곳에 알맞은 낱말을 써 넣어 문장을 완성해 봅시다.**

1) 어민들은 바다 생물들을 직접 키우는 _____ 을 하기도 한다.

2) 양식은 농민들이 밭이나 논에서 _____ 을 키워 파는 것과 비슷하다.

3) 나무는 공기 중에 있는 _____ 물질을 빨아들여 공기를 깨끗하게 한다.

4) 갯벌은 육지에서 나오는 오염 물질을 _____ 깨끗한 환경을 만든다.

5) 장맛비에 _____ 으로 변한 운동장에서 아이들이 맨발로 축구를 한다.

6) 옷의 여러 _____ 중 하나는 햇빛, 먼지, 외부 환경의 오염 물질로부터
   몸을 보호해 주는 것이다.

저장하다
한자 쌓을 저 貯
감출 장 藏

쓸 만한 •값어치가 있는 / 물품을 / 모아서 쌓아 두다 또는 잘 •간수하다

예 다람쥐는 땅속에 굴을 파고 그곳에 먹이를 **저장하여** 겨울을 •난다.

• 값어치 일정한 값에 해당하는 가치

• 간수하다 물건 따위를 잘 거두어 보호하거나 보관하다

• 나다(지내다, 보내다) (어디에서 일정 기간을) 생활하며 지내다

흡수하다
한자 마실 흡 吸
거둘 수 收

무엇이 / 외부(바깥 부분)의 물질을 / 안으로 빨아들이다

예 갯벌 흙은 물을 많이 **흡수해** 저장했다가 내보내는 기능을 하기 때문에 •홍수를 막아 준다.

• 홍수(큰물) 비가 많이 와서 강이나 개천에 갑자기 크게 불어난 물

수행하다
한자 드디어 ·
따를 수 遂
다닐 행 行

생각하거나 계획한 대로 / 일을 해내다

예 갯벌은 주변 온도와 •습도에 따라 물을 흡수하고 내보내는 •역할을 **수행해** •기후를 알맞게 만들어 준다.

• 습도 공기 중에 수증기(기체 상태로 되어 있는 물)가 들어 있는 정도

• 역할 정해진 작용이나 기능

• 기후 일정한 지역의 여러 해에 걸쳐 나타나는 기온 · 강수 · 바람 등의 평균 상태

소중하다
한자 바 소 所
무거울 중 重

매우 •귀하고 · 중요하다

예 갯벌은 •쓸모없는 땅이 아니라 우리와 함께 살아가는 **소중한** 장소이다.

• 귀(貴: 귀할 귀) 희귀한(드물어서 매우 귀한), 존귀한(신분이 높고 귀한), 값비싼

• 쓸모없다 쓸 만한 가치가 없다

비 중하다, 귀중하다, 진중하다

토박이말
한자 흙 토 土

우리말에 •본디부터 있던 낱말 또는 그것을 바탕으로 하여 새로 만들어진 낱말

예 **토박이말**은 옛날부터 우리 할아버지, 할머니께서 만들어 써 오신 말이다.

• 본디(원래, 본래, 본시) 사물이 전해 내려온 그 처음

비 순우리말, 고유어, 토착어

이르다

일이나 · 그 시기가 / •기준을 잡은 때보다 / 시간상 •빠르다

예 내일 새벽에 가족 여행을 떠나서 평소보다 **이른** 시간에 잠자리에 들었다.

• 기준 사물의 정도 · 성격 따위를 정하는 기본(밑바탕, 기초, 토대, 근본)

• 빠르다 (어떤 것이 기준이나 비교 대상보다) 시간 순서상으로 앞선 상태에 있다

1 문장을 읽고, 알맞은 낱말을 써 넣어 봅시다.

1) 쓸 만한 값어치가 있는 물품을 모아서 쌓아 두다
또는 잘 간수하다

2) 무엇이 외부(바깥 부분)의 물질을 안으로 빨아들이다

3) 생각하거나 계획한 대로 일을 해내다

4) 매우 귀하고 · 중요하다

5) 우리말에 본디부터 있던 낱말 또는 그것을 바탕으로
하여 새로 만들어진 낱말

6) 일이나 · 그 시기가 기준을 잡은 때보다 시간상 빠르다

2 밑줄 친 곳에 알맞은 낱말을 써 넣어 문장을 완성해 봅시다.

1) 다람쥐는 땅속에 굴을 파고 그곳에 먹이를 _____ 겨울을 난다.

2) 갯벌 흙은 물을 많이 _____ 저장했다가 내보내는 기능을 하기 때문에
홍수를 막아 준다.

3) 갯벌은 주변 온도와 습도에 따라 물을 흡수하고 내보내는 역할을 _____
기후를 알맞게 만들어 준다.

4) 갯벌은 쓸모없는 땅이 아니라 우리와 함께 살아가는 _____ 장소이다.

5) _____ 은 옛날부터 우리 할아버지, 할머니께서 만들어 써 오신 말이다.

6) 내일 새벽에 가족 여행을 떠나서 평소보다 _____ 시간에 잠자리에 들었다.

2. 중심 생각을 찾아요

소소리바람

이른 봄에 부는 / 살 속으로 [•]스며드는 듯한 / 차고 [•]매서운 / 바람

㉡ **소소리바람**은 이른 봄에 살 속으로 스며드는 듯한 차고 매서운 바람을 [•]일컫는다.

[•] **스며들다**   밖에서 안으로 들어가다

[•] **매섭다**   (바람이나 추위가 따가울 정도로) 심하다

[•] **(A를 B라고) 일컫다**   (A를 B라고) 가리켜 말하다. 부르다. 칭하다

장마

여름철에 / 많은 비가 여러 날 계속해서 내리는 것 또는 그 비

㉡ 동네는 여름만 되면 **장마**로 [•]물바다가 되었다.

[•] **물바다**   홍수 따위로 넓은 지역이 온통 물에 잠긴 상태를 이르는 말

시샘하다
(시새움하다)

자신보다 / 잘되거나 나은 사람을 / [•]공연히 미워하고 싫어하다

㉡ 꽃들은 봄을 **시샘하듯** 찾아온 꽃샘추위에 [•]아랑곳없이 [•]봉오리를 터트렸다.

[•] **공연히(괜히, 일없이)**   아무 까닭 없이

[•] **아랑곳없다**   어떤 일을 알려고 들거나 참견하지 않다

[•] **봉오리**   꽃망울(어린 꽃봉오리)만 맺히고, 아직 피지 아니한 꽃

비 샘하다, 샘내다, 시기하다, 시새우다, 새우다

꽃샘추위

이른 봄에 / 꽃이 필 [•]무렵의 / [•]추위

㉡ **꽃샘추위**는 꽃이 피는 것을 시샘하듯 [•]몰아닥친 추위라는 뜻이다.

[•] **무렵**   바로 그때쯤. 일이 벌어질 그 즈음

[•] **추위**   추운 기운. 추운 정도

[•] **몰아닥치다** 한꺼번에 세게 밀어닥치다

꽃샘바람

이른 봄에 / 꽃이 필 무렵에 부는 / [•]쌀쌀한 바람

㉡ 꽃샘추위 때 부는 바람을 **꽃샘바람**이라고 부른다.

[•] **쌀쌀하다**   (날씨나 바람이)   춥게 느껴질 정도로 차다

마른장마

장마철에 / 비가 아주 적게 오거나 · [•]갠 날이 계속되는 / [•]날씨

㉡ 장마 기간에 비가 오지 않거나 적게 오면 **마른장마**라고 한다.

[•] **개다**   (비나 눈이 그치고 구름·안개가 흩어져서) 날이 맑아지다

[•] **날씨(일기)** 비, 구름, 바람, 기온 따위의 변화에 따른 그날그날의 기상(지구를 둘러싸고 있는 기체(대기)에서 일어나는 모든 현상) 상태

→ 바른 답 297쪽

1 **문장을 읽고, 알맞은 낱말을 써 넣어 봅시다.**

1) 이른 봄에 부는 살 속으로 스며드는 듯한
    차고 매서운 바람

2) 여름철에 많은 비가 여러 날 계속해서 내리는 것 또는 그 비

3) 자신보다 잘되거나 나은 사람을 공연히 미워하고
    싫어하다

4) 이른 봄에 꽃이 필 무렵의 추위

5) 이른 봄에 꽃이 필 무렵에 부는 쌀쌀한 바람

6) 장마철에 비가 아주 적게 오거나 · 갠 날이
    계속되는 날씨

2 **밑줄 친 곳에 알맞은 낱말을 써 넣어 문장을 완성해 봅시다.**

1) _____ 은 이른 봄에 살 속으로 스며드는 듯한 차고 매서운 바람을 일컫는다.

2) 동네는 여름만 되면 _____ 로 물바다가 되었다.

3) 꽃들은 봄을 _____ 찾아온 꽃샘추위에 아랑곳없이 봉오리를 터트렸다.

4) _____ 는 꽃이 피는 것을 시샘하듯 몰아닥친 추위라는 뜻이다.

5) 꽃샘추위 때 부는 바람을 _____ 이라고 부른다.

6) 장마 기간에 비가 오지 않거나 적게 오면 _____ 라고 한다.

1 문장을 읽고, 알맞은 낱말을 써 넣어 봅시다.

1) 일이나 · 그 시기가 기준을 잡은 때보다 시간상 빠르다 _____

2) 무엇이 특정한 일을 해내는 능력 _____

3) 이른 봄에 부는 살 속으로 스며드는 듯한
   차고 매서운 바람 _____

4) 이른 봄에 꽃이 필 무렵의 추위 _____

5) 쓸 만한 값어치가 있는 물품을 모아서 쌓아 두다
   또는 잘 간수하다 _____

6) 매우 귀하고 · 중요하다 _____

7) 철이 되면 그때에 맞추어 옮겨다니며 사는 새 _____

8) 무엇이 외부(바깥 부분)의 물질을 안으로 빨아들이다 _____

9) 일이나 조건 따위에 꼭 알맞다 _____

10) 바닥이나 표면이 높낮이가 없이 넓고 · 평평하다 _____

11) 물고기, 해초, 버섯 따위의 농수산물을 사람이 직접 길러서
    번식시키는 일 _____

12) 공기, 물, 환경 따위가 더러워짐 _____

13) 장마철에 비가 아주 적게 오거나 · 갠 날이 계속되는 날씨 _____

14) 논밭에 심어 가꾸는 곡식이나 채소류를 통틀어 이르는 말 _____

15) 동식물의 수가 늘어서 많이 퍼지다 _____

→ 바른 답 297쪽

16) 밀물 때 바닷물에 잠기고 썰물 때 육지로 드러나는
바닷가의 넓고 평평한 땅 _____

17) 과거의 경험, 지식, 인상 따위를 머릿속에 새겨 두다
또는 되살려 생각해 내다 _____

18) 이른 봄에 꽃이 필 무렵에 부는 쌀쌀한 바람 _____

19) 어떤 일을 이루기 위해 있는 힘을 다하여 애쓰다 _____

20) 잘 지켜서 남아 있게 하다 _____

21) 자신보다 잘되거나 나은 사람을 공연히 미워하고 싫어하다 _____

22) 인간, 동식물의 생존이나 생활에 영향을 주는 자연적 조건
또는 사회적 상황 _____

23) 글쓴이가 글에서 전하려고 하는 생각 _____

24) 생각하거나 계획한 대로 일을 해내다 _____

25) 바다, 강, 호수 따위의 물에서 나는 물고기, 조개,
해초 따위의 물품 _____

26) 흙이 질척질척하게 된 땅 _____

27) 우리말에 본디부터 있던 낱말 또는 그것을 바탕으로
하여 새로 만들어진 낱말 _____

28) 물고기 잡는 일을 직업으로 하는 사람 _____

29) 한 종류의 화합물을 두 가지 이상의 원소로 나누다 _____

30) 여름철에 많은 비가 여러 날 계속해서 내리는 것 또는 그 비 _____

2 밑줄 친 곳에 알맞은 낱말을 써 넣어 문장을 완성해 봅시다.

1) 각 문단의 중심 문장을 간추리면 글쓴이의 _____ 을 찾을 수 있다.

2) 적조현상이란 플랑크톤이 갑자기 _____ 바다나 강 등의 색이 바뀌는 현상을 말한다.

3) _____ 은 이른 봄에 살 속으로 스며드는 듯한 차고 매서운 바람을 일컫는다.

4) _____ 들은 갯벌에서 조개나 물고기, 낙지 따위를 잡아서 판다.

5) 오르막길에서 느릿느릿 기어가던 자전거가 _____ 길을 만나자 쌩쌩 달린다.

6) 동네는 여름만 되면 _____ 로 물바다가 되었다.

7) 갯벌은 _____ 들이 휴식하거나 번식하려고 이동하는 중간에 머물며 살기도 하는 장소이다.

8) 장맛비에 _____ 으로 변한 운동장에서 아이들이 맨발로 축구를 한다.

9) 다람쥐는 땅속에 굴을 파고 그곳에 먹이를 _____ 겨울을 난다.

10) 장마 기간에 비가 오지 않거나 적게 오면 _____ 라고 한다.

11) 썰물 때 육지로 드러나는 바닷가의 편평한 곳을 _____ 이라고 부른다.

12) 엄마는 _____ 시장에서 사 온 갈치가 싱싱하지 않다고 하셨다.

13) 갯벌은 주변 온도와 습도에 따라 물을 흡수하고 내보내는 역할을 _____ 기후를 알맞게 만들어 준다.

14) 갯벌 흙은 물을 많이 _____ 저장했다가 내보내는 기능을 하기 때문에 홍수를 막아 준다.

→ 바른 답 297쪽

15) 갯벌은 물이 들어오고 빠지면서 생물이 살기에 적합한 _____ 을 만든다.

16) _____ 은 옛날부터 우리 할아버지, 할머니께서 만들어 써 오신 말이다.

17) _____ 는 꽃이 피는 것을 시샘하듯 몰아닥친 추위라는 뜻이다.

18) 꽃들은 봄을 _____ 찾아온 꽃샘추위에 아랑곳없이 봉오리를 터트렸다.

19) 어민들은 바다 생물들을 직접 키우는 _____ 을 하기도 한다.

20) 갯벌은 쓸모없는 땅이 아니라 우리와 함께 살아가는 _____ 장소이다.

21) 양식은 농민들이 밭이나 논에서 _____ 을 키워 파는 것과 비슷하다.

22) 나는 작년에 그 일을 또렷이 _____ 있지만, 친구는 전혀 _____ 못했다.

23) 내일 새벽에 가족 여행을 떠나서 평소보다 _____ 시간에 잠자리에 들었다.

24) 나무는 공기 중에 있는 _____ 물질을 빨아들여 공기를 깨끗하게 한다.

25) 과학 실험 안전 수칙을 항상 기억하고 실천해 안전하게 실험을 할 수 있도록 _____ 한다.

26) 우리의 전통과 문화유산을 아끼고 _____ 일은 매우 중요하다.

27) 갯벌은 육지에서 나오는 오염 물질을 _____ 깨끗한 환경을 만든다.

28) 식물이 자라는 데 _____ 조건을 갖추기 위해서는 적당한 양의 물, 충분한 햇빛, 양분, 온도, 공기 등이 필요하다.

29) 옷의 여러 _____ 중 하나는 햇빛, 먼지, 외부 환경의 오염 물질로부터 몸을 보호해 주는 것이다.

30) 꽃샘추위 때 부는 바람을 _____ 이라고 부른다.

무더위

•온도와 습도가 매우 높아 / 찌는 듯 견디기 어려운 / •더위

예 장마가 끝나고 나자 •본격적인 **무더위**가 시작되었다.

•온도　　　　따뜻함과 차가움의 정도
•더위　　　　여름철의 몹시 더운 기운
•본격적　　　일의 진행 상태가 제 궤도에 올라 매우 활발한 (것)

불볕더위

햇볕이 / 불덩이처럼 뜨겁게 •내리쬐는 / 몹시 심한 더위

예 35도를 오르내리는 **불볕더위**가 전국적으로 일주일째 계속되었다.

•내리쬐다　　볕 따위가 세차게 아래로 비치다

머금다

풀, 꽃, 나무 따위가 / 빗물, 이슬 같은 / •물기를 겉으로 •지니다

예 비가 그친 뒤 빗방울을 •잔뜩 **머금고** 있는 풀이 싱그럽게 보인다.

•물기(수분)　사물의 표면에 묻어 있거나 머금고 있는 약간의 물
•지니다　　　(사람이 무엇을) 몸에 간직하여 가지다
•잔뜩　　　　꽉 차도록. 대단히 많이

**끈끈하다
(깐깐하다)**

바람이나 공기에 / 물기나 습기가 •배어 있어서 / 약간 •축축한 기운이 있다

예 '무더위'는 '물+더위'로 물기를 잔뜩 머금은 **끈끈한** 더위를 뜻한다.

•배다　　　　(물기나 냄새가 어떤 곳에) 스며들다
•축축하다(촉촉하다)　　물기가 있어 젖은 듯하다

볕 (햇볕)

해에서 내리쬐는 / 뜨거운 기운

예 '불볕더위'는 '불볕+더위'로 **볕**이 •불덩이처럼 뜨거운 더위를 뜻한다.

•불덩이(불덩어리) 불에 타고 있는 물체의 덩어리(뭉쳐서 크게 이루어진 것)

**어울리다
(아울리다)**

여럿이 서로 / •조화롭게 보이다 또는 자연스럽게 보이다

예 •한여름에 뜨거운 햇볕이 쨍쨍 내리쬘 때에는 '불볕더위'라는 말이 **어울린다**.

•조화롭다　　(둘 이상의 것이 서로 잘 어울려) 어긋나거나 부딪침 없다
•한여름　　　여름 중에 한창 더운 시기

날씨를 나타내는 우리말 | 교과서 82~89쪽

→ 바른 답 298쪽

1 문장을 읽고, 알맞은 낱말을 써 넣어 봅시다.

1) 온도와 습도가 매우 높아 찌는 듯 견디기 어려운 더위

2) 햇볕이 불덩이처럼 뜨겁게 내리쬐는 몹시 심한 더위

3) 풀, 꽃, 나무 따위가 빗물, 이슬 같은 물기를 겉으로 지니다

4) 바람이나 공기에 물기나 습기가 배어 있어서
   약간 축축한 기운이 있다

5) 해에서 내리쬐는 뜨거운 기운

6) 여럿이 서로 조화롭게 보이다 또는 자연스럽게 보이다

2 밑줄 친 곳에 알맞은 낱말을 써 넣어 문장을 완성해 봅시다.

1) 장마가 끝나고 나자 본격적인 _____ 가 시작되었다.

2) 35도를 오르내리는 _____ 가 전국적으로 일주일째 계속되었다.

3) 비가 그친 뒤 빗방울을 잔뜩 _____ 있는 풀이 싱그럽게 보인다.

4) '무더위'는 '물+더위'로 물기를 잔뜩 머금은 _____ 더위를 뜻한다.

5) '불볕더위'는 '불볕+더위'로 _____ 이 불덩이처럼 뜨거운 더위를 뜻한다.

6) 한여름에 뜨거운 햇볕이 쨍쨍 내리쬘 때에는 '불볕더위'라는 말이 _____ .

건들건들
(간들간들)

바람이 / 부드럽게 •살랑살랑 부는 모양
[예] 들판에 가을바람이 **건들건들** 불자 해바라기가 춤을 추듯 •너울댔다.
• 살랑살랑(선들선들)　서늘한 바람이 가볍게 자꾸 부는 모양
• 너울대다(너울거리다)　(사람·동물이 팔·날개 따위를) 활짝 펴고 아래위로 잇따라
　　　　　　　　　　　부드럽게 움직이다

건들바람

•초가을에 불어오는 / •서늘하고 부드러운 / 바람
[예] 이른 가을날, 가볍고 부드럽게 건들건들 부는 서늘한 바람을 '**건들바람**'이라고
　　한다.
• 초가을　　가을이 처음 시작되는 시기
• 서늘하다(사늘하다, 써늘하다)　　(온도나 기온이) 꽤 찬 느낌이 있다

건들장마

초가을에 비가 / 오다가 •금방 •개고 / 또 오다가 다시 개는 / 내리다 말다 하는
/ 장마
[예] '**건들장마**'라는 이름은 비가 가볍게 땅을 •건드린다는 뜻에서 •유래했다.
• 금방　　조금 뒤에 곧
• 개다　　흐리거나 궂은 날씨가 맑아지다
• 건드리다　손으로 만지다. 또는 무엇으로 대다(서로 닿게 하다)
• 유래하다　(사물이 무엇에서) 말미암아 생겨나다. 또는 전하여 오다

수증기

[한자] 물 수 水
　　　찔 증 蒸
　　　기운 기 氣

•기체 상태로 되어 있는 / 물
[예] 밥을 •지을 때마다 압력밥솥에서 세찬 **수증기**가 뿜어져 나온다.
• 기체　　(공기, 산소 따위의) 일정한 모양과 부피를 갖지 않는 물질
• 짓다　　(밥, 옷, 집 따위를) 재료를 들여 만들다

묽다

보통 정도에 비하여 / •물기가 많다
[예] •반죽이 너무 **묽어서** 밀가루를 더 넣었다.
• 물기(수분)　물의 축축한 기운
• 반죽　　가루에 물을 부어서 이겨 갬. 또는 그렇게 한 것

되다

물기가 적어 / •빡빡하다
[예] 물을 적게 넣었더니 밥이 **되서** 먹기가 힘들다.
• 빡빡하다　물기가 적어서 부드러운(보드라운) 느낌이 없다

→ 바른 답 298쪽

공부한 날   월   일   학습평가 ☑

1 문장을 읽고, 알맞은 낱말을 써 넣어 봅시다.

1) 바람이 부드럽게 살랑살랑 부는 모양

2) 초가을에 불어오는 서늘하고 부드러운 바람

3) 초가을에 비가 오다가 금방 개고 또 오다가
   다시 개는 내리다 말다 하는 장마

4) 기체 상태로 되어 있는 물

5) 보통 정도에 비하여 물기가 많다

6) 물기가 적어 빡빡하다

6주
2일

2 밑줄 친 곳에 알맞은 낱말을 써 넣어 문장을 완성해 봅시다.

1) 들판에 가을바람이 _____ 불자 해바라기가 춤을 추듯 너울댔다.

2) 이른 가을날, 가볍고 부드럽게 건들건들 부는 서늘한 바람을 '_____'이라고
   한다.

3) '_____'라는 이름은 비가 가볍게 땅을 건드린다는 뜻에서 유래했다.

4) 밥을 지을 때마다 압력밥솥에서 세찬 _____가 뿜어져 나온다.

5) 반죽이 너무 _____ 밀가루를 더 넣었다.

6) 물을 적게 넣었더니 밥이 _____ 먹기가 힘들다.

서리

맑고 바람 없는 밤에 / °기온이 °어는점(0℃) 이하로 내려갈 때 / 공기 중에 있는 수증기가 / 땅이나 물체 표면에 닿아서 / 하얗게 얼어붙은 / 가루 모양의 얼음

예 날씨가 갑자기 추워지자 농부들은 **서리**가 내릴까봐 서둘러 농작물을 °수확했다.

° 기온　　　대기(공기)의 온도. 보통, 지면으로부터 1.5m높이에서 잰 온도를 이름

° 어는점(빙점)　　물이 얼기 시작할 때, 또는 얼음이 녹기 시작할 때의 온도(0℃)

° 수확하다　　익거나 다 자란 농작물을 거두어들이다

무서리

늦가을에 처음 내리는 / 묽은 서리

예 무더위가 물러나고 °완연한 가을로 접어들자 **무서리**가 내리기 전에 °밭작물을 수확하려는 농부들의 손놀림이 °분주해졌다.

° 완연하다　　(증세나 분위기가) 아주 뚜렷하다

° 밭작물　　밭에서 가꾸어 거두는 곡식이나 채소 따위의 작물

° 분주하다　　(많은 일이나 급한 사정으로) 이리저리 몹시 바쁘게 뛰어다니다

표면 (겉면)

한자 겉 표 表
낯 면 面

사물의 / 가장 바깥쪽

예 늦가을에 수증기가 땅이나 물체 **표면**에 얼어붙는 것을 서리라고 한다.

올서리

다른 해보다 / 일찍 내리는 서리

예 초가을인데, °산간 지방에 벌써 **올서리**가 와서 농작물 °피해를 입었다.

° 산간　　산과 산 사이. 또는 산골짜기로 된 곳

° 올─　　(기준보다) 앞서거나 빠르다　　° 피해　　손해를 입음

된서리

늦가을에 아주 되게 내리는 / 서리

예 늦가을에 °**된서리**가 °치면 농작물이 얼어 죽는 °한해를 입는다.

° 된─　　(일부 낱말 앞에 붙어) '물기가 적은'의 뜻을 더하는 말

° 치다　　바람이 세차게 불다. 또는 비, 눈, 서리 따위가 세차게 뿌리다

° 한해　　추위로 농작물이 입은 피해

함박눈

굵고 탐스럽게 내리는 / 눈

예 하루 종일 내린 **함박눈**이 °수북이 쌓여 온 세상이 하얗게 되었다.

° 수북이(소복이)　　쌓이거나 담긴 물건 따위가 불룩하게 많이

문장을 읽고, 알맞은 낱말을 써 넣어 봅시다.

1) 맑고 바람 없는 밤에 기온이 어는점(0℃) 이하로 내려갈 때
공기 중에 있는 수증기가 땅이나 물체 표면에 닿아서
하얗게 얼어붙은 가루 모양의 얼음

2) 늦가을에 처음 내리는 묽은 서리

3) 사물의 가장 바깥쪽

4) 다른 해보다 일찍 내리는 서리

5) 늦가을에 아주 되게 내리는 서리

6) 굵고 탐스럽게 내리는 눈

밑줄 친 곳에 알맞은 낱말을 써 넣어 문장을 완성해 봅시다.

1) 날씨가 갑자기 추워지자 농부들은 _____ 가 내릴까봐 서둘러 농작물을 수확했다.

2) 무더위가 물러나고 완연한 가을로 접어들자 _____ 가 내리기 전에 밭작물을 수확하려는 농부들의 손놀림이 분주해졌다.

3) 늦가을에 수증기가 땅이나 물체 _____ 에 얼어붙는 것을 서리라고 한다.

4) 초가을인데, 산간 지방에 벌써 _____ 가 와서 농작물 피해를 입었다.

5) 늦가을에 _____ 가 치면 농작물이 얼어 죽는 한해를 입는다.

6) 하루 종일 내린 _____ 이 수북이 쌓여 온 세상이 하얗게 되었다.

가랑눈

작게 부서져서 내리는 / 눈

예 *올겨울에는 함박눈은 아예 안 오고 **가랑눈**만 *이따금 내린다.

* 올(올해, 금년)　지금 지나가고(살고) 있는 이 해
* 가랑－　(일부 낱말 앞에 붙어) '작게 부서진 것'을 뜻하는 말
* 이따금　조금씩 있다가. 가끔. 때때로. 왕왕

진눈깨비

비가 섞여 내리는 / 눈

예 비는 **진눈깨비**로 바뀌더니 곧 함박눈으로 변했다.

도둑눈

밤에 사람들이 모르는 사이에 / *몰래 내린 / 눈

예 *밤사이 남몰래 내린 **도둑눈**이 쌓여 온 세상이 하얗게 되었다.

* 몰래(남몰래)　남이 모르게 가만히. 남의 눈을 피하여 살짝
* 밤사이(밤새)　밤이 지나는 동안

간추리다

글 따위에서 중요한 *내용만 골라서 / 짧고 간단하게 / 가려 뽑다

예 각 문단의 중심 문장에 *공통으로 들어 있는 글쓴이의 생각을 찾으면 글의 중심 생각을 **간추릴** 수 있다.

* 내용　말, 글, 그림 따위의 모든 표현 매체 속에 들어 있는 것.
　　　또는 그런 것들로 전하고자 하는 것
* 공통　여럿 사이에서 빠짐없이 골고루 해당되고 관계됨

비 요약하다, 개괄하다

옷차림 (복장)

옷을 *차려입은 / *모양

예 옛날과 오늘날 사람들의 **옷차림**에는 차이가 많이 있다.

* 차려입다　옷을 잘 갖추어 입다
* 모양　겉으로 나타나는 생김새(생긴 모양새)나 모습

고유하다

한자 굳을 고 固
　　있을 유 有

어느 사물에만 / 특별히 있다 또는 원래부터 갖고 있다

예 *옛사람들은 우리나라의 **고유한** 옷인 한복을 입었다.

* 옛사람　옛날에 살았던 사람

비 특유하다

공부한 날 　월　일　학습평가 ☑

1 문장을 읽고, 알맞은 낱말을 써 넣어 봅시다.

1) 작게 부서져서 내리는 눈

2) 비가 섞여 내리는 눈

3) 밤에 사람들이 모르는 사이에 몰래 내린 눈

4) 글 따위에서 중요한 내용만 골라서 짧고 간단하게 가려 뽑다

5) 옷을 차려입은 모양

6) 어느 사물에만 특별히 있다 또는 원래부터 갖고 있다

2 밑줄 친 곳에 알맞은 낱말을 써 넣어 문장을 완성해 봅시다.

1) 올겨울에는 함박눈은 아예 안 오고 _____ 만 이따금 내린다.

2) 비는 _____ 로 바뀌더니 곧 함박눈으로 변했다.

3) 밤사이 남몰래 내린 _____ 이 쌓여 온 세상이 하얗게 되었다.

4) 각 문단의 중심 문장에 공통으로 들어 있는 글쓴이의 생각을 찾으면 글의 중심 생각을 _____ 수 있다.

5) 옛날과 오늘날 사람들의 _____ 에는 차이가 많이 있다.

6) 옛사람들은 우리나라의 _____ 옷인 한복을 입었다.

평민
한자 평평할 평 平
백성 민 民

°계급이 있는 사회에서 / °벼슬이 없는 / °일반 백성
예 옛날에 **평민**은 궁궐 안을 함부로 °출입할 수 없었다.
° 계급　신분, 재산, 직업 따위가 비슷한 사람들로 이루어진 집단. 또는 그렇게 나눈 사회적 지위(신분에 따르는 어떠한 자리나 계급)
° 벼슬　예전에, 관청(국가 기관)에 나가서 나랏일을 맡아 다스리는 자리
° 일반　(특별하지 않고) 평범한 수준. 또는 보통의 사람들
° 출입하다(드나들다)　(사람이 어떤 곳을) 들어가고 나오다
비 서민, 상민, 양인, 양민

신분
한자 몸 신 身
나눌 분 分

몇 개의 °등급으로 구분한 / °개인의 사회적 지위
예 옛날에는 양반과 평민의 **신분**에 따라 옷차림이 달랐다.
° 등급(등, 등위)　(높고 낮음, 좋고 나쁨 따위의 정도에 따라) 여러 층으로 나눈 구별
° 개인　국가 · 사회 · 단체 따위를 구성하는 낱낱(여럿 가운데의 하나하나)의 사람

양반
한자 두 양 兩
나눌 반 班

고려 · 조선 시대에 / °지배층을 이루던 °상류 계급에 속한 / 사람
예 조선 후기에는 **양반** 중심의 신분 질서가 빠르게 °붕괴되었다.
° 지배층　(남을 복종시키고 다스리는) 지배 계급에 속한 사람들의 집단
° 상류 계급　사회적 지위나 생활수준이 높은 계급
° 붕괴되다　무너져 없어지다. 제 역할을 못하게 되다

유행
한자 흐를 유 流
다닐 행 行

특정한 언어, 옷차림, 취미, 현상 따위가 / 사회 °구성원들에게 / 널리 퍼짐
예 **유행**이란 전염병이 사람들 사이에 널리 퍼지거나 옷차림, 취미 따위가 사회 구성원들에게 일시적으로 널리 퍼지는 것을 말한다.
° 구성원　(조직, 집단, 단체를 이루고 있는) 사람들

성별
한자 성품 성 性
나눌 별 別

성에 따른 / °구별
예 사람은 **성별**에 따라 남성과 여성으로 구별된다.
° 구별　성질 · 종류에 따라 나타나는 차이. 또는 성질 · 종류에 따라 갈라놓음

구분하다
한자 분할 구 區
나눌 분 分

일정한 기준에 따라 / 전체를 몇 개로 / °나누다
예 15개의 평면도형을 각의 개수에 따라 삼각형, 사각형, 오각형으로 **구분했다.**
° 나누다　성질 따위를 기준으로 구별하거나 달리 속하게 하다

옷차림이 바뀌었어요 | 교과서 90~95쪽

→ 바른 답 298쪽

1 문장을 읽고, 알맞은 낱말을 써 넣어 봅시다.

6주
5일

1)　계급이 있는 사회에서 벼슬이 없는 일반 백성

2)　몇 개의 등급으로 구분한 개인의 사회적 지위

3)　고려 · 조선 시대에 지배층을 이루던 상류 계급에 속한 사람

4)　특정한 언어, 옷차림, 취미, 현상 따위가 사회 구성원들에게
　　널리 퍼짐

5)　성에 따른 구별

6)　일정한 기준에 따라 전체를 몇 개로 나누다

2 밑줄 친 곳에 알맞은 낱말을 써 넣어 문장을 완성해 봅시다.

1)　옛날에 _____ 은 궁궐 안을 함부로 출입할 수 없었다.

2)　옛날에는 양반과 평민의 _____ 에 따라 옷차림이 달랐다.

3)　조선 후기에는 _____ 중심의 신분 질서가 빠르게 붕괴되었다.

4)　_____ 이란 전염병이 사람들 사이에 널리 퍼지거나 옷차림, 취미 따위가
　　사회 구성원들에게 일시적으로 널리 퍼지는 것을 말한다.

5)　사람은 _____ 에 따라 남성과 여성으로 구별된다.

6)　15개의 평면도형을 각의 개수에 따라 삼각형, 사각형, 오각형으로 _____ .

1 문장을 읽고, 알맞은 낱말을 써 넣어 봅시다.

1) 늦가을에 처음 내리는 묽은 서리 _____

2) 옷을 차려입은 모양 _____

3) 글 따위에서 중요한 내용만 골라서 짧고 간단하게
가려 뽑다 _____

4) 해에서 내리쬐는 뜨거운 기운 _____

5) 계급이 있는 사회에서 벼슬이 없는 일반 백성 _____

6) 작게 부서져서 내리는 눈 _____

7) 바람이 부드럽게 살랑살랑 부는 모양 _____

8) 초가을에 비가 오다가 금방 개고 또 오다가
다시 개는 내리다 말다 하는 장마 _____

9) 풀, 꽃, 나무 따위가 빗물, 이슬 같은 물기를 겉으로 지니다 _____

10) 일정한 기준에 따라 전체를 몇 개로 나누다 _____

11) 성에 따른 구별 _____

12) 고려·조선 시대에 지배층을 이루던 상류 계급에 속한 사람 _____

13) 늦가을에 아주 되게 내리는 서리 _____

14) 초가을에 불어오는 서늘하고 부드러운 바람 _____

15) 밤에 사람들이 모르는 사이에 몰래 내린 눈 _____

→ 바른 답 298쪽

6주
평가

16) 온도와 습도가 매우 높아 찌는 듯 견디기 어려운 더위 _____

17) 햇볕이 불덩이처럼 뜨겁게 내리쬐는 몹시 심한 더위 _____

18) 보통 정도에 비하여 물기가 많다 _____

19) 바람이나 공기에 물기나 습기가 배어 있어서
     약간 축축한 기운이 있다 _____

20) 물기가 적어 빡빡하다 _____

21) 여럿이 서로 조화롭게 보이다 또는 자연스럽게 보이다 _____

22) 맑고 바람 없는 밤에 기온이 어는점(0℃) 이하로 내려갈 때
     공기 중에 있는 수증기가 땅이나 물체 표면에 닿아서
     하얗게 얼어붙은 가루 모양의 얼음 _____

23) 기체 상태로 되어 있는 물 _____

24) 사물의 가장 바깥쪽 _____

25) 굵고 탐스럽게 내리는 눈 _____

26) 다른 해보다 일찍 내리는 서리 _____

27) 특정한 언어, 옷차림, 취미, 현상 따위가 사회 구성원들에게
     널리 퍼짐 _____

28) 비가 섞여 내리는 눈 _____

29) 어느 사물에만 특별히 있다 또는 원래부터 갖고 있다 _____

30) 몇 개의 등급으로 구분한 개인의 사회적 지위 _____

2 밑줄 친 곳에 알맞은 낱말을 써 넣어 문장을 완성해 봅시다.

1) 조선 후기에는 _____ 중심의 신분 질서가 빠르게 붕괴되었다.

2) 옛날과 오늘날 사람들의 _____ 에는 차이가 많이 있다.

3) 이른 가을날, 가볍고 부드럽게 건들건들 부는 서늘한 바람을 '_____'
   이라고 한다.

4) 밤사이 남몰래 내린 _____ 이 쌓여 온 세상이 하얗게 되었다.

5) 날씨가 갑자기 추워지자 농부들은 _____ 가 내릴까봐 서둘러 농작물을
   수확했다.

6) 늦가을에 _____ 가 치면 농작물이 얼어 죽는 한해를 입는다.

7) 비는 _____ 로 바뀌더니 곧 함박눈으로 변했다.

8) '_____'라는 이름은 비가 가볍게 땅을 건드린다는 뜻에서 유래했다.

9) 옛날에 _____ 은 궁궐 안을 함부로 출입할 수 없었다.

10) 밥을 지을 때마다 압력밥솥에서 세찬 _____ 가 뿜어져 나온다.

11) 장마가 끝나고 나자 본격적인 _____ 가 시작되었다.

12) 15개의 평면도형을 각의 개수에 따라 삼각형, 사각형, 오각형으로 _____.

13) 무더위가 물러나고 완연한 가을로 접어들자 _____ 가 내리기 전에
    밭작물을 수확하려는 농부들의 손놀림이 분주해졌다.

14) 반죽이 너무 _____ 밀가루를 더 넣었다.

—→ 바른 답 298쪽

15) 사람은 _____ 에 따라 남성과 여성으로 구별된다.

16) 옛날에는 양반과 평민의 _____ 에 따라 옷차림이 달랐다.

17) 각 문단의 중심 문장에 공통으로 들어 있는 글쓴이의 생각을 찾으면 글의 중심 생각을 _____ 수 있다.

18) '무더위'는 '물+더위'로 물기를 잔뜩 머금은 _____ 더위를 뜻한다.

19) 한여름에 뜨거운 햇볕이 쩅쩅 내리쬘 때에는 '불볕더위'라는 말이 _____ .

20) 물을 적게 넣었더니 밥이 _____ 먹기가 힘들다.

21) 늦가을에 수증기가 땅이나 물체 _____ 에 얼어붙는 것을 서리라고 한다.

22) 초가을인데, 산간 지방에 벌써 _____ 가 와서 농작물 피해를 입었다.

23) 35도를 오르내리는 _____ 가 전국적으로 일주일째 계속되었다.

24) '불볕더위'는 '불볕+더위'로 _____ 이 불덩이처럼 뜨거운 더위를 뜻한다.

25) 하루 종일 내린 _____ 이 수북이 쌓여 온 세상이 하얗게 되었다.

26) 비가 그친 뒤 빗방울을 잔뜩 _____ 있는 풀이 싱그럽게 보인다.

27) 옛사람들은 우리나라의 _____ 옷인 한복을 입었다.

28) _____ 이란 전염병이 사람들 사이에 널리 퍼지거나 옷차림, 취미 따위가 사회 구성원들에게 일시적으로 널리 퍼지는 것을 말한다.

29) 올겨울에는 함박눈은 아예 안 오고 _____ 만 이따금 내린다.

30) 들판에 가을바람이 _____ 불자 해바라기가 춤을 추듯 너울댔다.

엄격하다	말, 태도, 규칙 따위가 / 매우 °**엄하고** · °**철저하다**
한자 엄할 엄 嚴	예 예전에는 남자와 여자의 옷차림을 **엄격하게** 구분하여 입었다.
격식 격 格	°**엄하다**　(규율 · 규칙을 적용하는 것이) 매우 철저하고 바르다
	°**철저하다**　깊은 구석구석까지 빈틈이나 부족함이 없다

소매 (옷소매)	°**윗옷에서** / 팔을 넣어서 입는 / 부분
	예 아이는 설거지를 하겠다며 두 팔의 **소매**를 걷어붙이고 나섰다.
	°**윗옷(상의, 윗도리, 웃통)**　윗몸에 입는 옷

두루마기	겉옷 위에 °**외투로 입는** / 우리나라 고유의 옷
	예 옛날 사람들은 날씨가 춥거나 나들이를 나갈 때 외투인 **두루마기**를 입었다.
	°**외투(코트 coat)**　추위를 막기 위해 겉옷 위에 입는 옷

옷감	베, 무명, 비단 따위의 / 옷을 만들 때 쓰는 / °**천**
	예 그녀는 옷을 지을 줄 모르면서 비싼 **옷감**만 °**썩둑거려** 못 쓰게 만들었다.
	°**천**　　　옷 · 이불 따위의 재료(물건을 만드는 데 들어가는 사물)가 되는 물건
	°**썩(싹)둑거리다**　거침없이 단번에 자꾸 자르거나 베다

비단	°**누에고치에서 뽑아낸** / 가늘고 고운 명주실로 짠 / °**광택이** 나는 옷감
한자 비단 비 緋	예 °**삼베**, °**모시**, °**무명**은 식물에서 뽑은 실로 짠 옷감이고, **비단**은 누에고치에
비단 단 緞	서 뽑은 명주실로 짠 옷감이다.
	°**누에고치**　누에가 번데기로 변할 때에 실을 토하여 제 몸을 둘러싸서 만든 둥글고
	길쭉한 모양의 집
	°**광택**　　빛의 반사로 물체의 표면이 번쩍이는 현상
	°**삼베**　　삼(뽕나뭇과의 한해살이풀)의 속껍질을 가늘게 쪼개서 만든 실로 짠 옷감
	°**모시**　　모시풀(쐐기풀과의 여러해살이풀) 속껍질을 가늘게 쪼개서 만든 실로 짠 옷감
	°**무명(목면, 면포)**　목화(아욱과의 한해살이풀)에서 씨를 빼고 얻은 솜에서 뽑은 무명실
	로 짠 옷감

무진장하다	한없이 많다
한자 없을 무 無	예 우주에 있는 별들은 도저히 셀 수 없을 만큼 **무진장하다**.
다할 진 盡	비 무궁무진하다, 무진무궁하다
감출 장 藏	

옷차림이 바뀌었어요 | 교과서 96~95쪽 |

→ 바른 답 298쪽

1 **문장을 읽고, 알맞은 낱말을 써 넣어 봅시다.**

1) 말, 태도, 규칙 따위가 매우 엄하고 · 철저하다

2) 윗옷에서 팔을 넣어서 입는 부분

3) 겉옷 위에 외투로 입는 우리나라 고유의 옷

7주
1일

4) 베, 무명, 비단 따위의 옷을 만들 때 쓰는 천

5) 누에고치에서 뽑아낸 가늘고 고운 명주실로 짠
    광택이 나는 옷감

6) 한없이 많다

2 **밑줄 친 곳에 알맞은 낱말을 써 넣어 문장을 완성해 봅시다.**

1) 예전에는 남자와 여자의 옷차림을 _____ 구분하여 입었다.

2) 아이는 설거지를 하겠다며 두 팔의 _____ 를 걷어붙이고 나섰다.

3) 옛날 사람들은 날씨가 춥거나 나들이를 나갈 때 외투인 _____ 를 입었다.

4) 그녀는 옷을 지을 줄 모르면서 비싼 _____ 만 썩둑거려 못 쓰게 만들었다.

5) 삼베, 모시, 무명은 식물에서 뽑은 실로 짠 옷감이고, _____ 은 누에고치에서
    뽑은 명주실로 짠 옷감이다.

6) 우주에 있는 별들은 도저히 셀 수 없을 만큼 _____ .

3. 자신의 경험을 글로 써요

풍족하다
한자 풍년 풍 豐
발 족 足

부족함 없이 / 매우 넉넉하다

예 '가을 식은 밥이 봄 *양식이다'라는 속담은 '풍족할 때 함부로 *낭비하지 않고 *절약하면 뒷날의 *궁함을 *면할 수 있음'을 비유적으로 이르는 말이다.

* 양식 　　　살아가는 데 필요한 먹을거리. 식량
* 낭비하다 　(재물이나 시간 따위를) 헛되이 헤프게 쓰다
* 절약하다 　(돈이나 물건을 함부로 쓰지 않고) 꼭 필요한 데에만 써서 아끼다
* 궁하다 　　(일이나 물건 따위가) 매우 부족하거나 다하여 없다
* 면하다 　　어떤 일을 당하지 않게 되다

원단
한자 언덕 원 原
비단 단 緞

옷 따위를 만드는 / *원료가 되는 / 천

예 이 운동복은 땀은 밖으로 *배출하고 빗물은 막아 내는 기능이 있는 **원단**으로 만들었다.

* 원료 　　　어떤 물건을 만드는 데 쓰이는 재료
* 배출하다 　안에서 밖으로 밀어 내보내다

합성 섬유
한자 합할 합 合
이룰 성 成
가늘 섬 纖
벼리 유 維

석유, 석탄, 천연가스 따위로 만든 / *인조 *섬유

예 오늘날에는 공장에서 만든 **합성 섬유**에서 옷감을 더 많이 얻는다.

* 인조(인작) (자연에서 얻지 않고) 사람이 직접 만듦. 또는 그런 물건
* 섬유 　　　(실을 만드는 재료가 되는) 가는 털 모양의 물질

어마어마하다
(어마하다)

매우 놀랍고 · 엄청나고 · *대단하다

예 복권 1등에 당첨되는 **어마어마한** 일이 그에게 벌어졌다.

* 대단하다 　(수준이나 정도가) 매우 특별하고 뛰어나다

인상(이) 깊다
한자 도장 인 印
코끼리 상 象

마음속에 *강렬하게 새겨져 / 뚜렷하게 남다 또는 *잊히지 않다

예 주인공이 죽음을 맞는 장면은 머릿속에서 계속 *맴돌 만큼 **인상 깊었다.**

* 강렬하다 　강하고 열렬하다(매우 세차다)
* 잊히다 　　잊게 되다. 생각이 나지 않게 되다
* 맴돌다 　　(생각 · 말 · 느낌이 머릿속에서) 자꾸 되풀이되어 일어나다

비 인상(이) 짙다, 각인되다

자세히
한자 자세할 자 仔
가늘 세 細

*사소한 부분까지 / 구체적이고 · 분명하게

예 일기를 쓸 때에는 겪은 일에 대한 느낌과 생각을 **자세히** 쓰는 것이 좋다.

* 사소하다 　보잘것없이(볼 만한 가치가 없을 정도로 하찮게) 작거나 적다

비 상세히, 세밀히, 세세히, 소상히, 세심히, 미주알고주알

공부한 날   월   일   학습평가 ☑   😊 😄 😵

1 문장을 읽고, 알맞은 낱말을 써 넣어 봅시다.

1) 부족함 없이 매우 넉넉하다

2) 옷 따위를 만드는 원료가 되는 천

3) 석유, 석탄, 천연가스 따위로 만든 인조 섬유

7주
2일

4) 매우 놀랍고 · 엄청나고 · 대단하다

5) 마음속에 강렬하게 새겨져 뚜렷하게 남다
또는 잊히지 않다

6) 사소한 부분까지 구체적이고 · 분명하게

2 밑줄 친 곳에 알맞은 낱말을 써 넣어 문장을 완성해 봅시다.

1) '가을 식은 밥이 봄 양식이다'라는 속담은 '_____ 때 함부로 낭비하지 않고
절약하면 뒷날의 궁함을 면할 수 있음'을 비유적으로 이르는 말이다.

2) 이 운동복은 땀은 밖으로 배출하고 빗물은 막아 내는 기능이 있는 _____
으로 만들었다.

3) 오늘날에는 공장에서 만든 _____ 에서 옷감을 더 많이 얻는다.

4) 복권 1등에 당첨되는 _____ 일이 그에게 벌어졌다.

5) 주인공이 죽음을 맞는 장면은 머릿속에서 계속 맴돌 만큼 _____ .

6) 일기를 쓸 때에는 겪은 일에 대한 느낌과 생각을 _____ 쓰는 것이 좋다.

3일

3. 자신의 경험을 글로 써요

| 자신의 경험에서 인상 깊은 일을 글로 쓰는 방법 알기 | 교과서 102~107쪽 |

한밤중
(야밤중)
한자 가운데 중 中

°자정쯤 되는 / 깊은 밤
[예] 동생이 **한밤중**에 °고열이 나서 병원 응급실에 실려 갔다.
° **자정**　　자시(子時: 밤 11시부터 오전 1시까지)의 정중(正中: 한 가운데). 밤 12시
° **고열**　　몸에서 나는 (섭씨 39.6도에서 40.5도 사이의) 높은 열

앓다

병에 걸려 / 아파하다 또는 괴로워하다
[예] 동생은 감기 °몸살로 밤새 °끙끙 **앓는** 소리를 냈다.
° **몸살**　　(팔다리가 쑤시거나 열이 나면서 오슬오슬 춥고
　　　　　　떨리는 등) 몸이 몹시 지치고 힘들어서 일어나는 병
° **끙끙**　　몹시 힘들거나 아파서 자꾸 앓는 소리를 나타내는 말

머리맡

사람이 누웠을 때 / 머리 가까운 곳
[예] 아빠는 감기를 앓다 잠이 든 아이의 **머리맡**에 깜짝 선물을 놓아두었다.

장염
한자 창자 장 腸
불꽃 염 炎

장에 생기는 / °염증
[예] **장염**에 걸려서 설사와 °발열에 시달리는 동생의 얼굴이 몹시 °초췌해 보였다.
° **염증**　　(세균 감염 따위로) 몸의 한 부분이 붉게 붓거나 아프거나 열이 나는 병증
° **발열**　　체온(동물체가 가지고 있는 온도)이 높아짐. 또는 그런 증상
° **초췌하다**　(병, 걱정, 고생 따위로) 얼굴이나 몸이 마르고 얼굴에 핏기가 없다

차비하다
(채비하다)
한자 다를 차 差
갖출 비 備

어떤 일을 하기 위해 / 필요한 것들을 / 미리 °갖추다
[예] 아빠께서 병원에 갈 **채비하시는** 동안 나는 동생 옆에 앉아 있었다.
° **갖추다**　　있어야 할 것을 가지거나 챙기다. 또는 미리 골고루 준비하다
비 갖추다, 준비하다, 마련하다, 차리다

그렁그렁하다
(가랑가랑하다,
크렁크렁하다)

눈에 눈물이 / °가득 모여 있어서 / 넘칠 듯하다
[예] °입대하는 아들의 뒷모습을 바라보는 엄마의 눈에 눈물이 **그렁그렁했다.**
° **가득(가득히)**　　무엇이 (빈 데가 없을 만큼) 아주 많은 모양
° **입대하다**　　군대에 들어가 군인이 되다

→ 바른 답 298쪽

1 문장을 읽고, 알맞은 낱말을 써 넣어 봅시다.

1) 자정쯤 되는 깊은 밤

2) 병에 걸려 아파하다 또는 괴로워하다

3) 사람이 누웠을 때 머리 가까운 곳

4) 장에 생기는 염증

5) 어떤 일을 하기 위해 필요한 것들을 미리 갖추다

6) 눈에 눈물이 가득 모여 있어서
넘칠 듯하다

7주
3일

2 밑줄 친 곳에 알맞은 낱말을 써 넣어 문장을 완성해 봅시다.

1) 동생이 _____ 에 고열이 나서 병원 응급실에 실려 갔다.

2) 동생은 감기 몸살로 밤새 끙끙 _____ 소리를 냈다.

3) 아빠는 감기를 앓다 잠이 든 아이의 _____ 에 깜짝 선물을 놓아두었다.

4) _____에 걸려서 설사와 발열에 시달리는 동생의 얼굴이 몹시 초췌해
보였다.

5) 아빠께서 병원에 갈 _____ 동안 나는 동생 옆에 앉아 있었다.

6) 입대하는 아들의 뒷모습을 바라보는 엄마의 눈에 눈물이 _____.

구체적

한자 갖출 구 具
몸 체 體
과녁 적 的

인상 깊은 일을 글로 쓰기 | 교과서 108~111쪽 |

•현실적이고 · 자세한 부분까지 / 담고 있는 (것)

예 인상 깊은 일을 **구체적**으로 정리하면 일어난 일을 자세히 표현할 수 있고, 자신이 한 일을 •되돌아볼 수 있다.

• **현실적** 현재 실제로 있는 (것)

• **되돌아보다** (사람이 지난 일이나 시간을) 다시 생각해 보다

효과적

한자 본받을 효 效
실과 과 果
과녁 적 的

자신이 쓴 글을 고쳐 쓰기

어떤 목적을 지닌 행위에 의하여 / 좋은 결과가 / 나타나는 (것)

예 과일과 채소를 자주 •섭취하면 감기를 예방하는 데 **효과적**이다.

• **섭취하다** (생물이 영양소나 양분 따위를) 몸 안으로 흡수하다

사건

한자 일 사 事
물건 건 件

우리 반 소식지 만들기 | 교과서 114~119쪽 |

•일상적으로 일어나는 일이 아닌 / •주목받을 만한 특별한 / 일

예 지금까지 우리 반에서 있었던 일 가운데 가장 인상 깊었던 **사건**은 교실에서 바퀴벌레가 나온 일이다.

• **일상적** 날마다 늘 있는 (것)

• **주목받다** (사람이나 일이) 다른 사람들의 관심을 끌다

소식지

한자 사라질 소 消
숨쉴 식 息
종이 지 紙

•소식을 알리는 / •인쇄물

예 우리는 그동안 우리 반에서 있었던 사건들을 모아서 **소식지**를 만들었다.

• **소식** (사람의 안부나 일의 상황 따위를) 알리는 말이나 글

• **인쇄물** 인쇄(문자, 그림, 사진 등이 그려져 있는 면에 잉크를 발라 종이, 천 등에 찍어 내는 일)된 물건을 통틀어 이르는 말

솟구치다

감각적 표현을 사용해 느낌 나타내기 | 교과서 120~125쪽 |

아래에서 위로 또는 안에서 밖으로 / •솟아서 •오르다

예 축구공을 차다가 벗겨진 신발이 하늘 높이 **솟구쳤다**.

• **솟다** (아래에서 위로 또는 속에서 겉으로) 몹시 세게 나오다

• **오르다** (아래에서) 위쪽으로 움직여 가다

감각적

한자 느낄 감 感
깨달을 각 覺
과녁 적 的

•감각을 / •자극하는

예 눈으로 보고, 귀로 듣고, 입으로 맛보고, 코로 냄새 맡고, 손으로 만지면서 알게 된 느낌을 생생하게 표현한 것을 **감각적** 표현이라고 한다.

• **감각** 신체 기관(눈, 코, 귀, 혀, 살갗)을 통해 바깥의 어떤 자극을 알아차림. 또는 그런 능력

• **자극하다** (감각이나 마음에) 반응이 일어나게 하다

→ 바른 답 299쪽

공부한 날   월   일   학습평가 ☑

1 문장을 읽고, 알맞은 낱말을 써 넣어 봅시다.

1) 현실적이고·자세한 부분까지 담고 있는 (것)

2) 어떤 목적을 지닌 행위에 의하여 좋은 결과가 나타나는 (것)

3) 일상적으로 일어나는 일이 아닌 주목받을 만한 특별한 일

7주
4일

4) 소식을 알리는 인쇄물

5) 아래에서 위로 또는 안에서 밖으로 솟아서 오르다

6) 감각을 자극하는

2 밑줄 친 곳에 알맞은 낱말을 써 넣어 문장을 완성해 봅시다.

1) 인상 깊은 일을 _____ 으로 정리하면 일어난 일을 자세히 표현할 수 있고,
    자신이 한 일을 되돌아볼 수 있다.

2) 과일과 채소를 자주 섭취하면 감기를 예방하는 데 _____ 이다.

3) 지금까지 우리 반에서 있었던 일 가운데 가장 인상 깊었던 _____ 은
    교실에서 바퀴벌레가 나온 일이다.

4) 우리는 그동안 우리 반에서 있었던 사건들을 모아서 _____ 를 만들었다.

5) 축구공을 차다가 벗겨진 신발이 하늘 높이 _____ .

6) 눈으로 보고, 귀로 듣고, 입으로 맛보고, 코로 냄새 맡고, 손으로 만지면서 알게 된
    느낌을 생생하게 표현한 것을 _____ 표현이라고 한다.

4. 작품의 재미를 느껴요

감각적 표현을 사용해 느낌 나타내기 | 교과서 120~125쪽 |

생생하다
한자 날 생 生
날 생 生

눈앞에 보이는 것처럼 / *또렷하다

예 시 「감기」에서 '*느릿느릿, 거북이도 들어오고' '*까무룩, 잠꾸러기도 들어왔다'는 감기에 걸린 상태를 **생생하게** 나타낸 감각적 표현이다.

* **또렷하다(뚜렷하다)**　　(흐리지 않고) 분명하고 확실하다
* **느릿느릿**　동작 따위가 매우 느린 모양
* **까무룩**　　정신이나 기억이 순간적으로 흐려지는 모양

매끈매끈하다
(미끈미끈하다)

저절로 밀려 나갈 정도로 / 부드럽고 · *윤기가 있다

예 *보들보들하고 **매끈매끈한** 액괴를 한주먹 쥐어 책상 위에 올려놓았다.

* **윤기**　　　물체의 표면에 나타나는 반질반질하고 매끄러운 기운
* **보들보들하다(부들부들하다)**　　　살갗에 닿는 느낌이 매우 보드랍다
* 비 반들반들하다, 보들보들하다, 매끄럽다, 반드럽다, 보드랍다

아삭아삭

과일이나 채소 따위를 / 자꾸 가볍게 베어 물 때 나는 / 소리

예 *탱글탱글한 사과를 한 입 *베어 먹을 때마다 **아삭아삭** 소리가 난다.

* **탱글탱글하다**　(모양이 한껏 부풀어서) 탱탱하고 둥글둥글하다
* **베다**　　　이로 음식 따위를 끊거나 자르다

푹신푹신
(폭신폭신)

매우 *푹신한 느낌이 있는 / 모양

예 침대가 **푹신푹신** 아주 편해서 눕자마자 까무룩 잠들었다.

* **푹신하다**　닿는 느낌이 부드럽고 탄력(튀거나 팽팽하게 버티는 힘)이 있다

일렁일렁

큰 *물체가 / 자꾸 이리저리 크게 움직이는 / 모양

예 배가 거친 파도에 아래위로 **일렁일렁** 움직여서 멀미가 났다.

* **물체**　　　구체적인 모양(겉으로 나타나는 생김새나 모습)을 갖고 있는 것

요리조리
(이리저리)

일정한 방향이 없이 / *요쪽으로 *조쪽으로

예 강아지가 *데굴데굴 굴러가는 공을 쫓아 **요리조리** 뛰어다닌다.

* **요쪽(이쪽)**　말하는 이에게 비교적 가까운 곳이나 방향을 가리키는 말
* **조쪽(저쪽)**　말하는 이와 듣는 이로부터 멀리 있는 곳이나 방향을 가리키는 말
* **데굴데굴**　　(사람이나 물건이) 계속 돌면서 움직이는 모양

1 문장을 읽고, 알맞은 낱말을 써 넣어 봅시다.

1) 눈앞에 보이는 것처럼 또렷하다

2) 저절로 밀려 나갈 정도로 부드럽고 · 윤기가 있다

3) 과일이나 채소 따위를 자꾸 가볍게 베어 물 때 나는 소리

4) 매우 푹신한 느낌이 있는 모양

5) 큰 물체가 자꾸 이리저리 크게 움직이는 모양

6) 일정한 방향이 없이 요쪽으로 조쪽으로

7주
5일

2 밑줄 친 곳에 알맞은 낱말을 써 넣어 문장을 완성해 봅시다.

1) 시 「감기」에서 '느릿느릿, 거북이도 들어오고' '까무룩, 잠꾸러기도 들어왔다'는 감기에 걸린 상태를 _____ 나타낸 감각적 표현이다.

2) 보들보들하고 _____ 액괴를 한주먹 쥐어 책상 위에 올려놓았다.

3) 탱글탱글한 사과를 한 입 베어 먹을 때마다 _____ 소리가 난다.

4) 침대가 _____ 아주 편해서 눕자마자 까무룩 잠들었다.

5) 배가 거친 파도에 아래위로 _____ 움직여서 멀미가 났다.

6) 강아지가 데굴데굴 굴러가는 공을 쫓아 _____ 뛰어다닌다.

1 문장을 읽고, 알맞은 낱말을 써 넣어 봅시다.

1) 사소한 부분까지 구체적이고 · 분명하게 _____

2) 눈앞에 보이는 것처럼 또렷하다 _____

3) 일상적으로 일어나는 일이 아닌 주목받을 만한 특별한 일 _____

4) 윗옷에서 팔을 넣어서 입는 부분 _____

5) 매우 푹신한 느낌이 있는 모양 _____

6) 일정한 방향이 없이 요쪽으로 조쪽으로 _____

7) 현실적이고 · 자세한 부분까지 담고 있는 (것) _____

8) 아래에서 위로 또는 안에서 밖으로 솟아서 오르다 _____

9) 자정쯤 되는 깊은 밤 _____

10) 겉옷 위에 외투로 입는 우리나라 고유의 옷 _____

11) 어떤 목적을 지닌 행위에 의하여 좋은 결과가 나타나는 (것) _____

12) 어떤 일을 하기 위해 필요한 것들을 미리 갖추다 _____

13) 누에고치에서 뽑아낸 가늘고 고운 명주실로 짠
광택이 나는 옷감 _____

14) 사람이 누웠을 때 머리 가까운 곳 _____

15) 부족함 없이 매우 넉넉하다 _____

→ 바른 답 299쪽

16) 석유, 석탄, 천연가스 따위로 만든 인조 섬유

_____

17) 말, 태도, 규칙 따위가 매우 엄하고 · 철저하다

_____

18) 장에 생기는 염증

_____

19) 베, 무명, 비단 따위의 옷을 만들 때 쓰는 천

_____

20) 병에 걸려 아파하다 또는 괴로워하다

_____

21) 한없이 많다

_____

22) 옷 따위를 만드는 원료가 되는 천

_____

23) 눈에 눈물이 가득 모여 있어서 넘칠 듯하다

_____

24) 소식을 알리는 인쇄물

_____

25) 매우 놀랍고 · 엄청나고 · 대단하다

_____

26) 감각을 자극하는

_____

27) 저절로 밀려 나갈 정도로 부드럽고 · 윤기가 있다

_____

28) 마음속에 강렬하게 새겨져 뚜렷하게 남다 또는
     잊히지 않다

_____

29) 과일이나 채소 따위를 자꾸 가볍게 베어 물 때 나는 소리

_____

30) 큰 물체가 자꾸 이리저리 크게 움직이는 모양

_____

2 **밑줄 친 곳에 알맞은 낱말을 써 넣어 문장을 완성해 봅시다.**

1) 시 「감기」에서 '느릿느릿, 거북이도 들어오고' '까무룩, 잠꾸러기도 들어왔다'는 감기에 걸린 상태를 _____ 나타낸 감각적 표현이다.

2) 복권 1등에 당첨되는 _____ 일이 그에게 벌어졌다.

3) 보들보들하고 _____ 액괴를 한주먹 쥐어 책상 위에 올려놓았다.

4) 삼베, 모시, 무명은 식물에서 뽑은 실로 짠 옷감이고, _____ 은 누에고치에서 뽑은 명주실로 짠 옷감이다.

5) 탱글탱글한 사과를 한 입 베어 먹을 때마다 _____ 소리가 난다.

6) 축구공을 차다가 벗겨진 신발이 하늘 높이 _____ .

7) 주인공이 죽음을 맞는 장면은 머릿속에서 계속 맴돌 만큼 _____ .

8) 지금까지 우리 반에서 있었던 일 가운데 가장 인상 깊었던 _____ 은 교실에서 바퀴벌레가 나온 일이다.

9) 배가 거친 파도에 아래위로 _____ 움직여서 멀미가 났다.

10) 인상 깊은 일을 _____ 으로 정리하면 일어난 일을 자세히 표현할 수 있고, 자신이 한 일을 되돌아볼 수 있다.

11) 과일과 채소를 자주 섭취하면 감기를 예방하는 데 _____ 이다.

12) 동생이 _____ 에 고열이 나서 병원 응급실에 실려 갔다.

13) 우주에 있는 별들은 도저히 셀 수 없을 만큼 _____ .

14) 눈으로 보고, 귀로 듣고, 입으로 맛보고, 코로 냄새 맡고, 손으로 만지면서 알게 된 느낌을 생생하게 표현한 것을 _____ 표현이라고 한다.

⟶ 바른 답 299쪽

15) 동생은 감기 몸살로 밤새 끙끙 _____ 소리를 냈다.

16) 아빠는 감기를 앓다 잠이 든 아이의 _____ 에 깜짝 선물을 놓아두었다.

17) 예전에는 남자와 여자의 옷차림을 _____ 구분하여 입었다.

18) 아이는 설거지를 하겠다며 두 팔의 _____ 를 걷어붙이고 나섰다.

19) 일기를 쓸 때에는 겪은 일에 대한 느낌과 생각을 _____ 쓰는 것이 좋다.

20) 그녀는 옷을 지을 줄 모르면서 비싼 _____ 만 썩둑거려 못 쓰게 만들었다.

21) 침대가 _____ 아주 편해서 눕자마자 까무룩 잠들었다.

22) 오늘날에는 공장에서 만든 _____ 에서 옷감을 더 많이 얻는다.

23) 이 운동복은 땀은 밖으로 배출하고 빗물은 막아 내는 기능이 있는 _____ 으로 만들었다.

24) 강아지가 데굴데굴 굴러가는 공을 쫓아 _____ 뛰어다닌다.

25) _____에 걸려서 설사와 발열에 시달리는 동생의 얼굴이 몹시 초췌해 보였다.

26) 아빠께서 병원에 갈 _____ 동안 나는 동생 옆에 앉아 있었다.

27) 옛날 사람들은 날씨가 춥거나 나들이를 나갈 때 외투인 _____ 를 입었다.

28) 입대하는 아들의 뒷모습을 바라보는 엄마의 눈에 눈물이 _____ .

29) 우리는 그동안 우리 반에서 있었던 사건들을 모아서 _____ 를 만들었다.

30) '가을 식은 밥이 봄 양식이다'라는 속담은 ' _____ 때 함부로 낭비하지 않고 절약하면 뒷날의 궁함을 면할 수 있음'을 비유적으로 이르는 말이다.

4. 작품의 재미를 느껴요

왁자지껄

여럿이 / 정신이 어지럽도록 시끄럽게 떠드는 / 소리 또는 그 모양

예 쉬는 시간이 되면 교실은 **왁자지껄** 떠드는 아이들 소리로 °소란해진다.

° **소란하다** (무엇이 듣기 싫을 정도로) 소리가 크고 시끄럽다

새콤달콤하다

음식이 / 약간 °신맛이 나면서 · °맛깔스럽게 단맛이 있다

예 그가 가장 좋아하는 과일은 말랑말랑하고 둥그스름하고 **새콤달콤한** 귤이다.

° **신맛** (식초를 먹을 때에 느끼는 것과 같은) 시큼한 맛

° **맛깔스럽다** (입에 당길 만큼) 맛이 있다

오들오들
(우들우들)

춥거나 · 무서워서 / 몸을 몹시 떠는 모양

예 한겨울 찬바람이 매서워서 **오들오들** 떨면서 길을 걸었다.

옴지락거리다
(움지럭거리다)

느릿느릿 자꾸 / 움직이다

예 아이가 °강가에 있는 모래밭에 앉아서 두 발을 **옴지락거리자** 발가락이 모래 속을 °파고들었다.

° **강가(강변)** 강의 가장자리(물건의 둘레나 끝에 가까운 부분)에 마주 닿은 땅

° **파고들다** 깊숙이 안으로 들어가다

비 움지럭대다, 움지럭움지럭하다

굼질굼질
(굼지럭굼지럭)

몸을 / 천천히 °굼뜨게 자꾸 움직이는 / 모양

예 방바닥을 **굼질굼질** 기어가는 벌레를 보고 징그러워서 소리를 질렀다.

° **굼뜨다** 동작이 답답할 만큼 느리다

비 곰질곰질, 꼼질꼼질, 꿈질꿈질, 곰지락곰지락, 꼼지락꼼지락, 꿈지럭꿈지럭

신호

한자 믿을 신 信
부르짖을 호 號

°부호, °표지, 소리, 색깔, 빛, 몸짓 따위로 / 특정한 내용이나 °정보를 / 전달하거나 · 지시함 또는 그 부호 따위

예 교사는 종을 쳐서 학생들에게 제자리에 앉으라는 **신호**를 보냈다.

° **부호** ('덧셈 부호(+)' 처럼) 일정한 뜻을 나타내기 위하여 쓰는 그림, 문자 따위

° **표지** ('통행 금지 표지' 처럼) 다른 사물과 구별하여 알 수 있도록 한 표시나 특징

° **정보** (문제 해결에 도움이 될 수 있는 형태로 정리한) 지식과 자료

→ 바른 답 299쪽

1 문장을 읽고, 알맞은 낱말을 써 넣어 봅시다.

1) 여럿이 정신이 어지럽도록 시끄럽게 떠드는 소리 또는 그 모양

2) 음식이 약간 신맛이 나면서 · 맛깔스럽게 단맛이 있다

3) 춥거나 · 무서워서 몸을 몹시 떠는 모양

4) 느릿느릿 자꾸 움직이다

5) 몸을 천천히 굼뜨게 자꾸 움직이는 모양

6) 부호, 표지, 소리, 색깔, 빛, 몸짓 따위로 특정한 내용이나 정보를 전달하거나 · 지시함 또는 그 부호 따위

8주
1일

2 밑줄 친 곳에 알맞은 낱말을 써 넣어 문장을 완성해 봅시다.

1) 쉬는 시간이 되면 교실은 _____ 떠드는 아이들 소리로 소란해진다.

2) 그가 가장 좋아하는 과일은 말랑말랑하고 둥그스름하고 _____ 귤이다.

3) 한겨울 찬바람이 매서워서 _____ 떨면서 길을 걸었다.

4) 아이가 강가에 있는 모래밭에 앉아서 두 발을 _____ 발가락이 모래 속을 파고들었다.

5) 방바닥을 _____ 기어가는 벌레를 보고 징그러워서 소리를 질렀다.

6) 교사는 종을 쳐서 학생들에게 제자리에 앉으라는 _____ 를 보냈다.

4. 작품의 재미를 느껴요

진짜 투명 인간 | 교과서 134~149쪽 |

투명
한자 통할 투 透
밝을 명 明

흐리지 않고 / 속까지 •환히 / 보임

예 사람들 눈에 보이지 않는 **투명** 인간이 진짜로 •존재한다면 세상에 무슨 일이 벌어질까 상상해 보았다.

• **환히**　　잘 드러난 상태에 있게　　　　• **존재하다**　　현실에 실제로 있다

눈치채다

남의 마음이나 비밀, 일의 •낌새 따위를 / 알아내다

예 《진짜 투명 인간》 이야기에서 투명 인간이 된 남자는 자신이 투명 인간이라는 사실을 사람들이 •**눈치채지** 못하게 정상인 것처럼 보이려고 애썼다.

• **낌새**　　일이 되어 가는 야릇한 분위기. 또는 그런 것을 알아차릴 수 있는 눈치
• **눈치**　　남의 마음이나 일의 낌새를 상황으로 미루어 알아내는 힘

장점
한자 길 장 長
점 점 點

좋은 점 또는 •뛰어난 점

예 이 샤프의 **장점**은 값이 싸다는 것이고, •단점은 고장이 잘 난다는 것이다.

• **뛰어나다**　　(다른 비교 대상보다) 두드러지게 훌륭하거나 앞서 있다
• **단점**　　부족한 점이나 잘못된 점

눈이 동그래지다
(똥그래지다,
둥그레지다)

놀라거나 · 몹시 •의아하여 / 눈을 크게 뜨다

예 교사가 갑자기 칠판을 탁 치자 학생들은 깜짝 놀라 **눈이 동그래졌다.**

• **의아하다**　　의심스럽고 이상하다

핑계

잘못된 · 잘못한 일에 대해 / 다른 일의 •탓으로 •둘러대는 / •변명

예 '**핑계** 없는 무덤이 없다'는 속담은 '무슨 일이라도 반드시 둘러댈 **핑계**는 있다'는 뜻이다.

• **탓**　　일이 잘못된 까닭　　　　• **둘러대다**　　그럴듯하게 말을 꾸며 대다
• **변명**　　잘못이나 실수에 대해 그 까닭을 말함

조율
한자 고를 조 調
법칙 율 律

악기의 음을 / 일정한 •표준음에 맞게 / •고르는 일

예 우쿨렐레의 음이 맞지 않아서 •튜닝기를 써서 **조율**을 했다.

• **표준음**　　음높이를 정할 때에 기준이 되는 음
• **고르다**　　악기 따위를 (제 기능을 발휘하도록) 다듬거나 손질하다
• **튜닝기**　　악기의 음을 표준음에 맞추어 고르는 데에 쓰는 기구

비 튜닝(tuning)

→ 바른 답 299쪽

1 **문장을 읽고, 알맞은 낱말을 써 넣어 봅시다.**

1) 흐리지 않고 속까지 환히 보임

2) 남의 마음이나 비밀, 일의 낌새 따위를 알아내다

3) 좋은 점 또는 뛰어난 점

4) 놀라거나 · 몹시
   의아하여 눈을 크게 뜨다

5) 잘못된 · 잘못한 일에 대해 다른 일의 탓으로 둘러대는 변명

6) 악기의 음을 일정한 표준음에 맞게 고르는 일

8주
2일

2 **밑줄 친 곳에 알맞은 낱말을 써 넣어 문장을 완성해 봅시다.**

1) 사람들 눈에 보이지 않는 _____ 인간이 진짜로 존재한다면 세상에 무슨
   일이 벌어질까 상상해 보았다.

2) 《진짜 투명 인간》 이야기에서 투명 인간이 된 남자는 자신이 투명 인간이라는 사실을
   사람들이 _____ 못하게 정상인 것처럼 보이려고 애썼다.

3) 이 샤프의 _____ 은 값이 싸다는 것이고, 단점은 고장이 잘 난다는 것이다.

4) 교사가 갑자기 칠판을 탁 치자 학생들은 깜짝 놀라 _____.

5) '_____ 없는 무덤이 없다'는 속담은 '무슨 일에라도 반드시 둘러댈
   _____ 는 있다'는 뜻이다.

6) 우쿨렐레의 음이 맞지 않아서 튜닝기를 써서 _____ 을 했다.

3일

4. 작품의 재미를 느껴요

시각

한자 볼 시 視
깨달을 각 覺

눈으로 보고 느끼는 / *감각

예 《진짜 투명 인간》이야기에서 **시각** *장애인인 *조율사 아저씨는 손끝으로 벽을 *더듬어 주방으로 들어갔다.

* **감각**　　신체 기관(눈, 코, 귀, 혀, 살갗)을 통해 바깥의 자극을 알아차리는 능력
* **장애인(장애자)**　몸이나 마음에 결함이 있어 생활에 어려움이 있는 사람
* **조율사**　　악기의 음을 표준음에 맞게 고르는 일을
　　　　　　직업으로 하는 사람
* **더듬다**　　잘 보이지 않는 것을 손으로 찾거나 만져 보다

촉각

한자 닿을 촉 觸
깨달을 각 覺

피부에 닿아서 느껴지는 / 감각

예 시각 장애인은 일반 사람들보다 **촉각**이 발달해 있다고 한다.

후각

한자 맡을 후 嗅
깨달을 각 覺

냄새를 맡는 / 감각

예 개는 **후각**이 *발달하여 냄새에 *예민하다.

* **발달하다**　(신체나 기능이) 성장하여 완전한 모습을
　　　　　　갖추거나 낫게 변하다
* **예민하다**　반응이 날카롭고 빠르다

미각

한자 맛 미 味
깨달을 각 覺

맛을 느끼는 / 감각

예 *노화로 인해 **미각**이 *둔화된 할머니는 짠맛, 신맛, 쓴맛을 잘 느끼지 못했다.

* **노화**　　　나이가 들어 몸의 기능이 전보다 약하게 됨
* **둔화되다**　느려지고 무디어지다

청각

한자 들을 청 聽
깨달을 각 覺

소리를 느끼는 / 감각

예 그는 앞을 보지 못했지만, **청각**이 발달되어 아주 작은 소리도 잘 들었다.

플랫
(내림표, ♭)

영어 flat

음의 높이를 / 반음 내릴 때 쓰는 / 표

예 피아노의 *샤프 건반을 쳐야 하는데, **플랫** 건반을 치는 실수를 했다.

* **샤프(sharp) (올림표, #)**　음의 높이를 반음 올릴 때 쓰는 표

진짜 투명 인간 | 교과서 134~149쪽 |

→ 바른 답 299쪽

공부한 날　　월　　일　｜ 학습평가 ☑　

1 **문장을 읽고, 알맞은 낱말을 써 넣어 봅시다.**

1) 눈으로 보고 느끼는 감각

2) 피부에 닿아서 느껴지는 감각

3) 냄새를 맡는 감각

4) 맛을 느끼는 감각

5) 소리를 느끼는 감각

6) 음의 높이를 반음 내릴 때 쓰는 표

2 **밑줄 친 곳에 알맞은 낱말을 써 넣어 문장을 완성해 봅시다.**

1) 《진짜 투명 인간》 이야기에서 _____ 장애인인 조율사 아저씨는 손끝으로 벽을 더듬어 주방으로 들어갔다.

2) 시각 장애인은 일반 사람들보다 _____ 이 발달해 있다고 한다.

3) 개는 _____ 이 발달하여 냄새에 예민하다.

4) 노화로 인해 _____ 이 둔화된 할머니는 짠맛, 신맛, 쓴맛을 잘 느끼지 못했다.

5) 그는 앞을 보지 못했지만, _____이 발달되어 아주 작은 소리도 잘 들었다.

6) 피아노의 샤프 건반을 쳐야 하는데, _____ 건반을 치는 실수를 했다.

이상하다

한자 다를 이 異
항상 상 常

몸, 정신, 기계 따위의 / 기능이나 활동이 / 정상적인 상태와 다르다

예 피아노 선생님은 아이가 치는 피아노 소리를 듣더니 "건반의 조율이 틀어져서 소리가 **이상한** 것 같다"고 말했다.

설명하다

한자 말씀 설 說
밝을 명 明

무엇을 / 상대가 알기 쉽게 / •밝혀 말하다

예 피아노를 처음 배우는 동생에게 플랫과 샤프가 무슨 뜻인지 **설명해** 주었다.

• 밝히다 　　 (드러나지 않거나 알려지지 않은 사실, 생각 따위를) 드러내 알리다

애매하다

한자 희미할 애 曖
어두울 매 昧

말이나 태도 따위가 / 희미하여 / 이것인지 저것인지 분명하지 않다

예 친구는 비웃음 같기도 하고 미소 같기도 한 **애매한** 표정을 지었다.

비 모호하다, 애매모호하다

망설이다

이리저리 생각만 하고 / 마음이나 태도를 / •정하지 못하다

예 아이는 치킨과 피자 중에서 무얼 시켜 먹을지 •한참을 **망설였다.**

• 정하다 　　 여럿 가운데 선택하거나 판단하여 하나를 고르다

• 한참 　　　 시간이 상당히 지나는 동안. 오랜 동안. 한동안음

비 주저하다, 머뭇거리다, 미적거리다, 미적대다, 망설거리다, 망설대다, 뭉그적거리다

오만

한자 다섯 오 五
일만 만 萬

수량이나 종류가 / 매우 많은

예 수학 시험에서 50점을 맞고 머릿속에서 **오만** 가지 생각이 •맴돌았다.

• 맴돌다 　　 생각, 말, 느낌이 머릿속을 떠나지 않고 자꾸 되풀이되어 떠오르다

순식간 (순식)

한자 깜짝일 순 瞬
쉴 식 息
사이 간 間

눈을 한 번 깜짝하거나 · 숨을 한 번 쉴 만한 / 아주 짧은 동안

예 마른 풀밭에 성냥불이 떨어지자 •불길이 •걷잡을 수 없이 **순식간**에 •번졌다.

• 불길 　　　 세차게 활활 타오르는 불꽃

• 걷잡다 　　 (잘못 진행되어 가는 일의 상황을) 거두어 바로잡거나 진정시키다

• 번지다 　　 (불길, 병, 전쟁 따위가) 다른 곳으로 넓게 퍼져 가다

비 삽시간, 한순간, 일순간, 일순, 일찰나, 일각, 경각, 순시, 삽시

→ 바른 답 299쪽

 문장을 읽고, 알맞은 낱말을 써 넣어 봅시다.

1) 몸, 정신, 기계 따위의 기능이나 활동이
정상적인 상태와 다르다

2) 무엇을 상대가 알기 쉽게 밝혀 말하다

3) 말이나 태도 따위가 희미하여 이것인지 저것인지
분명하지 않다

4) 이리저리 생각만 하고 마음이나 태도를 정하지 못하다

5) 수량이나 종류가 매우 많은

6) 눈을 한 번 깜짝하거나 · 숨을 한 번 쉴 만한 아주 짧은 동안

8주
4일

 밑줄 친 곳에 알맞은 낱말을 써 넣어 문장을 완성해 봅시다.

1) 피아노 선생님은 아이가 치는 피아노 소리를 듣더니 "건반의 조율이 틀어져서 소리가
──────── 것 같다"고 말했다.

2) 피아노를 처음 배우는 동생에게 플랫과 샤프가 무슨 뜻인지 ────────주었다.

3) 친구는 비웃음 같기도 하고 미소 같기도 한 ──────── 표정을 지었다.

4) 아이는 치킨과 피자 중에서 무얼 시켜 먹을지 한참을 ────────.

5) 수학 시험에서 50점을 맞고 머릿속에서 ──────── 가지 생각이 맴돌았다.

6) 마른 풀밭에 성냥불이 떨어지자 불길이 걷잡을 수 없이 ──────── 에 번졌다.

소화 기관

한자 사라질 소 消
될 화 化
그릇 기 器
벼슬 관 官

음식물의 / °소화와 흡수를 °담당하는 / °기관

예 사람이 먹은 음식은 입에서 항문까지 연결되어 있는 **소화 기관**을 지난다.

° 소화　먹은 음식물 속의 영양분을 흡수하기 쉬운 상태로 바꾸는 과정

° 담당하다　어떤 일을 책임지고 하다

° 기관　생물의 몸에서 일정한 형태를 갖추고 특정한 기능을 수행하는 부분

결심하다

한자 결단할 결 決
마음 심 心

할 일에 대하여 / 어떻게 하겠다고 / 마음을 굳게 정하다

예 시험을 망친 아이는 하루에 한 시간씩 수학을 공부하겠다고 **결심했다.**

비 결단하다, 작정하다, 결의하다

촉촉하다
(축축하다)

물기가 있어서 / 조금 젖은 듯하다

예 새벽이슬을 맞은 풀잎들이 **촉촉하게** 젖어 있었다.

즉석

한자 곧 즉 卽
자리 석 席

어떤 일이 벌어지고 있는 / 바로 그 °자리

예 전학 가는 친구와 °폴라로이드 카메라로 찍은 사진 두 장을 **즉석**에서 나눠가졌다.

° 자리　사람이나 물체가 차지하고 있는 공간

° 폴라로이드 카메라(Polaroid camera)　촬영을 하면 카메라 안에서 자동적으로 사진이 현상되어 나오는 즉석 카메라

색깔 (빛깔)

한자 빛 색 色

물체가 빛을 받을 때 / 그 °거죽에 나타나는 / 특유한 빛

예 선생님은 시각 장애인인 학생에게 **색깔**을 알려 주려고 애썼다.

° 거죽　물체의 겉 부분

점자책

한자 점 점 點
글자 자 字
책 책 冊

시각 장애인이 읽을 수 있도록 / °점자로 만든 책

예 **점자책**은 작은 점으로 된 글씨가 감자를 갈 때 쓰는 °강판처럼 °오톨도톨 나 있는데, 시각 장애인들은 이것을 손가락으로 만지면서 읽는다.

° 점자　(두꺼운 종이 위에 볼록하게 나와 있는 점들을 정해진 규칙에 따라 만든) 시각 장애인용 글자. 손가락으로 더듬어 읽음

° 강판　(무, 생강, 과일 따위를) 갈아서 즙을 내거나 채를 만드는 도구

° 오톨도톨(우툴두툴)　물건의 표면이 여기저기 둥글고 작게 튀어나온 모양

⟶ 바른 답 299쪽

1 문장을 읽고, 알맞은 낱말을 써 넣어 봅시다.

1) 음식물의 소화와 흡수를 담당하는 기관

2) 할 일에 대하여 어떻게 하겠다고 마음을 굳게 정하다

3) 물기가 있어서 조금 젖은 듯하다

4) 어떤 일이 벌어지고 있는 바로 그 자리

5) 물체가 빛을 받을 때 그 거죽에 나타나는 특유한 빛

6) 시각 장애인이 읽을 수 있도록 점자로 만든 책

8주 5일

2 밑줄 친 곳에 알맞은 낱말을 써 넣어 문장을 완성해 봅시다.

1) 사람이 먹은 음식은 입에서 항문까지 연결되어 있는 _____ 을 지난다.

2) 시험을 망친 아이는 하루에 한 시간씩 수학을 공부하겠다고 _____ .

3) 새벽이슬을 맞은 풀잎들이 _____ 젖어 있었다.

4) 전학 가는 친구와 폴라로이드 카메라로 찍은 사진 두 장을 _____ 에서 나눠가졌다.

5) 선생님은 시각 장애인인 학생에게 _____ 을 알려 주려고 애썼다.

6) _____ 은 작은 점으로 된 글씨가 감자를 갈 때 쓰는 강판처럼 오톨도톨 나 있는데, 시각 장애인들은 이것을 손가락으로 만지면서 읽는다.

1 문장을 읽고, 알맞은 낱말을 써 넣어 봅시다.

1) 수량이나 종류가 매우 많은 _____

2) 물기가 있어서 조금 젖은 듯하다 _____

3) 말이나 태도 따위가 희미하여 이것인지 저것인지
   분명하지 않다 _____

4) 좋은 점 또는 뛰어난 점 _____

5) 시각 장애인이 읽을 수 있도록 점자로 만든 책 _____

6) 이리저리 생각만 하고 마음이나 태도를 정하지 못하다 _____

7) 눈으로 보고 느끼는 감각 _____

8) 물체가 빛을 받을 때 그 거죽에 나타나는 특유한 빛 _____

9) 여럿이 정신이 어지럽도록 시끄럽게 떠드는 소리
   또는 그 모양 _____

10) 냄새를 맡는 감각 _____

11) 몸, 정신, 기계 따위의 기능이나 활동이 정상적인
    상태와 다르다 _____

12) 어떤 일이 벌어지고 있는 바로 그 자리 _____

13) 느릿느릿 자꾸 움직이다 _____

14) 흐리지 않고 속까지 환히 보임 _____

⟶ 바른 답 299쪽

15) 부호, 표지, 소리, 색깔, 빛, 몸짓 따위로 특정한 내용이나
    정보를 전달하거나 · 지시함 또는 그 부호 따위   _____

16) 소리를 느끼는 감각   _____

17) 음의 높이를 반음 내릴 때 쓰는 표   _____

18) 무엇을 상대가 알기 쉽게 밝혀 말하다   _____

19) 눈을 한 번 깜짝하거나 · 숨을 한 번 쉴 만한 아주 짧은 동안   _____

20) 할 일에 대하여 어떻게 하겠다고 마음을 굳게 정하다   _____

21) 피부에 닿아서 느껴지는 감각   _____

22) 놀라거나 · 몹시 의아하여 눈을 크게 뜨다   _____

23) 음식이 약간 신맛이 나면서 · 맛깔스럽게 단맛이 있다   _____

24) 악기의 음을 일정한 표준음에 맞게 고르는 일   _____

25) 춥거나 · 무서워서 몸을 몹시 떠는 모양   _____

26) 음식물의 소화와 흡수를 담당하는 기관   _____

27) 맛을 느끼는 감각   _____

28) 몸을 천천히 굼뜨게 자꾸 움직이는 모양   _____

29) 잘못된 · 잘못한 일에 대해 다른 일의 탓으로 둘러대는 변명   _____

30) 남의 마음이나 비밀, 일의 낌새 따위를 알아내다   _____

8주
평가

2 **밑줄 친 곳에 알맞은 낱말을 써 넣어 문장을 완성해 봅시다.**

1) 방바닥을 _____ 기어가는 벌레를 보고 징그러워서 소리를 질렀다.

2) 그는 앞을 보지 못했지만, _____이 발달되어 아주 작은 소리도 잘 들었다.

3) 시각 장애인은 일반 사람들보다 _____ 이 발달해 있다고 한다.

4) 교사가 갑자기 칠판을 탁 치자 학생들은 깜짝 놀라 _____ .

5) 시험을 망친 아이는 하루에 한 시간씩 수학을 공부하겠다고 _____ .

6) 피아노 선생님은 아이가 치는 피아노 소리를 듣더니 "건반의 조율이 틀어져서 소리가 _____ 것 같다"고 말했다.

7) 한겨울 찬바람이 매서워서 _____ 떨면서 길을 걸었다.

8) 피아노를 처음 배우는 동생에게 플랫과 샤프가 무슨 뜻인지 _____ 주었다.

9) 《진짜 투명 인간》 이야기에서 투명 인간이 된 남자는 자신이 투명 인간이라는 사실을 사람들이 _____ 못하게 정상인 것처럼 보이려고 애썼다.

10) 쉬는 시간이 되면 교실은 _____ 떠드는 아이들 소리로 소란해진다.

11) 개는 _____ 이 발달하여 냄새에 예민하다.

12) 그가 가장 좋아하는 과일은 말랑말랑하고 둥그스름하고 _____ 귤이다.

13) 수학 시험에서 50점을 맞고 머릿속에서 _____ 가지 생각이 맴돌았다.

14) 아이가 강가에 있는 모래밭에 앉아서 두 발을 _____ 발가락이 모래 속을 파고들었다.

15) 마른 풀밭에 성냥불이 떨어지자 불길이 걷잡을 수 없이 _____ 에 번졌다.

→ 바른 답 300쪽

공부한 날   월   일   학습평가 ☑   😊 😄 😵

16) 새벽이슬을 맞은 풀잎들이 _____ 젖어 있었다.

17) 우쿨렐레의 음이 맞지 않아서 튜닝기를 써서 _____ 을 했다.

18) 전학 가는 친구와 폴라로이드 카메라로 찍은 사진 두 장을 _____ 에서 나눠가졌다.

19) 《진짜 투명 인간》 이야기에서 _____ 장애인인 조율사 아저씨는 손끝으로 벽을 더듬어 주방으로 들어갔다.

20) 아이는 치킨과 피자 중에서 무얼 시켜 먹을지 한참을 _____ .

21) _____ 은 작은 점으로 된 글씨가 감자를 갈 때 쓰는 강판처럼 오톨도톨 나 있는데, 시각 장애인들은 이것을 손가락으로 만지면서 읽는다.

22) 노화로 인해 _____ 이 둔화된 할머니는 짠맛, 신맛, 쓴맛을 잘 느끼지 못했다.

23) 사람들 눈에 보이지 않는 _____ 인간이 진짜로 존재한다면 세상에 무슨 일이 벌어질까 상상해 보았다.

24) 사람이 먹은 음식은 입에서 항문까지 연결되어 있는 _____ 을 지난다.

25) '_____ 없는 무덤이 없다'는 속담은 '무슨 일에라도 반드시 둘러댈 _____ 는 있다'는 뜻이다.

26) 친구는 비웃음 같기도 하고 미소 같기도 한 _____ 표정을 지었다.

27) 피아노의 샤프 건반을 쳐야 하는데, _____ 건반을 치는 실수를 했다.

28) 교사는 종을 쳐서 학생들에게 제자리에 앉으라는 _____ 를 보냈다.

29) 이 샤프의 _____ 은 값이 싸다는 것이고, 단점은 고장이 잘 난다는 것이다.

30) 선생님은 시각 장애인인 학생에게 _____ 을 알려 주려고 애썼다.

8주
평가

1 문장을 읽고, 알맞은 낱말을 써 넣어 봅시다.

1) 눈앞에 보이는 것처럼 또렷하다 ( )

2) 감각을 자극하는 ( )

3) 일이나·그 시기가 기준을 잡은 때보다 시간상 빠르다 ( )

4) 매우 푹신한 느낌이 있는 모양 ( )

5) 일정한 기준에 따라 전체를 몇 개로 나누다 ( )

6) 초가을에 불어오는 서늘하고 부드러운 바람 ( )

7) 저절로 밀려 나갈 정도로 부드럽고·윤기가 있다 ( )

8) 밀물 때 바닷물에 잠기고 썰물 때 육지로 드러나는
    바닷가의 넓고 평평한 땅 ( )

9) 수량이나 종류가 매우 많은 ( )

10) 여럿이 서로 조화롭게 보이다 또는 자연스럽게 보이다 ( )

11) 한 종류의 화합물을 두 가지 이상의 원소로 나누다 ( )

12) 한없이 많다 ( )

13) 보통 정도에 비하여 물기가 많다 ( )

14) 이른 봄에 꽃이 필 무렵의 추위 ( )

15) 피부에 닿아서 느껴지는 감각 ( )

⟶ 바른 답 300쪽

16) 생각하거나 계획한 대로 일을 해내다　　　　(　　　　)

17) 몸을 천천히 굼뜨게 자꾸 움직이는 모양　　　(　　　　)

18) 병에 걸려 아파하다 또는 괴로워하다　　　　(　　　　)

19) 쓸 만한 값어치가 있는 물품을 모아서 쌓아 두다 또는
　　잘 간수하다　　　　　　　　　　　　　　(　　　　)

20) 눈을 한 번 깜짝하거나·숨을 한 번 쉴 만한 아주 짧은 동안 (　　　　)

21) 말이나 태도 따위가 희미하여 이것인지 저것인지
　　분명하지 않다　　　　　　　　　　　　　(　　　　)

22) 바닥이나 표면이 높낮이가 없이 넓고·평평하다　(　　　　)

23) 이리저리 생각만 하고 마음이나 태도를 정하지 못하다 (　　　　)

24) 바람이나 공기에 물기나 습기가 배어 있어서 약간 축축한
　　기운이 있다　　　　　　　　　　　　　　(　　　　)

25) 흐리지 않고 속까지 환히 보임　　　　　　　(　　　　)

26) 잘 지켜서 남아 있게 하다　　　　　　　　　(　　　　)

27) 부족함 없이 매우 넉넉하다　　　　　　　　　(　　　　)

28) 어떤 일을 하기 위해 필요한 것들을 미리 갖추다　(　　　　)

29) 기체 상태로 되어 있는 물　　　　　　　　　(　　　　)

30) 늦가을에 처음 내리는 묽은 서리　　　　　　(　　　　)

2 밑줄 친 곳에 알맞은 낱말을 써 넣어 문장을 완성해 봅시다.

1) 비가 그친 뒤 빗방울을 잔뜩 _____ 있는 풀이 싱그럽게 보인다.

2) 늦가을에 수증기가 땅이나 물체 _____ 에 얼어붙는 것을 서리라고 한다.

3) 갯벌은 물이 들어오고 빠지면서 생물이 살기에 적합한 _____ 을 만든다.

4) 배가 거친 파도에 아래위로 _____ 움직여서 멀미가 났다.

5) 들판에 가을바람이 _____ 불자 해바라기가 춤을 추듯 너울댔다.

6) 한여름에 뜨거운 햇볕이 쨍쨍 내리쬘 때에는 '불볕더위'라는 말이 _____ .

7) 각 문단의 중심 문장을 간추리면 글쓴이의 _____ 을 찾을 수 있다.

8) 《진짜 투명 인간》 이야기에서 투명 인간이 된 남자는 자신이 투명 인간이라는 사실을 사람들이 _____ 못하게 정상인 것처럼 보이려고 애썼다.

9) 나무는 공기 중에 있는 _____ 물질을 빨아들여 공기를 깨끗하게 한다.

10) 과일과 채소를 자주 섭취하면 감기를 예방하는 데 _____ 이다.

11) 복권 1등에 당첨되는 _____ 일이 그에게 벌어졌다.

12) 초가을인데, 산간 지방에 벌써 _____ 가 와서 농작물 피해를 입었다.

13) 양식은 농민들이 밭이나 논에서 _____ 을 키워 파는 것과 비슷하다.

14) '가을 식은 밥이 봄 양식이다'라는 속담은 ' _____ 때 함부로 낭비하지 않고 절약하면 뒷날의 궁함을 면할 수 있음'을 비유적으로 이르는 말이다.

15) _____ 이란 전염병이 사람들 사이에 널리 퍼지거나 옷차림, 취미 따위가 사회 구성원들에게 일시적으로 널리 퍼지는 것을 말한다.

16) 우쿨렐레의 음이 맞지 않아서 튜닝기를 써서 _____ 을 했다.

17) _____ 은 이른 봄에 살 속으로 스며드는 듯한 차고 매서운 바람을 일컫는다.

18) 아이가 강가에 있는 모래밭에 앉아서 두 발을 _____ 발가락이 모래 속을 파고들었다.

19) 비는 _____ 로 바뀌더니 곧 함박눈으로 변했다.

20) 꽃들은 봄을 _____ 찾아온 꽃샘추위에 아랑곳없이 봉오리를 터트렸다.

21) 이 샤프의 _____ 은 값이 싸다는 것이고, 단점은 고장이 잘 난다는 것이다.

22) 강아지가 데굴데굴 굴러가는 공을 쫓아 _____ 뛰어다닌다.

23) 한겨울 찬바람이 매서워서 _____ 떨면서 길을 걸었다.

24) 장마 기간에 비가 오지 않거나 적게 오면 _____ 라고 한다.

25) _____ 은 작은 점으로 된 글씨가 감자를 갈 때 쓰는 강판처럼 오톨도톨 나 있는데, 시각 장애인들은 이것을 손가락으로 만지면서 읽는다.

26) ‘_____ 없는 무덤이 없다’는 속담은 ‘무슨 일에라도 반드시 둘러댈 _____ 는 있다’는 뜻이다.

27) 밤사이 남몰래 내린 _____ 이 쌓여 온 세상이 하얗게 되었다.

28) 옛날 사람들은 날씨가 춥거나 나들이를 나갈 때 외투인 _____ 를 입었다.

29) 갯벌 흙은 물을 많이 _____ 저장했다가 내보내는 기능을 하기 때문에 홍수를 막아 준다.

30) 아빠는 감기를 앓다 잠이 든 아이의 _____ 에 깜짝 선물을 놓아두었다.

9~12주

칭찬 사과 스티커

하루 공부를 잘 마쳤다면 나에게 칭찬 사과를 선물하세요.
사과 나무에 사과가 주렁주렁 열릴 때까지 열심히 공부합시다!

■ 스티커는 국어 교과서 작품 목록 이후 페이지에 있습니다.

진짜 늘 평 인간 | 교과서 134~149쪽 |

우중충하다

날씨나 분위기 따위가 / *침침하다

예 *금방이라도 비가 쏟아질 것처럼 하늘이 **우중충하다**.

* **침침하다**   (사물이 보일락 말락 할 정도로) 빛이 매우 약하고 어둡다
* **금방**   조금 뒤에 곧

아름

두 팔을 / 둥글게 모아 만든 *둘레 안에 / 들 만한 분량을 세는 / 단위

예 교사는 과자를 한 **아름** 가져와서 학생들에게 한 봉지씩 나누어 주었다.

* **둘레**   사물의 테두리(가장자리)나 바깥 언저리(둘레의 가 부분)

휘둥그레지다

매우 놀라거나 · 두려워서 / 눈이 크고 둥그렇게 되다

예 *눈앞에서 교통사고를 *목격한 그는 너무 놀라서 눈이 **휘둥그레졌다**.

* **눈앞**   눈으로 보이는 아주 가까운 곳
* **목격하다(목도하다)**   눈으로 직접 보다

실력

한자 열매 실 實
힘 력 力

실제로 갖추고 있는 / 능력

예 아이의 수학 **실력**은 50점을 맞을 정도로 *형편없지만, 영어 **실력**은 매번 100점을 맞을 정도로 훌륭하다.

* **형편없다**   (결과 · 상태 따위가) 매우 한심할 정도로 좋지 못하다

시작되다

한자 비로소 시 始
지을 작 作

어떤 일, 행동, 현상의 / 처음 단계가 이루어지다

예 모든 학생에게 3월 2일은 *새로운 학년이 **시작되는** 첫날이다.

* **새롭다**   (무엇이) 지금까지 있었던 적이 없다

칭칭 (친친)

끈이나 실 따위로 / 자꾸 감거나 묶는 모양

예 간호사는 아이의 손에 붕대를 **칭칭** 감기 시작했다.

→ 바른 답 300쪽

9주
1일

1 **문장을 읽고, 알맞은 낱말을 써 넣어 봅시다.**

1) 날씨나 분위기 따위가 침침하다

2) 두 팔을 둥글게 모아 만든 둘레 안에 들 만한 분량을 세는 단위

3) 매우 놀라거나·두려워서 눈이 크고 둥그렇게 되다

4) 실제로 갖추고 있는 능력

5) 어떤 일, 행동, 현상의 처음 단계가 이루어지다

6) 끈이나 실 따위로 자꾸 감거나 묶는 모양

2 **밑줄 친 곳에 알맞은 낱말을 써 넣어 문장을 완성해 봅시다.**

1) 금방이라도 비가 쏟아질 것처럼 하늘이 _____ .

2) 교사는 과자를 한 _____ 가져와서 학생들에게 한 봉지씩 나누어 주었다.

3) 눈앞에서 교통사고를 목격한 그는 너무 놀라서 눈이 _____ .

4) 아이의 수학 _____ 은 50점을 맞을 정도로 형편없지만, 영어 _____ 은 매번 100점을 맞을 정도로 훌륭하다.

5) 모든 학생에게 3월 2일은 새로운 학년이 _____ 첫날이다.

6) 간호사는 아이의 손에 붕대를 _____ 감기 시작했다.

2일 | 4. 작품의 재미를 느껴요

말문이 막히다
한자 문 문 門

하려던 말이 / 입 밖으로 나오지 않게 되다

예 •내성적인 아이는 발표를 할 때마다 너무 떨려서 •**말문이 막혔다.**

• 내성적　속마음 · 감정을 (겉으로 나타내지 않고) 마음속으로만 생각하는
• 말문　　말을 할 때 여는 입

기증하다
한자 부칠 기 寄
줄 증 贈

돈이나 물품을 / •대가를 받지 않고 / 남에게 그냥 주다

예 •사회 환원을 결심한 할머니는 평생 모은 전 재산을 대학교에 **기증했다.**

• 대가(대금)　물건의 값으로 치르는 돈
• 사회 환원　개인, 단체, 기업 따위가 벌어들인 이익을 사회에
　　　　　　돌려주는 일

비 증여하다

안구 (눈알)
한자 눈 안 眼
공 구 球

눈구멍 안에 들어 있는 / 공 모양의 기관

예 시각 장애인이었던 그는 •기증받은 **안구**로 수술을 받아 •시력을 되찾았다.

• 기증받다　남에게서 돈이나 물품을 거저 받다
• 시력　　　사물의 모습을 알아볼 수 있는 눈의 능력

침묵
한자 잠길 침 沈
잠잠할 묵 默

말없이 •가만히 있음 또는 그런 상태

예 반장이 떠드는 사람의 이름을 칠판에 적기 시작하자
　　와자지껄하던 교실에 **침묵**이 흘렀다.

• 가만히(가만)　움직이지 않고 아무 말이 없이 조용히

천둥소리
(우렛소리, 뇌성)

•천둥이 칠 때 나는 / 소리

예 •장대비가 쏟아지더니 번개가 번쩍인 후 •곧이어 **천둥소리**가 들려왔다.

• 천둥(천동, 우레)　번개가 치고 하늘이 소리를 내며 요란하게 울리는 일
• 장대비　　장대처럼 굵고 거세게 좍좍 내리는 비
• 곧이어　　바로 뒤따라

빗대다

•곧바로 말하지 않고 / 빙 둘러서 말하다

예 사람들은 •구두쇠 •영감을 놀부에 **빗대었다.**

• 곧바로　　바로 그 즉시
• 구두쇠　　돈이나 재물을 아끼는 태도가 몹시 지나친 사람
• 영감　　　나이 든 남편이나 남자 노인(나이가 많이 든 늙은 사람)을 일컫는 말

1 **문장을 읽고, 알맞은 낱말을 써 넣어 봅시다.**

1) 하려던 말이 입 밖으로 나오지
   않게 되다

2) 돈이나 물품을 대가를 받지 않고 남에게 그냥 주다

3) 눈구멍 안에 들어 있는 공 모양의 기관

4) 말없이 가만히 있음 또는 그런 상태

5) 천둥이 칠 때 나는 소리

6) 곧바로 말하지 않고 빙 둘러서 말하다

2 **밑줄 친 곳에 알맞은 낱말을 써 넣어 문장을 완성해 봅시다.**

1) 내성적인 아이는 발표를 할 때마다 너무 떨려서 _____ .

2) 사회 환원을 결심한 할머니는 평생 모은 전 재산을 대학교에 _____ .

3) 시각 장애인이었던 그는 기증받은 _____ 로 수술을 받아 시력을 되찾았다.

4) 반장이 떠드는 사람의 이름을 칠판에 적기 시작하자 왁자지껄하던 교실에
   _____ 이 흘렀다.

5) 장대비가 쏟아지더니 번개가 번쩍인 후 곧이어 _____ 가 들려왔다.

6) 사람들은 구두쇠 영감을 놀부에 _____ .

5. 바르게 대화해요

대화
한자 대할 대 對 / 말씀 화 話

•상대방과 / •마주 대하여 / 이야기를 주고받음

예 다른 사람과 **대화**를 할 때에는 누구와 어떤 상황에서 말하는지 생각하며 말해야 하고, 웃어른과 **대화**를 할 때에는 높임 표현을 써야 한다.

• 상대방(상대, 상대편)　　서로 맞서거나 마주하고 있는 맞은편의 사람

• 마주　　　　서로 똑바로 향하여

비 대담

언어 예절
한자 말씀 언 言 / 말씀 어 語 / 예도 예 禮 / 마디 절 節

•일상생활에서 다른 사람과 대화할 때 **지켜야 할** / •예절

예 다른 사람과 대화를 할 때에는 **언어 예절**을 잘 지켜야 한다.

• 일상생활　　날마다의 생활. 평소의 생활

• 예절(예법)　　예의에 관한 순서와 방법

고려하다
한자 생각할 고 考 / 생각할 려 慮

상대방이 / 처한 상황을 •살펴 / 생각하다

예 다른 사람과 대화할 때에는 상대가 누구인지, 대화 목적이 무엇인지, 어떤 대화 상황인지 **고려해야** 한다.

• 살피다　　자세히 따지다. 또는 잘 미루어 생각해 보다

비 생각하다

형태
한자 모양 형 形 / 모습 태 態

사물의 / •생긴 •모양새

예 '고맙습니다'와 '고마워'는 글자의 **형태**가 다르지만, 뜻은 같다.

• 생기다　　(사람, 신체 일부, 물건 따위의 모양 · 성질이 어떻게) 되어 있다

• 모양새　　(겉으로 보이는) 모양의 상태

고맙습니다=고마워

높임 표현
한자 겉 표 表 / 나타날 현 現

말하는 이가 / 듣는 이의 / 높고 낮은 정도에 따라 / 말로 •구별하여 •표현하는 것

예 높임 표현 중에서 '상대 •높임법'은 대화하는 상대방을 높이는 방법이다.

• 구별하다　　차이에 따라 나누다(하나를 둘 이상으로 가르다)

• 표현하다　　(생각, 감정, 느낌 따위를) 말이나 행동으로 나타내다

• 높임법(경어법, 존대법)　남을 높여서 말하는 법

집중하다
한자 모을 집 集 / 가운데 중 中

•정신을 / 한곳으로 모으다

예 대화를 나눌 때에는 상대방이 하는 말을 **집중해서** 들어야 한다.

• 정신　　　사물을 느끼고 생각하고 판단하는 능력. 또는 그러한 작용

비 몰두하다, 골몰하다, 열중하다, 주의하다, 기울이다, 모으다

| 공부한 날 | 월 | 일 | 학습평가 ☑ | |

9주
3일

1 문장을 읽고, 알맞은 낱말을 써 넣어 봅시다.

1) 상대방과 마주 대하여 이야기를 주고받음

2) 일상생활에서 다른 사람과 대화할 때 지켜야 할 예절

3) 상대방이 처한 상황을 살펴 생각하다

4) 사물의 생긴 모양새

5) 말하는 이가 듣는 이의 높고 낮은 정도에 따라
   말로 구별하여 표현하는 것

6) 정신을 한곳으로 모으다

2 밑줄 친 곳에 알맞은 낱말을 써 넣어 문장을 완성해 봅시다.

1) 다른 사람과 _____ 를 할 때에는 누구와 어떤 상황에서 말하는지 생각하며
   말해야 하고, 웃어른과 _____ 를 할 때에는 높임 표현을 써야 한다.

2) 다른 사람과 대화를 할 때에는 _____ 을 잘 지켜야 한다.

3) 다른 사람과 대화할 때에는 상대가 누구인지, 대화 목적이 무엇인지, 어떤 대화 상황
   인지 _____ 한다.

4) '고맙습니다'와 '고마워'는 글자의 _____ 가 다르지만, 뜻은 같다.

5) _____ 중에서 '상대 높임법'은 대화하는 상대방을 높이는 방법이다.

6) 대화를 나눌 때에는 상대방이 하는 말을 _____ 들어야 한다.

5. 바르게 대화해요

반응하다

한자 돌이킬 반 反
응할 응 應

•자극에 •대응하여 / 어떤 현상이 일어나다

예 엄마께 꾸지람을 듣고 •민감해진 동생은 내 말에 •까칠하게 **반응했다.**

• **자극**   외부에서 작용을 주어 감각이나 마음에 반응이 일어나게 함. 또는 그런 작용을 하는 사물

• **대응하다**   일의 상황에 맞추어 나름대로의 태도나 행동을 취하다

• **민감하다**   느낌이나 반응이 날카롭고 빠르다

• **까칠하다(꺼칠하다)**   성질이 매우 까다롭다

존중하다

한자 높을 존 尊
무거울 중 重

•높이여 / •중하게 / •여기다

예 친구 간에 서로 **존중하는** 마음을 갖고 있어야 좋은 관계를 유지할 수 있다.

• **높이다**   (어떤 사람이 다른 사람을) 존경하는 마음이나 태도로 대하다

• **중하다(소중하다, 귀중하다)**   (무엇이 지니는) 의미나 중요성이 매우 크다

• **여기다**   마음속으로 그렇다고 생각하다

역할 (역, 배역)

한자 부릴 역 役
나눌 할 割

영화, 연극, 드라마에서 / 배우가 / 등장인물을 •맡는 것

예 국어 시간에 높임 표현을 연습하기 위해 모둠 친구들과 할아버지, 선생님, 미나, 동생으로 **역할**을 나누어 대화를 했다.

• **맡다**   어떤 일을 넘겨받아 자신이 책임지고 하다

밝히다

알려지지 않은 사실을 / •드러내어 알게 하다

예 전화로 대화할 때에는 먼저 자신이 누구인지 **밝혀야** 한다.

• **드러내다**   (숨겨지거나 알려져 있지 않던 것을) 나타내어 알게 하다

당번

한자 마땅 당 當
차례 번 番

어떤 일을 / 차례로 돌아가면서 맡음 또는 그 차례가 된 사람

예 학생들은 대부분 집에 돌아갔고, 청소 **당번**인 아이들만 교실에 남았다.

공공장소

한자 공평할 공 公
한가지 공 共
마당 장 場
바 소 所

여러 사람이 / •공동으로 •이용하는 / 곳

예 많은 사람이 모여 있는 **공공장소**에서는 작은 목소리로 •소곤소곤 말해야 한다.

• **공동**   여러 사람이나 단체가 함께 일을 하거나, 같은 자격으로 관계를 가짐

• **이용하다**   (무엇을 필요에 따라) 이롭게 쓰다

• **소곤소곤**   남이 알아듣지 못하도록 작은 목소리로 자꾸 가만가만 이야기하는 소리. 또는 그 모양

1 **문장을 읽고, 알맞은 낱말을 써 넣어 봅시다.**

1) 자극에 대응하여 어떤 현상이 일어나다

2) 높이여 중하게 여기다

3) 영화, 연극, 드라마에서 배우가 등장인물을 맡는 것

4) 알려지지 않은 사실을 드러내어 알게 하다

5) 어떤 일을 차례로 돌아가면서 맡음 또는 그 차례가 된 사람

6) 여러 사람이 공동으로 이용하는 곳

2 **밑줄 친 곳에 알맞은 낱말을 써 넣어 문장을 완성해 봅시다.**

1) 엄마께 꾸지람을 듣고 민감해진 동생은 내 말에 까칠하게 _____.

2) 친구 간에 서로 _____ 마음을 갖고 있어야 좋은 관계를 유지할 수 있다.

3) 국어 시간에 높임 표현을 연습하기 위해 모둠 친구들과 할아버지, 선생님, 미나, 동생으로 _____ 을 나누어 대화를 했다.

4) 전화로 대화할 때에는 먼저 자신이 누구인지 _____ 한다.

5) 학생들은 대부분 집에 돌아갔고, 청소 _____ 인 아이들만 교실에 남았다.

6) 많은 사람이 모여 있는 _____ 에서는 작은 목소리로 소곤소곤 말해야 한다.

6. 마음을 담아 글을 써요

기분
한자 기운 기 氣
나눌 분 分

마음에 저절로 느껴지는 / 유쾌함이나 불쾌함 따위의 / 감정

예 날씨가 맑은 날에는 **기분**이 좋지만, 우중충한 날에는 **기분**이 가라앉는다.

감정
한자 느낄 감 感
뜻 정 情

어떤 일, 현상, 사물에 대하여 / 느끼어 일어나는 / 슬픔 · 기쁨 · 좋음 · 싫음 따위 / 마음 상태

예 시험을 망친 아이는 *속상한 **감정**을 *주체하지 못하고 울음을 터뜨렸다.

* **속상하다**　　화가 나거나 걱정이 되어 마음이 불편하고 괴롭다

* **주체하다**　　(짐스럽거나 귀찮은 것을) 견디어 내거나, 거두어 처리하다

비 정서

전하다
한자 전할 전 傳

다른 사람에게 / 의미, 지식, 감정 따위를 / 말이나 글로 나타내어 / 알게 하다

예 엄마는 시험을 망쳐서 슬픈 감정에 *휩싸인 아이에게 *격려의 편지를 **전했다.**

* **휩싸이다**　　(사람이 감정이나 분위기에) 온통 사로잡히거나 뒤덮여 있다

* **격려**　　　　용기나 힘 따위를 북돋아(더욱 높여) 줌

비 전달하다

확인하다
한자 굳을 확 確
알 인 認

틀림없이 그러한가를 / *알아보다

예 감정 카드에 적힌 "행복해요"라는 글씨를 **확인한** 후에
친구들에게 그 감정을 언제 느꼈는지 설명했다.

* **알아보다**　　조사하거나 살펴보다(하나하나 자세히 관심을
기울여서 보다)

진행하다
한자 나아갈 진 進
다닐 행 行

일 따위를 / 처리하여 나가다

예 「감정 카드 놀이」를 **진행하는** 방법은 감정 카드에 적힌 글씨를 확인한 후에 그
감정을 언제 느꼈는지 상대에게 말로 전하는 것이다.

중요하다
한자 무거울 중 重
요긴할 요 要

매우 중하고 · 꼭 필요하다

예 교과서를 읽다가 시험에 나올만한 **중요한** 내용이
나오면 밑줄을 그었다.

비 중하다, 귀중하다, 막중하다, 중대하다

⟶ 바른 답 300쪽

공부한 날   월   일   학습평가 ☑   😊 😄 😵

9주
5일

1 문장을 읽고, 알맞은 낱말을 써 넣어 봅시다.

1) 마음에 저절로 느껴지는 유쾌함이나 불쾌함 따위의 감정

2) 어떤 일, 현상, 사물에 대하여 느끼어 일어나는 슬픔 · 기쁨 · 좋음 · 싫음 따위 마음 상태

3) 다른 사람에게 의미, 지식, 감정 따위를 말이나 글로 나타내어 알게 하다

4) 틀림없이 그러한가를 알아보다

5) 일 따위를 처리하여 나가다

6) 매우 중하고 · 꼭 필요하다

2 밑줄 친 곳에 알맞은 낱말을 써 넣어 문장을 완성해 봅시다.

1) 날씨가 맑은 날에는 _____ 이 좋지만, 우중충한 날에는 _____이 가라앉는다.

2) 시험을 망친 아이는 속상한 _____ 을 주체하지 못하고 울음을 터뜨렸다.

3) 엄마는 시험을 망쳐서 슬픈 감정에 휩싸인 아이에게 격려의 편지를 _____ .

4) 감정 카드에 적힌 "행복해요"라는 글씨를 _____ 후에 친구들에게 그 감정을 언제 느꼈는지 설명했다.

5) 「감정 카드 놀이」를 _____ 방법은 감정 카드에 적힌 글씨를 확인한 후에 그 감정을 언제 느꼈는지 상대에게 말로 전하는 것이다.

6) 교과서를 읽다가 시험에 나올만한 _____ 내용이 나오면 밑줄을 그었다.

1 문장을 읽고, 알맞은 낱말을 써 넣어 봅시다.

1) 높이여 중하게 여기다 _____

2) 일 따위를 처리하여 나가다 _____

3) 상대방이 처한 상황을 살펴 생각하다 _____

4) 매우 놀라거나 · 두려워서 눈이 크고 둥그렇게 되다 _____

5) 정신을 한곳으로 모으다 _____

6) 하려던 말이 입 밖으로 나오지 않게 되다 _____

7) 다른 사람에게 의미, 지식, 감정 따위를 말이나 글로
   나타내어 알게 하다 _____

8) 눈구멍 안에 들어 있는 공 모양의 기관 _____

9) 말없이 가만히 있음 또는 그런 상태 _____

10) 천둥이 칠 때 나는 소리 _____

11) 사물의 생긴 모양새 _____

12) 영화, 연극, 드라마에서 배우가 등장인물을 맡는 것 _____

13) 곧바로 말하지 않고 빙 둘러서 말하다 _____

14) 어떤 일, 현상, 사물에 대하여 느끼어 일어나는
    슬픔 · 기쁨 · 좋음 · 싫음 따위 마음 상태 _____

15) 매우 중하고 · 꼭 필요하다 _____

16) 상대방과 마주 대하여 이야기를 주고받음 _____

17) 틀림없이 그러한가를 알아보다 _____

18) 자극에 대응하여 어떤 현상이 일어나다 _____

19) 날씨나 분위기 따위가 침침하다 _____

20) 끈이나 실 따위로 자꾸 감거나 묶는 모양 _____

21) 알려지지 않은 사실을 드러내어 알게 하다 _____

22) 마음에 저절로 느껴지는 유쾌함이나 불쾌함 따위의 감정 _____

23) 실제로 갖추고 있는 능력 _____

24) 일상생활에서 다른 사람과 대화할 때 지켜야 할 예절 _____

25) 두 팔을 둥글게 모아 만든 둘레 안에 들 만한
분량을 세는 단위 _____

26) 말하는 이가 듣는 이의 높고 낮은 정도에 따라
말로 구별하여 표현하는 것 _____

27) 어떤 일을 차례로 돌아가면서 맡음 또는 그 차례가 된 사람 _____

28) 여러 사람이 공동으로 이용하는 곳 _____

29) 어떤 일, 행동, 현상의 처음 단계가 이루어지다 _____

30) 돈이나 물품을 대가를 받지 않고 남에게 그냥 주다 _____

2 밑줄 친 곳에 알맞은 낱말을 써 넣어 문장을 완성해 봅시다.

1) 교사는 과자를 한 _____ 가져와서 학생들에게 한 봉지씩 나누어 주었다.

2) 감정 카드에 적힌 "행복해요"라는 글씨를 _____ 후에 친구들에게 그 감정을 언제 느꼈는지 설명했다.

3) 사람들은 구두쇠 영감을 놀부에 _____ .

4) 반장이 떠드는 사람의 이름을 칠판에 적기 시작하자 와자지껄하던 교실에 _____ 이 흘렀다.

5) 많은 사람이 모여 있는 _____ 에서는 작은 목소리로 소곤소곤 말해야 한다.

6) 친구 간에 서로 _____ 마음을 갖고 있어야 좋은 관계를 유지할 수 있다.

7) 다른 사람과 _____ 를 할 때에는 누구와 어떤 상황에서 말하는지 생각하며 말해야 하고, 웃어른과 _____ 를 할 때에는 높임 표현을 써야 한다.

8) 엄마는 시험을 망쳐서 슬픈 감정에 휩싸인 아이에게 격려의 편지를 _____ .

9) 교과서를 읽다가 시험에 나올만한 _____ 내용이 나오면 밑줄을 그었다.

10) 눈앞에서 교통사고를 목격한 그는 너무 놀라서 눈이 _____ .

11) 다른 사람과 대화할 때에는 상대가 누구인지, 대화 목적이 무엇인지, 어떤 대화 상황인지 _____ 한다.

12) 학생들은 대부분 집에 돌아갔고, 청소 _____ 인 아이들만 교실에 남았다.

13) '고맙습니다'와 '고마워'는 글자의 _____ 가 다르지만, 뜻은 같다.

14) 엄마께 꾸지람을 듣고 민감해진 동생은 내 말에 까칠하게 _____ .

15) _____ 중에서 '상대 높임법'은 대화하는 상대방을 높이는 방법이다.

→ 바른 답 301쪽

9주
평가

16) 내성적인 아이는 발표를 할 때마다 너무 떨려서 _____ .

17) 간호사는 아이의 손에 붕대를 _____ 감기 시작했다.

18) 사회 환원을 결심한 할머니는 평생 모은 전 재산을 대학교에 _____ .

19) 장대비가 쏟아지더니 번개가 번쩍인 후 곧이어 _____ 가 들려왔다.

20) 모든 학생에게 3월 2일은 새로운 학년이 _____ 첫날이다.

21) 다른 사람과 대화를 할 때에는 _____ 을 잘 지켜야 한다.

22) 대화를 나눌 때에는 상대방이 하는 말을 _____ 들어야 한다.

23) 국어 시간에 높임 표현을 연습하기 위해 모둠 친구들과 할아버지, 선생님, 미나, 동생으로 _____ 을 나누어 대화를 했다.

24) 금방이라도 비가 쏟아질 것처럼 하늘이 _____ .

25) 시각 장애인이었던 그는 기증받은 _____ 로 수술을 받아 시력을 되찾았다.

26) 시험을 망친 아이는 속상한 _____ 을 주체하지 못하고 울음을 터뜨렸다.

27) 「감정 카드 놀이」를 _____ 방법은 감정 카드에 적힌 글씨를 확인한 후에 그 감정을 언제 느꼈는지 상대에게 말로 전하는 것이다.

28) 날씨가 맑은 날에는 _____ 이 좋지만, 우중충한 날에는 _____ 이 가라앉는다.

29) 아이의 수학 _____ 은 50점을 맞을 정도로 형편없지만, 영어 _____ 은 매번 100점을 맞을 정도로 훌륭하다.

30) 전화로 대화할 때에는 먼저 자신이 누구인지 _____ 한다.

6. 마음을 담아 글을 써요

다른 사람에게 마음을 전해 본 경험 떠올리기 | 교과서 186~191쪽 |

자신
한자 스스로 자 自
몸 신 身

•자기 또는 •스스로
예 엄마는 아이에게 "**자신**이 갖고 논 장난감은 **자신**이 치우라"고 •지시했다.
• **자기**　　　그 사람 자신
• **스스로**　　자기 자신
• **지시하다**　잘 알아듣게 말하여 어떤 일을 하도록 시키다
비 자기, 스스로, 본인

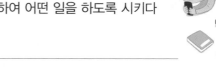

진심
한자 참 진 眞
마음 심 心

거짓이 없는 / 참된 마음
예 자신의 마음을 다른 사람에게 전할 때에는 상대가 **진심**을 느낄 수 있도록 말하는 것이 중요하다.

부족하다
한자 아닐 부 不
발 족 足

필요한 양이나 기준보다 / •적다 또는 •모자라다
예 아이는 **부족한** 수학 실력을 •향상시키기 위해 매일 한 시간씩 복습을 했다.
• **적다**　　　(수효, 분량, 정도가) 일정한 기준에 미치지 못하다
• **모자라다**　기준이 되는 양이나 정도에 미치지 못하다
• **향상시키다** (수준, 실력, 기술 따위를) 이전보다 더 나아지게 하다
비 모자라다, 불충분하다

이야기를 듣고 인물의 마음이 어떻게 변했는지 정리하기 | 교과서 192~195쪽 |

실수
한자 잃을 실 失
손 수 手

•부주의로 잘못함 또는 그 잘못
예 계산 과정에서 **실수**를 하지 않으려면 •연산을 •철저히 연습해야 한다.
• **부주의**　조심을 하지 않음
• **연산**　　정해진 규칙에 따라 계산하여 답을 구함
• **철저히**　속속들이 꿰뚫어 깊은 구석구석까지 빈틈없이

억지로

마음이 •내키지 않지만 / 어쩔 수 없이 또는 강제로
예 감기에 걸린 아이는 먹기 싫은 약을 입안에 **억지로** 밀어넣었다.
• **내키다**　하고 싶은 마음이 생기다

표시하다
한자 표할 표 標
보일 시 示

사실이나 내용을 / 글자나 •기호로 •표하여 / 겉으로 나타내 보이다
예 시험을 보면서 실수를 한 문제에 답을 **표시하지** 못했다.
• **기호**　　(어떤 뜻을 나타내기 위해 쓰는) 그림이나 문자 따위를 통틀어 이르는 말
• **표하다**　(의견이나 태도를) 말, 글, 표정, 행동 따위로 나타내다

1 문장을 읽고, 알맞은 낱말을 써 넣어 봅시다.

10쪽
1일

1) 자기 또는 스스로

2) 거짓이 없는 참된 마음

3) 필요한 양이나 기준보다 적다 또는 모자라다

4) 부주의로 잘못함 또는 그 잘못

5) 마음이 내키지 않지만 어쩔 수 없이 또는 강제로

6) 사실이나 내용을 글자나 기호로 표하여 겉으로
나타내 보이다

2 밑줄 친 곳에 알맞은 낱말을 써 넣어 문장을 완성해 봅시다.

1) 엄마는 아이에게 "_____ 이 갖고 논 장난감은 _____ 이 치우라"
고 지시했다.

2) 자신의 마음을 다른 사람에게 전할 때에는 상대가 _____ 을 느낄 수 있도
록 말하는 것이 중요하다.

3) 아이는 _____ 수학 실력을 향상시키기 위해 매일 한 시간씩 복습을 했다.

4) 계산 과정에서 _____ 를 하지 않으려면 연산을 철저히 연습해야 한다.

5) 감기에 걸린 아이는 먹기 싫은 약을 입안에 _____ 밀어넣었다.

6) 시험을 보면서 실수를 한 문제에 답을 _____ 못했다.

변하다

한자 변할 변 變

다른 것이 되다 또는 다른 상태로 되다

예 물의 형태는 온도에 따라 고체인 얼음, 액체인 물, 기체인 수증기로 **변한다.**

비 탈바꿈하다, 달라지다

변화

한자 변할 변 變
될 화 化

사물의 성질, 모양, 상태 따위가 / 변하여 달라짐

예 과학 시간에, 흐르는 물에 의한 *지표의 모습 **변화**를 알아보기 위해 흙 언덕 위쪽에서 물을 흘려보내는 실험을 했다.

*지표(지표면, 지면, 땅바닥) 지구의 표면. 또는 땅의 겉면

헤아리다

남의 마음이나 · 일의 속뜻을 / *미루어 생각하다

예 시험을 망쳐서 속상해하는 친구의 감정을 **헤아리며** *위로의 말을 전했다.

*미루다   무엇을 이미 알고 있는 것과 견주어(비교하여) 생각하다

*위로   따뜻한 말이나 행동으로 괴로움을 덜어 주거나 슬픔을 달래 줌

비 추측하다, 짐작하다, 사료하다

힘껏

있는 힘을 다하여 또는 힘이 닿는 데까지

예 친구와 달리기 시합을 했는데, 이기고 싶어서 다리가 안 보일 정도로 **힘껏** 달렸다.

자신

한자 스스로 자 自
믿을 신 信

어떤 일을 / 해낼 수 있다고 / 스스로 굳게 믿음 또는 그런 믿음

예 아이는 50점을 맞고 난 후로 자신(自身)의 수학 실력에 **자신**(自信)이 없어졌다.

비 자부, 자부심, 확신

**멀찍이
(멀찌감치)**

거리가 좀 멀게 또는 *사이가 꽤 떨어지게

예 대회가 *코앞으로 다가왔지만 *부상을 입은 그는 운동장에서 **멀찍이** 앉아 연습을 하는 선수들을 물끄러미 쳐다보았다.

*사이   (한곳에서 다른 곳까지, 또는 한 물체에서 다른 물체까지의) 거리나 공간

*코앞   곧 벌어질 일이 시간적으로 매우 가까이 다가왔음을 비유적으로 이르는 말

*부상   몸에 상처를 입음

1 문장을 읽고, 알맞은 낱말을 써 넣어 봅시다.

1) 다른 것이 되다 또는 다른 상태로 되다

2) 사물의 성질, 모양, 상태 따위가 변하여 달라짐

3) 남의 마음이나 · 일의 속뜻을 미루어 생각하다

4) 있는 힘을 다하여 또는 힘이 닿는 데까지

5) 어떤 일을 해낼 수 있다고 스스로 굳게 믿음 또는 그런 믿음

6) 거리가 좀 멀게 또는 사이가 꽤 떨어지게

2 밑줄 친 곳에 알맞은 낱말을 써 넣어 문장을 완성해 봅시다.

1) 물의 형태는 온도에 따라 고체인 얼음, 액체인 물, 기체인 수증기로 _____.

2) 과학 시간에, 흐르는 물에 의한 지표의 모습 _____ 를 알아보기 위해 흙 언덕 위쪽에서 물을 흘려보내는 실험을 했다.

3) 시험을 망쳐서 속상해하는 친구의 감정을 _____ 위로의 말을 전했다.

4) 친구와 달리기 시합을 했는데, 이기고 싶어서 다리가 안 보일 정도로 _____ 달렸다.

5) 아이는 50점을 맞고 난 후로 자신(自身)의 수학 실력에 _____ (自信)이 없어졌다.

6) 대회가 코앞으로 다가왔지만 부상을 입은 그는 운동장에서 _____ 앉아 연습을 하는 선수들을 물끄러미 쳐다보았다.

심술

한자 마음 심 心
　　재주 술 術

ㆍ온당하지 않게 / ㆍ고집을 부리는 / 마음

예 달리기 시합에 진 친구가 **심술**이 났는지 뒤도 안 보고 교실로 들어갔다.

ㆍ**온당하다**　생각, 말, 행동이 (일의 이치에 어긋나지 않고) 알맞다

ㆍ**고집**　　　자기 의견을 굳게 내세워 버팀. 또는 그렇게 버티는 성질

우수수

물건이 / 한꺼번에 ㆍ수북하게 쏟아지는 / 모양

예 책상이 넘어지면서 책과 ㆍ학용품이 교실 바닥으로 **우수수** 쏟아졌다.

ㆍ**수북하다**　물건이 많이 담겨 있거나 쌓여 있다

ㆍ**학용품**　　필기도구 · 공책 따위 학습에 필요한 물품

방해하다

한자 방해할 방 妨
　　해할 해 害

남의 일을 / ㆍ쓸데없이 ㆍ참견하고 막아 / ㆍ해를 끼치다

예 여자들끼리 피구를 하고 있는데, 남자애들이 공을 뺏으며 자꾸 **방해했다.**

ㆍ**쓸데없이(소용없이)**　　아무런 쓸모나 이득이 될 것이 없이

ㆍ**참견하다**　자기와 상관없는 일 등에 끼어들어 아는 체하거나 간섭하다

ㆍ**해**　　　　나쁜 영향을 끼치거나 손상을 입힘. 또는 그런 것

한마디

ㆍ불편한 마음으로 / ㆍ언짢게 하는 / 말

예 피구를 방해하는 남자애들에게 화가 난 여자애들은 "방해하지 말고 저리 가!"
　　라고 모두 **한마디**씩 ㆍ거들었다.

ㆍ**불편하다**　몸이나 마음이 편하지 않다

ㆍ**언짢다**　　마음에 들지 않아 약간 불쾌하다(기분이 좋지 않다)

ㆍ**거들다**　　(남이 하는 일을) 곁에서 도와주다

후다닥

갑자기 빠르게 / 뛰거나 · 움직이는 / 모양

예 ㆍ웅덩이에 모여 물을 마시던 사슴들은 사자를 보자마자 **후다닥** 도망쳤다.

ㆍ**웅덩이**　　가운데가 움푹 패어 물이 모여 있는 곳

들뜨다

마음이나 분위기가 / 조금 ㆍ흥분되다 또는 ㆍ어수선하게 ㆍ들썽거리다

예 100점을 맞은 아이는 ㆍ희열감에 **들떠** ㆍ한동안 흥분을
　　가라앉히지 못했다.

ㆍ**흥분되다**　(어떤 자극을 받아) 감정이 북받쳐 일어나게 되다

ㆍ**어수선하다** (마음이나 분위기가) 불안하고 뒤숭숭하다

ㆍ**들썽거리다(들썽대다)**　(사람이나 그 마음이) 자꾸 어수선하게 들떠 움직이다

ㆍ**희열감**　　기쁘고 즐거운 마음　　ㆍ**한동안**　　꽤 오랫동안. 한참

| 공부한 날 | 월 | 일 | 학습평가 ☑ | ☺ ☺ 😖 |

1 문장을 읽고, 알맞은 낱말을 써 넣어 봅시다.

1) 온당하지 않게 고집을 부리는 마음

2) 물건이 한꺼번에 수북하게 쏟아지는 모양

3) 남의 일을 쓸데없이 참견하고 막아 해를 끼치다

4) 불편한 마음으로 언짢게 하는 말

5) 갑자기 빠르게 뛰거나·움직이는 모양

6) 마음이나 분위기가 조금 흥분되다 또는
어수선하게 들썽거리다

10주
3일

2 밑줄 친 곳에 알맞은 낱말을 써 넣어 문장을 완성해 봅시다.

1) 달리기 시합에 진 친구가 _____ 이 났는지 뒤도 안 보고 교실로 들어갔다.

2) 책상이 넘어지면서 책과 학용품이 교실 바닥으로 _____ 쏟아졌다.

3) 여자들끼리 피구를 하고 있는데, 남자애들이 공을 뺏으며 자꾸 _____ .

4) 피구를 방해하는 남자애들에게 화가 난 여자애들은 "방해하지 말고 저리 가!"라고
모두 _____ 씩 거들었다.

5) 웅덩이에 모여 물을 마시던 사슴들은 사자를 보자마자 _____ 도망쳤다.

6) 100점을 맞은 아이는 희열감에 _____ 한동안 흥분을 가라앉히지 못했다.

6. 마음을 담아 글을 써요

마지막

일의 순서 또는 시간에서 / 맨 끝

예 '마지막 *고개를 넘기기가 가장 힘들다'는 속담은 어떤 일이든지 끝을 잘 *마무리하기가 가장 힘들다는 뜻이다.

* **고개**　　　　산이나 언덕을 넘어 다니게 된 비탈진 곳

* **마무리하다** 일을 끝맺다

비 끝, 끝판, 막판, 최종, 최후, 라스트(last)

바퀴

어떤 둘레를 / 원을 그리며 빙 돌아서 / 처음 자리까지 돌아오는 / 횟수를 세는 / 단위

예 체육 시간에 달리기를 하면서 운동장을 세 **바퀴** 뛰었다.

선수

한자 가릴 선 選
손 수 手

많은 사람 중에서 대표로 뽑혀 운동 경기에 나가는 사람 또는 운동 경기를 직업으로 하는 사람

예 백군은 마지막 **선수**가 달리고 있었지만, 청군에서는 달리기가 느린 **선수**가 나와서 반 바퀴도 *채 뛰지 못하고 있었다.

* **채**　　　　　(주로 '-지 못하다'와 함께 쓰여) '행위나 동작을 모두 끝내지 못함'을 이르는 말

귀(를)기울이다

남의 말이나 의견에 / 주의를 집중하여 / 잘 듣다

예 체육 선생님이 대회에 나갈 선수를 뽑는다고 말하자, 학생들은 모두 들뜬 마음으로 선생님의 말씀에 **귀를 기울였다**.

제비뽑기

*제비를 뽑아서 / 승부나 차례를 정하는 일

예 운동회에 나갈 선수를 **제비뽑기**로 뽑자는 선생님의 말에 아이들은 가장 잘하는 사람이 나가야 하는 것 아니냐며 투덜거렸다.

* **제비**　　　　여럿 가운데 어느 하나를 골라잡게 하여 승부나 차례 따위를 정하는 방법. 또는 그것에 쓰는 종이 따위의 물건

울상

한자 서로 상 相

울려고 하는 / 얼굴 표정

예 엄마가 보이지 않자 아기의 얼굴은 금방이라도 울 것처럼 **울상**이 되었다.

⟶ 바른 답 301쪽

 문장을 읽고, 알맞은 낱말을 써 넣어 봅시다.

1) 일의 순서 또는 시간에서 맨 끝

2) 어떤 둘레를 원을 그리며 빙 돌아서 처음 자리까지 돌아오는
   횟수를 세는 단위

3) 많은 사람 중에서 대표로 뽑혀 운동 경기에 나가는 사람
   또는 운동 경기를 직업으로 하는 사람

4) 남의 말이나 의견에 주의를 집중하여 잘 듣다

5) 제비를 뽑아서 승부나 차례를 정하는 일

6) 울려고 하는 얼굴 표정

밀줄 친 곳에 알맞은 낱말을 써 넣어 문장을 완성해 봅시다.

1) '_____ 고개를 넘기기가 가장 힘들다'는 속담은 어떤 일이든지 끝을 잘
   마무리하기가 가장 힘들다는 뜻이다.

2) 체육 시간에 달리기를 하면서 운동장을 세 _____ 뛰었다.

3) 백군은 마지막 _____ 가 달리고 있었지만, 청군에서는 달리기가 느린
   _____ 가 나와서 반 바퀴도 채 뛰지 못하고 있었다.

4) 체육 선생님이 대회에 나갈 선수를 뽑는다고 말하자, 학생들은 모두 들뜬 마음으로
   선생님의 말씀에 _____ .

5) 운동회에 나갈 선수를 _____ 로 뽑자는 선생님의 말에 아이들은 가장 잘하
   는 사람이 나가야 하는 것 아니냐며 투덜거렸다.

6) 엄마가 보이지 않자 아기의 얼굴은 금방이라도 울 것처럼 _____ 이 되었다.

순서
한자 순할 순 順
차례 서 序

여럿을 먼저와 나중으로 **구분하여** •늘어놓은 것 또는 일을 하는 차례

<예> 우리 반은 급식 먹는 **순서**를 성별과 키로 정한다.

• **늘어놓다**   줄을 지어 차례로 벌여 놓다

<비> 서열, 순번, 순차, 등차, 절차

투덜거리다
(투덜대다)

남이 알아듣기 어려울 정도의 / 낮은 목소리로 / 자꾸 •불평하다

<예> 피구 •시합에 •패한 아이들은 교실로 돌아오는 길에 계속 **투덜거렸다.**

• **불평하다**   마음에 들지 않아 못마땅하게 여기다. 또는 못마땅한 것을 말이나 행동으
로 드러내다

• **시합(겨루기)**   운동이나 그 밖의 경기 따위에서 승부(이김과 짐)를 겨루는 일

• **패하다**   (내기, 시합, 싸움 따위에서) 지다

까딱까딱

물체가 / 이리저리 자꾸 움직이는 / 모양

<예> 아이는 실내화 주머니를 **까딱까딱** 흔들며 집으로 걸어갔다.

출발
한자 날 출 出
필 발 發

특정한 •목적지나 방향을 / 향하여 나아감

<예> 달리기 시합에서 **출발**을 가장 늦게 하는 바람에 꼴등으로 •결승점에 도착했다.

• **목적지**   목적(이루려고 하는 목표나 방향)으로 삼아 도달해야 할 장소

• **결승점**   육상·수영 등에서, 마지막 승부가 결정되는 지점

걱정

일이 잘못될까 / •속을 태움

<예> 아이와 연락이 닿지 않자, 엄마는 •슬슬 **걱정**이 되었다.

• **속(을) 태우다**   몹시 걱정이 되어 마음을 졸이다(속을 태우다시피 조바심하다)

• **슬슬**   어떤 일이 낌새가 나타나기 시작하거나, 비로소 시작하려는 모양

<비> 우수, 근심, 수심

안절부절못하다

마음이 / 초조하고 불안하여 / 어쩔 줄 모르다

<예> 밤이 되도록 아이가 집에 돌아오지 않자 엄마는 **안절부절못하였다.**

1 문장을 읽고, 알맞은 낱말을 써 넣어 봅시다.

1) 여럿을 먼저와 나중으로 구분하여 늘어놓은 것 또는 일을 하는 차례

2) 남이 알아듣기 어려울 정도의
   낮은 목소리로 자꾸 불평하다

3) 물체가 이리저리 자꾸 움직이는 모양

4) 특정한 목적지나 방향을 향하여 나아감

5) 일이 잘못될까 속을 태움

6) 마음이 초조하고 불안하여
   어쩔 줄 모르다

2 밑줄 친 곳에 알맞은 낱말을 써 넣어 문장을 완성해 봅시다.

1) 우리 반은 급식 먹는 _____ 를 성별과 키로 정한다.

2) 피구 시합에 패한 아이들은 교실로 돌아오는 길에 계속 _____.

3) 아이는 실내화 주머니를 _____ 흔들며 집으로 걸어갔다.

4) 달리기 시합에서 _____을 가장 늦게 하는 바람에 꼴등으로 결승점에
   도착했다.

5) 아이와 연락이 닿지 않자, 엄마는 슬슬 _____ 이 되었다.

6) 밤이 되도록 아이가 집에 돌아오지 않자 엄마는 _____.

1 문장을 읽고, 알맞은 낱말을 써 넣어 봅시다.

1)   마음이 내키지 않지만 어쩔 수 없이 또는 강제로 _____

2)   제비를 뽑아서 승부나 차례를 정하는 일 _____

3)   갑자기 빠르게 뛰거나 · 움직이는 모양 _____

4)   거짓이 없는 참된 마음 _____

5)   일이 잘못될까 속을 태움 _____

6)   다른 것이 되다 또는 다른 상태로 되다 _____

7)   사물의 성질, 모양, 상태 따위가 변하여 달라짐 _____

8)   울려고 하는 얼굴 표정 _____

9)   불편한 마음으로 언짢게 하는 말 _____

10) 일의 순서 또는 시간에서 맨 끝 _____

11) 여럿을 먼저와 나중으로 구분하여 늘어놓은 것 또는
      일을 하는 차례 _____

12) 남이 알아듣기 어려울 정도의 낮은 목소리로 자꾸 불평하다 _____

13) 물체가 이리저리 자꾸 움직이는 모양 _____

14) 사실이나 내용을 글자나 기호로 표하여 겉으로
      나타내 보이다 _____

15) 온당하지 않게 고집을 부리는 마음 _____

→ 바른 답 301쪽

10주

평가

16) 거리가 좀 멀게 또는 사이가 꽤 떨어지게 _____

17) 남의 마음이나·일의 속뜻을 미루어 생각하다 _____

18) 특정한 목적지나 방향을 향하여 나아감 _____

19) 부주의로 잘못함 또는 그 잘못 _____

20) 마음이 초조하고 불안하여 어쩔 줄 모르다 _____

21) 물건이 한꺼번에 수북하게 쏟아지는 모양 _____

22) 있는 힘을 다하여 또는 힘이 닿는 데까지 _____

23) 어떤 둘레를 원을 그리며 빙 돌아서 처음 자리까지
     돌아오는 횟수를 세는 단위 _____

24) 많은 사람 중에서 대표로 뽑혀 운동 경기에 나가는 사람 _____
     또는 운동 경기를 직업으로 하는 사람 _____

25) 남의 일을 쓸데없이 참견하고 막아 해를 끼치다 _____

26) 자기 또는 스스로 _____

27) 남의 말이나 의견에 주의를 집중하여 잘 듣다 _____

28) 필요한 양이나 기준보다 적다 또는 모자라다 _____

29) 마음이나 분위기가 조금 흥분되다 또는
     어수선하게 들썽거리다 _____

30) 어떤 일을 해낼 수 있다고 스스로 굳게 믿음 또는 그런 믿음 _____

2 밑줄 친 곳에 알맞은 낱말을 써 넣어 문장을 완성해 봅시다.

1) 계산 과정에서 _____ 를 하지 않으려면 연산을 철저히 연습해야 한다.

2) 시험을 망쳐서 속상해하는 친구의 감정을 _____ 위로의 말을 전했다.

3) 100점을 맞은 아이는 희열감에 _____ 한동안 흥분을 가라앉히지 못했다.

4) 우리 반은 급식 먹는 _____ 를 성별과 키로 정한다.

5) 아이는 _____ 수학 실력을 향상시키기 위해 매일 한 시간씩 복습을 했다.

6) 아이는 50점을 맞고 난 후로 자신(自身)의 수학 실력에 _____ (自信)이 없어졌다.

7) 과학 시간에, 흐르는 물에 의한 지표의 모습 _____ 를 알아보기 위해 흙 언덕 위쪽에서 물을 흘려보내는 실험을 했다.

8) 피구를 방해하는 남자애들에게 화가 난 여자애들은 "방해하지 말고 저리 가!"라고 모두 _____ 씩 거들었다.

9) 시험을 보면서 실수를 한 문제에 답을 _____ 못했다.

10) 달리기 시합에서 _____을 가장 늦게 하는 바람에 꼴등으로 결승점에 도착했다.

11) '_____ 고개를 넘기기가 가장 힘들다'는 속담은 어떤 일이든지 끝을 잘 마무리하기가 가장 힘들다는 뜻이다.

12) 엄마가 보이지 않자 아기의 얼굴은 금방이라도 울 것처럼 _____이 되었다.

13) 백군은 마지막 _____ 가 달리고 있었지만, 청군에서는 달리기가 느린 _____ 가 나와서 반 바퀴도 채 뛰지 못하고 있었다.

14) 대회가 코앞으로 다가왔지만 부상을 입은 그는 운동장에서 _____ 앉아 연습을 하는 선수들을 물끄러미 쳐다보았다.

→ 바른 답 301쪽

10주
—
평가

15) 체육 선생님이 대회에 나갈 선수를 뽑는다고 말하자, 학생들은 모두 들뜬 마음으로 선생님의 말씀에 _____ .

16) 달리기 시합에 진 친구가 _____ 이 났는지 뒤도 안 보고 교실로 들어갔다.

17) 밤이 되도록 아이가 집에 돌아오지 않자 엄마는 _____ .

18) 운동회에 나갈 선수를 _____ 로 뽑자는 선생님의 말에 아이들은 가장 잘하는 사람이 나가야 하는 것 아니냐며 투덜거렸다.

19) 책상이 넘어지면서 책과 학용품이 교실 바닥으로 _____ 쏟아졌다.

20) 여자들끼리 피구를 하고 있는데, 남자애들이 공을 뺏으며 자꾸 _____ .

21) 물의 형태는 온도에 따라 고체인 얼음, 액체인 물, 기체인 수증기로 _____ .

22) 아이와 연락이 닿지 않자, 엄마는 슬슬 _____ 이 되었다.

23) 아이는 실내화 주머니를 _____ 흔들며 집으로 걸어갔다.

24) 웅덩이에 모여 물을 마시던 사슴들은 사자를 보자마자 _____ 도망쳤다.

25) 체육 시간에 달리기를 하면서 운동장을 세 _____ 뛰었다.

26) 친구와 달리기 시합을 했는데, 이기고 싶어서 다리가 안 보일 정도로 _____ 달렸다.

27) 엄마는 아이에게 "_____ 이 갖고 논 장난감은 _____ 이 치우라"고 지시했다.

28) 피구 시합에 패한 아이들은 교실로 돌아오는 길에 계속 _____ .

29) 자신의 마음을 다른 사람에게 전할 때에는 상대가 _____ 을 느낄 수 있도록 말하는 것이 중요하다.

30) 감기에 걸린 아이는 먹기 싫은 약을 입안에 _____ 밀어넣었다.

꼬다 (비꼬다)   몸, 팔, 다리 따위를 / 이리저리 °뒤틀다

예 수업 중에 갑자기 화장실에 가고 싶어졌는지 친구의 표정이 이상해지더니 다리를 배배 **꼬며** 안절부절못했다.

° **뒤틀다**   몸이나 물건을 비틀다(한 물건의 양 끝을 서로 반대쪽으로 돌리다)

배배 (비비)   여러 번 꼬인 / 모양

예 친구는 몹시 소변이 마려운지 다리를 **배배** 꼬며 화장실로 달려갔다.

쌩쌩 (씽씽)   사람이나 물체가 / 잇따라 빠르게 움직일 때 나는 / 소리 또는 그 모양

예 "탕!"하고 출발 신호가 떨어지자 선수들은 **쌩쌩** 달렸다.

딴전   지금 하는 일과 / 전혀 관계없는 / 일이나 행동

예 선생님은 수업 시간 °내내 **딴전**을 부리는 학생들을 °나무랐다.

° **내내**   처음부터 끝까지. 줄곧
° **나무라다**   잘못을 꾸짖어 알아듣도록 말하다
비 딴청

마찬가지   일의 형편 또는 사물의 모양 따위가 / 서로 같음

예 후반전이 남아 있지만, 큰 점수 차로 지고 있어서 승부는 이미 °결판난 것이나 **마찬가지**이다.

° **결판나다**   (옳고 그름, 이기고 짐 따위가) 결정이 나다
비 매한가지, 매일반

이를 악물다   어려운 일을 / 헤쳐 나가려고 / 단단히 결심하다 또는 꾹 참다

예 아이는 다음 시험에서 꼭 100점을 맞겠다고 **이를** °**악물었다.**

° **악물다**   단단히 결심할 때에 아래위 이를 꽉 물다

공부한 날   월   일   학습평가 ☑

1 　문장을 읽고, 알맞은 낱말을 써 넣어 봅시다.

1) 몸, 팔, 다리 따위를 이리저리 뒤틀다 ☐☐

2) 여러 번 꼬인 모양 ☐☐

3) 사람이나 물체가 잇따라 빠르게 움직일 때 나는 소리 또는 그 모양 ☐☐

4) 지금 하는 일과 전혀 관계없는 일이나 행동 ☐☐

5) 일의 형편 또는 사물의 모양 따위가 서로 같음 ☐☐☐

6) 어려운 일을 헤쳐 나가려고 단단히 결심하다 또는 꾹 참다 ☐☐☐☐☐

11주
1일

2 　밑줄 친 곳에 알맞은 낱말을 써 넣어 문장을 완성해 봅시다.

1) 수업 중에 갑자기 화장실에 가고 싶어졌는지 친구의 표정이 이상해지더니 다리를 배배 _____ 안절부절못했다.

2) 친구는 몹시 소변이 마려운지 다리를 _____ 꼬며 화장실로 달려갔다.

3) "탕!"하고 출발 신호가 떨어지자 선수들은 _____ 달렸다.

4) 선생님은 수업 시간 내내 _____ 을 부리는 학생들을 나무랐다.

5) 후반전이 남아 있지만, 큰 점수 차로 지고 있어서 승부는 이미 결판난 것이나 _____ 이다.

6) 아이는 다음 시험에서 꼭 100점을 맞겠다고 _____ .

2일 6. 마음을 담아 글을 써요

뒤처지다

무리에서 떨어져 / 뒤에 남게 되다 또는 남보다 뒤떨어지다

예 선수들은 악물고 뛰었지만, 시간이 흐를수록 *점점 상대팀에 **뒤처졌다**.

* 점점　　　조금씩 더하거나 덜해지는 모양을 나타내는 말

재촉하다

행동이나 일 따위를 / 빨리하도록 *다그치다

예 *허기를 느낀 아이는 엄마에게 빨리 간식을 달라고 **재촉했다**.

* 다그치다　(일이나 행동을 어찌하라고) 요구하며 마구 몰아붙이다

* 허기　　　굶어서 몹시 배고픈(뱃속이 비어서 음식이 먹고 싶은) 느낌

비 독촉하다

착각

한자 어긋날 착 錯
깨달을 각 覺

어떤 사물이나 사실을 / 실제와 다르게 느끼거나 생각함 또는 그런 느낌이나 생각

예 멀찍이서 걸어오는 친구를 보고 반갑다는 손짓을 보냈는데, 가까이서 보니 모르는 애를 친구로 **착각**을 한 것이었다.

가로지르다

움직이는 물체가 / 어떤 곳을 / *가로로 *질러서 지나가다

예 수업 *시작종이 울리자 놀이터에서 놀던 아이들은 운동장을 **가로질러** 교실로 *뛰어들어 갔다.

* 가로(횡)　왼쪽(좌)에서 오른쪽(우)으로 나 있는 방향. 또는 그 길이

* 지르다　　지름길(가깝게 질러서 통하는 길)로 가깝게 가다

* 시작종　　공부나 일 따위를 시작하는 시각을 알리는 종소리

* 뛰어들다　(사람이 어디에) 재빨리 몸을 던져 들어가거나 들어오다

어리둥절하다

*뜻밖의 일을 당하여 / 정신을 차릴 수 없을 정도로 / *얼떨떨하다

예 지난번 시험에서 예상외의 50점을 맞고 **어리둥절했는데**, 이번 시험에서는 의외의 100점을 맞고 한 번 더 **어리둥절했다**.

* 뜻밖　　　생각 밖. 예상외. 의외

* 얼떨떨하다(얼떨하다, 떨떨하다)　　(뜻밖의 일을 갑자기 당하거나, 여러 가지 일이 복잡해서) 정신을 차리지 못하다

비 떨떨하다, 얼떨하다, 얼떨떨하다, 어리빙빙하다, 어리뻥뻥하다, 어리뻥뻥하다

목청껏

있는 힘을 다하여 / 큰 소리를 질러

예 음악 시간에 학생들은 *동요를 **목청껏** 따라 부르며 즐거워했다.

* 동요　　　어린이를 위하여 동심(어린이의 마음)을 바탕으로 지은 노래

초등국어 맥잡아 | 교과서 196~203쪽 |

⟶ 바른 답 302쪽

1 문장을 읽고, 알맞은 낱말을 써 넣어 봅시다.

1) 무리에서 떨어져 뒤에 남게 되다 또는
   남보다 뒤떨어지다

2) 행동이나 일 따위를 빨리하도록 다그치다

3) 어떤 사물이나 사실을 실제와 다르게 느끼거나 생각함 또는
   그런 느낌이나 생각

4) 움직이는 물체가 어떤 곳을 가로로 질러서
   지나가다

5) 뜻밖의 일을 당하여 정신을 차릴 수
   없을 정도로 얼떨떨하다

6) 있는 힘을 다하여 큰 소리를 질러

2 밑줄 친 곳에 알맞은 낱말을 써 넣어 문장을 완성해 봅시다.

1) 선수들은 악물고 뛰었지만, 시간이 흐를수록 점점 상대팀에 _____ .

2) 허기를 느낀 아이는 엄마에게 빨리 간식을 달라고 _____ .

3) 멀찍이서 걸어오는 친구를 보고 반갑다는 손짓을 보냈는데, 가까이서 보니 모르는
   애를 친구로 _____ 을 한 것이었다.

4) 수업 시작종이 울리자 놀이터에서 놀던 아이들은 운동장을 _____ 교실로
   뛰어들어 갔다.

5) 지난번 시험에서 예상외의 50점을 맞고 _____ , 이번 시험에서는 의외의
   100점을 맞고 한 번 더 _____ .

6) 음악 시간에 학생들은 동요를 _____ 따라 부르며 즐거워했다.

3일

6. 마음을 담아 글을 써요

| 교과서 196~203쪽 | 똑떨어지는 랜선야학

질끈

사이를 / *바싹 눌러 붙이는 / 모양

㉖ 영화를 보다가 무서운 장면이 나와서 두 눈을 **질끈** 감았다.

* **바싹**　　(중간에 걸리거나 막히는 상태 없이) 일을 아주 빨리 끝맺는 모양

내달리다

힘차게 *달리다

㉖ 아이들은 *급식을 재빨리 *먹어치우고 운동장으로 향해 **내달렸다.**

* **달리다**　　(사람이나 동물이) 빨리 가다. 뛰어가다
* **급식**　　(학교, 군대, 공장 따위에서) 구성원에게 식사를 제공함. 또는 그 식사
* **먹어치우다**　먹을 것을 다 먹어서 없애다

헐레벌떡

숨을 / *가쁘고 거칠게 몰아쉬는 / 모양

㉖ 아침에 지각을 할까봐 학교에 **헐레벌떡** *달음질하여 갔다.

* **가쁘다**　　숨이 몹시 차다(더 들어갈 수 없이 가득하게 되다)
* **달음질하다(달음박질하다, 뜀박질하다, 뜀질하다)**　　빨리 뛰어 달려가다

**그제야
(그제서야)**

그때에야 *비로소

㉖ 수업 시간에 다리를 배배 꼬며 이상한 표정을 짓던 아이가 휴지를 들고 헐레벌떡 뛰어나가자, 친구들은 **그제야** 아이의 급한 사정을 알게 되었다.

* **비로소**　　(어떤 일이 있고 난 다음에야) 처음으로

차이

한자 다를 차 差
　　다를 이 異

둘 이상의 사물을 / *견주었을 때 / 서로 다름 또는 다른 정도나 상태

㉖ 두 반이 학급 *대항 *이어달리기를 했는데, 실력 **차이**가 커서 반 바퀴나 **차이**가 났다.

* **견주다**　　(둘 이상의 대상을 질, 양, 차이, 우월 따위를) 비교하려고 대어 보다
* **대항**　　서로 맞서서 버티어 겨룸
* **이어달리기(계주, 릴레이)**　같은 편을 이룬 네 명의 선수가 일정한 구간을 나누어 맡아 차례로 배턴을 주고받으면서 달리는 육상 경기

긁적이다

날카롭고 뾰족한 것으로 / 바닥이나 거죽을 / 이리저리 긁다

㉖ 복도를 내달리다 실수로 내 발을 밟은 친구가 머리를 **긁적이며** 사과했다.

→ 바른 답 302쪽

1 **문장을 읽고, 알맞은 낱말을 써 넣어 봅시다.**

1) 사이를 바싹 눌러 붙이는 모양

2) 힘차게 달리다

3) 숨을 가쁘고 거칠게 몰아쉬는 모양

4) 그때에야 비로소

5) 둘 이상의 사물을 견주었을 때 서로 다름 또는 다른 정도나 상태

6) 날카롭고 뾰족한 것으로 바닥이나 거죽을
    이리저리 긁다

11주
3일

2 **밑줄 친 곳에 알맞은 낱말을 써 넣어 문장을 완성해 봅시다.**

1) 영화를 보다가 무서운 장면이 나와서 두 눈을 _____ 감았다.

2) 아이들은 급식을 재빨리 먹어치우고 운동장으로 향해 _____ .

3) 아침에 지각을 할까봐 학교에 _____ 달음질하여 갔다.

4) 수업 시간에 다리를 배배 꼬며 이상한 표정을 짓던 아이가 휴지를 들고 헐레벌떡
    뛰어나가자, 친구들은 _____ 아이의 급한 사정을 알게 되었다.

5) 두 반이 학급 대항 이어달리기를 했는데, 실력 _____ 가 커서 반 바퀴나
    _____ 가 났다.

6) 복도를 내달리다 실수로 내 발을 밟은 친구가 머리를 _____ 사과했다.

| 쪽지가도 괜찮아! | 교과서 196~203쪽 |

멋쩍다

•어색하고 · •쑥스럽다

㉾ 전학을 온 아이는 **멋쩍은** 표정을 지으며 새 친구들에게 인사를 했다.

• 어색하다　(낯이 설거나 친하지 않아) 서먹서먹하다

• 쑥스럽다　(행동 · 모양이 자연스럽지 못하거나 어울리지
　　　　　않아) 멋쩍고 부끄럽다

배턴

영어 baton

이어달리기에서 / 앞 •주자가 다음 주자에게 넘겨주는 / 막대기

㉾ 마지막 주자에게 **배턴**을 건네주다가 바닥에 떨어뜨려서 꼴등을 하고 말았다.

• 주자　　달리는 사람

괜히

아무 이유 없이

㉾ 말썽을 일으킨 동생 옆에 있다가 **괜히** 나까지 엄마한테 •야단맞았다.

• 야단맞았다 (아랫사람이 윗사람에게) 꾸중을 듣다

| 읽는 사람을 생각하며 마음을 전하는 글 쓰기 | 교과서 204~207쪽 |

솔직하다

한자 거느릴 솔 率
곧을 직 直

사람이나 그 태도가 / •거짓이나 숨김이 없이 / •바르다

㉾ 다른 사람에게 마음을 전할 때는 자신의 감정을 **솔직하게** 표현해야 한다.

• 거짓　　사실과 어긋남. 사실이 아닌 것을 사실같이 꾸밈(지어냄)

• 바르다　　사실과 어긋남이 없다

비 진솔하다, 참되다, 정직하다

곤란하다

한자 곤할 곤 困
어려울 난 難

일이나 형편이 / 이럴 수도 없고 · 저럴 수도 없어서 / 어렵다

㉾ 피구를 하다가 다툼을 벌인 두 아이가 자기는 잘못이 없다고
　서로 •발뺌하자 담임은 **곤란한** 표정을 지었다.

• 발뺌하다　자신의 잘못에 대해 그 책임을 다른 탓으로 둘러대다

비 난감하다, 난처하다

화해하다

한자 화할 화 和
풀 해 解

싸움을 멈추고 / 서로에 대해 갖고 있던 / 안 좋은 감정을 풀어 없애다

㉾ 피구를 하다가 다퉜던 두 아이가 멋쩍은 표정으로 악수를 하며 **화해했다.**

→ 바른 답 302쪽

1 문장을 읽고, 알맞은 낱말을 써 넣어 봅시다.

1) 어색하고 · 쑥스럽다

2) 이어달리기에서 앞 주자가 다음 주자에게 넘겨주는 막대기

3) 아무 이유 없이

4) 사람이나 그 태도가 거짓이나 숨김이 없이 바르다

5) 일이나 형편이 이럴 수도 없고 · 저럴 수도 없어서 어렵다

6) 싸움을 멈추고 서로에 대해 갖고 있던 안 좋은 감정을 풀어 없애다

11주
4일

2 밑줄 친 곳에 알맞은 낱말을 써 넣어 문장을 완성해 봅시다.

1) 전학을 온 아이는 _____ 표정을 지으며 새 친구들에게 인사를 했다.

2) 마지막 주자에게 _____을 건네주다가 바닥에 떨어뜨려서 꼴등을 하고 말았다.

3) 말썽을 일으킨 동생 옆에 있다가 _____ 나까지 엄마한테 야단맞았다.

4) 다른 사람에게 마음을 전할 때는 자신의 감정을 _____ 표현해야 한다.

5) 피구를 하다가 다툼을 벌인 두 아이가 자기는 잘못이 없다고 서로 발뺌하자 담임은 _____ 표정을 지었다.

6) 피구를 하다가 다퉜던 두 아이가 멋쩍은 표정으로 악수를 하며 _____.

상냥하다

사람이나 그 태도 따위가 / 정이 많고 · *붙임성 있고 · 부드럽다

예 그녀는 밝은 미소와 친절한 말투를 갖고 있어서 남들에게 **상냥한** *인상을 준다.

* 붙임성 　　남과 잘 사귀는 성질
* 인상 　　어떤 대상에 대하여 마음속에 새겨지는 느낌

비법 (비방)

한자 숨길 비 祕
　　법 법 法

*한정된 개인 또는 집단만이 / *비밀리에 알고 있는 / 특별한 방법

예 축구를 잘하는 아이는 축구공을 멀리 찰 수 있는 **비법**을 친구에게 *전수했다.

* 한정되다 　　(수량이나 범위 따위가) 정해지다
* 비밀리 　　어떤 일이 남모르게 일어나는 가운데
* 전수하다 　　(지식이나 기술 따위를 다른 사람에게) 전하여 주다

비 비결, 비책, 노하우(know-how)

성공

한자 이룰 성 成
　　공 공 功

목적을 이룸 또는 뜻을 이룸

예 '십 년 *적공이면 한 가지 **성공**을 한다 '는 속담은 '무슨 일이든지 오랫동안 꾸준히 노력하면 *마침내는 **성공**을 하게 된다'는 뜻이다.

* 적공 　　어떤 일에 많은 힘(공)을 들이며 애를 씀
* 마침내 　　드디어. 기어이. 결국. 끝내

비 성취, 달성

행사

한자 행할 행 行
　　일 사 事

일을 행함 또는 그 일

예 우리 반에서는 생일을 *맞은 사람에게 축하 카드를 써 주는 **행사**를 한다.

* 맞다 　　시간이 흐름에 따라 자연히 돌아오는 어떤 날 · 철 · 때를 대하다

의논하다

한자 의논할 의 議
　　논할 논 論

일에 대하여 / 의견을 / 주고받다

예 *전교 어린이회에서는 2학기를 *맞이해 어떤 행사를 하면 좋을지 **의논했다.**

* 전교 　　한 학교의 전체
* 맞이하다 　　(어떤 때나 시기가) 오는 것을 맞다

추천하다

한자 밀 추 推
　　천거할 천 薦

좋거나 알맞다고 생각되는 것을 / 남에게 *권하다

예 전교 어린이 *회의 시간에 각 학년 학생들은 각자 하고 싶은 행사를 **추천했다.**

* 권하다 　　(어떤 사람이 다른 사람에게) 어떤 일을 하도록 말하다
* 회의 　　(어떤 주제를 놓고 여럿이 모여) 서로 의견을 주고받음. 또는 그 모임

읽는 사람을 생각하며 마음을 전하는 글 쓰기 | 교과서 204~207쪽 |

다른 사람에게 마음을 전하는 글 쓰기 | 교과서 208~211쪽 |

→ 바른 답 302쪽

공부한 날 　월 　일 　학습평가 ☑

1 문장을 읽고, 알맞은 낱말을 써 넣어 봅시다.

1) 사람이나 그 태도 따위가 정이 많고 · 붙임성 있고 · 부드럽다

2) 한정된 개인 또는 집단만이 비밀리에 알고 있는 특별한 방법

3) 목적을 이룸 또는 뜻을 이룸

4) 일을 행함 또는 그 일

5) 일에 대하여 의견을 주고받다

6) 좋거나 알맞다고 생각되는 것을 남에게 권하다

11주 5일

2 밑줄 친 곳에 알맞은 낱말을 써 넣어 문장을 완성해 봅시다.

1) 그녀는 밝은 미소와 친절한 말투를 갖고 있어서 남들에게 _____ 인상을 준다.

2) 축구를 잘하는 아이는 축구공을 멀리 찰 수 있는 _____을 친구에게 전수했다.

3) '십 년 적공이면 한 가지 _____ 을 한다 '는 속담은 '무슨 일이든지 오랫동안 꾸준히 노력하면 마침내는 _____ 을 하게 된다'는 뜻이다.

4) 우리 반에서는 생일을 맞은 사람에게 축하 카드를 써 주는 _____를 한다.

5) 전교 어린이회에서는 2학기를 맞이해 어떤 행사를 하면 좋을지 _____.

6) 전교 어린이 회의 시간에 각 학년 학생들은 각자 하고 싶은 행사를 _____.

1 문장을 읽고, 알맞은 낱말을 써 넣어 봅시다.

1) 지금 하는 일과 전혀 관계없는 일이나 행동 _____

2) 있는 힘을 다하여 큰 소리를 질러 _____

3) 좋거나 알맞다고 생각되는 것을 남에게 권하다 _____

4) 어색하고 · 쑥스럽다 _____

5) 일을 행함 또는 그 일 _____

6) 숨을 가쁘고 거칠게 몰아쉬는 모양 _____

7) 어떤 사물이나 사실을 실제와 다르게 느끼거나 생각함
또는 그런 느낌이나 생각 _____

8) 일이나 형편이 이럴 수도 없고 · 저럴 수도 없어서 어렵다 _____

9) 사이를 바싹 눌러 붙이는 모양 _____

10) 일에 대하여 의견을 주고받다 _____

11) 사람이나 그 태도가 거짓이나 숨김이 없이 바르다 _____

12) 둘 이상의 사물을 견주었을 때 서로 다름 또는
다른 정도나 상태 _____

13) 무리에서 떨어져 뒤에 남게 되다 또는 남보다 뒤떨어지다 _____

14) 몸, 팔, 다리 따위를 이리저리 뒤틀다 _____

15) 사람이나 그 태도 따위가 정이 많고 · 붙임성 있고 ·
부드럽다 _____

→ 바른 답 302쪽

16)   사람이나 물체가 잇따라 빠르게 움직일 때 나는 소리
      또는 그 모양   _____

17)   아무 이유 없이   _____

18)   일의 형편 또는 사물의 모양 따위가 서로 같음   _____

19)   어려운 일을 헤쳐 나가려고 단단히 결심하다 또는 꾹 참다   _____

20)   힘차게 달리다   _____

21)   뜻밖의 일을 당하여 정신을 차릴 수 없을 정도로
      얼떨떨하다   _____

22)   움직이는 물체가 어떤 곳을 가로로 질러서 지나가다   _____

23)   행동이나 일 따위를 빨리하도록 다그치다   _____

24)   날카롭고 뾰족한 것으로 바닥이나 거죽을 이리저리 긁다   _____

25)   싸움을 멈추고 서로에 대해 갖고 있던 안 좋은 감정을
      풀어 없애다   _____

26)   한정된 개인 또는 집단만이 비밀리에 알고 있는
      특별한 방법   _____

27)   목적을 이룸 또는 뜻을 이룸   _____

28)   그때에야 비로소   _____

29)   여러 번 꼬인 모양   _____

30)   이어달리기에서 앞 주자가 다음 주자에게 넘겨주는 막대기   _____

2 밑줄 친 곳에 알맞은 낱말을 써 넣어 문장을 완성해 봅시다.

1) 친구는 몹시 소변이 마려운지 다리를 _____ 꼬며 화장실로 달려갔다.

2) 멀찍이서 걸어오는 친구를 보고 반갑다는 손짓을 보냈는데, 가까이서 보니 모르는 애를 친구로 _____ 을 한 것이었다.

3) 그녀는 밝은 미소와 친절한 말투를 갖고 있어서 남들에게 _____ 인상을 준다.

4) 아침에 지각을 할까봐 학교에 _____ 달음질하여 갔다.

5) "탕!"하고 출발 신호가 떨어지자 선수들은 _____ 달렸다.

6) 아이는 다음 시험에서 꼭 100점을 맞겠다고 _____ .

7) '십 년 적공이면 한 가지 _____ 을 한다 '는 속담은 '무슨 일이든지 오랫동안 꾸준히 노력하면 마침내는 _____ 을 하게 된다'는 뜻이다.

8) 전교 어린이회에서는 2학기를 맞이해 어떤 행사를 하면 좋을지 _____ .

9) 우리 반에서는 생일을 맞은 사람에게 축하 카드를 써 주는 _____ 를 한다.

10) 전학을 온 아이는 _____ 표정을 지으며 새 친구들에게 인사를 했다.

11) 영화를 보다가 무서운 장면이 나와서 두 눈을 _____ 감았다.

12) 다른 사람에게 마음을 전할 때는 자신의 감정을 _____ 표현해야 한다.

13) 아이들은 급식을 재빨리 먹어치우고 운동장으로 향해 _____ .

14) 후반전이 남아 있지만, 큰 점수 차로 지고 있어서 승부는 이미 결판난 것이나 _____ 이다.

15) 수업 중에 갑자기 화장실에 가고 싶어졌는지 친구의 표정이 이상해지더니 다리를 배배 _____ 안절부절못했다.

→ 바른 답 302쪽

16) 전교 어린이 회의 시간에 각 학년 학생들은 각자 하고 싶은 행사를 _____.

17) 수업 시간에 다리를 배배 꼬며 이상한 표정을 짓던 아이가 휴지를 들고 헐레벌떡 뛰어나가자, 친구들은 _____ 아이의 급한 사정을 알게 되었다.

18) 선수들은 악물고 뛰었지만, 시간이 흐를수록 점점 상대팀에 _____.

19) 피구를 하다가 다툼을 벌인 두 아이가 자기는 잘못이 없다고 서로 발뺌하자 담임은 _____ 표정을 지었다.

20) 지난번 시험에서 예상외의 50점을 맞고 _____, 이번 시험에서는 의외의 100점을 맞고 한 번 더 _____.

11주
평가

21) 선생님은 수업 시간 내내 _____ 을 부리는 학생들을 나무랐다.

22) 음악 시간에 학생들은 동요를 _____ 따라 부르며 즐거워했다.

23) 두 반이 학급 대항 이어달리기를 했는데, 실력 _____ 가 커서 반 바퀴나 _____ 가 났다.

24) 복도를 내달리다 실수로 내 발을 밟은 친구가 머리를 _____ 사과했다.

25) 마지막 주자에게 _____ 을 건네주다가 바닥에 떨어뜨려서 꼴등을 하고 말았다.

26) 축구를 잘하는 아이는 축구공을 멀리 찰 수 있는 _____ 을 친구에게 전수했다.

27) 수업 시작종이 울리자 놀이터에서 놀던 아이들은 운동장을 _____ 교실로 뛰어들어 갔다.

28) 말썽을 일으킨 동생 옆에 있다가 _____ 나까지 엄마한테 야단맞았다.

29) 허기를 느낀 아이는 엄마에게 빨리 간식을 달라고 _____.

30) 피구를 하다가 다퉜던 두 아이가 멋쩍은 표정으로 악수를 하며 _____.

1일 7. 글을 읽고 소개해요

| 다른 사람에게 마음을 전하는 글 쓰기 | 교과서 208~211쪽 |

결정하다

한자 결단할 결 決
정할 정 定

행동, 태도, 입장 따위를 / 분명하게 *정하다

예 엄마와 의논한 끝에 다음 달부터 영어 학원에 다니기로 **결정했다.**

* 정하다   여럿 가운데 선택하거나 판단하여 하나를 고르다

각오

한자 깨달을 각 覺
깨달을 오 悟

앞으로 닥쳐올 일에 대한 / 마음의 준비 또는 그런 마음

예 학원에 다니기로 결정한 아이는 영어를 열심히 공부하겠다는 **각오**를 *다졌다.

* 다지다   (마음이나 뜻을 단단히) 가다듬다. 차리다. 다잡다

| 재미있는 교과 연결 '앉아서 하는 피구' | 교과서 212~217쪽 |

소개하다

한자 이을 소 紹
낄 개 介

잘 알려지지 않았거나 · 모르는 / 일이나 사실 따위를 / 사람들이 잘 알 수 있도록 / 알려 주다

예 국어 시간에 '앉아서 하는 피구'를 친구들에게 **소개했다.**

자세 (몸자세)

한자 모양 자 姿
형세 세 勢

몸을 / 움직이거나 · *가누는 / 모양

예 '앉아서 하는 피구'는 공을 굴리는 사람이나 피하는 사람 모두 앉은 **자세**로 해야 한다.

* 가누다   (사람이 몸을) 바른 자세로 가지다

규칙

한자 법 규 規
법칙 칙 則

여러 사람이 / 다 함께 지키기로 정한 / 약속

예 앉아서 하는 피구는, **규칙**은 피구와 같지만, 앉은 자세로 하는 것이 특징이다.

비 규약, 규율, 규정

공격하다

한자 칠 공 攻
칠 격 擊

운동 경기나 *오락 따위에서 / 상대편을 이기기 위해 / *적극적으로 행동하다

예 피구 경기를 시작하기 위해서는 먼저 가위바위보로 **공격할** *팀을 정한다.

* 오락   게임, 노래, 춤 따위를 하거나 보며 기분을 즐겁게 하는 일

* 적극적   어떤 일에 대한 태도가 긍정적, 자발적, 진취적으로 힘을 다하는 (것)

* 팀(team, 조, 편)   두 편으로 나눠서 행하는 운동 경기의 한 편

1 문장을 읽고, 알맞은 낱말을 써 넣어 봅시다.

1) 행동, 태도, 입장 따위를 분명하게 정하다

2) 앞으로 닥쳐올 일에 대한 마음의 준비 또는 그런 마음

3) 잘 알려지지 않았거나·모르는 일이나 사실 따위를 사람들이 잘 알 수 있도록 알려 주다

4) 몸을 움직이거나·가누는 모양

5) 여러 사람이 다 함께 지키기로 정한 약속

12주
1일

6) 운동 경기나 오락 따위에서 상대편을 이기기 위해 적극적으로 행동하다

2 밑줄 친 곳에 알맞은 낱말을 써 넣어 문장을 완성해 봅시다.

1) 엄마와 의논한 끝에 다음 달부터 영어 학원에 다니기로 _____.

2) 학원에 다니기로 결정한 아이는 영어를 열심히 공부하겠다는 _____ 를 다졌다.

3) 국어 시간에 '앉아서 하는 피구'를 친구들에게 _____.

4) '앉아서 하는 피구'는 공을 굴리는 사람이나 피하는 사람 모두 앉은 _____ 로 해야 한다.

5) 앉아서 하는 피구는, _____은 피구와 같지만, 앉은 자세로 하는 것이 특징이다.

6) 피구 경기를 시작하기 위해서는 먼저 가위바위보로 _____ 팀을 정한다.

대표 (대표자)
한자 대신할 대 代
　　겉 표 表

●전체를 대표하는 / 사람

예 피구 경기를 하려고 학급 ●인원 전체를 두 ●편으로 나누고 두 편 **대표**가 가위바위보를 해서 먼저 공격할 쪽을 정했다.

● 전체(전부)　어떤 대상의 모든 부분
● 인원　　　　단체를 이루고 있는 사람들. 또는 그 사람들의 수
● 편　　　　　여러 패로 나누었을 때 그 하나하나의 쪽

기회
(찬스 chance)
한자 틀 기 機
　　모일 회 會

일이나 행동을 하기에 / 가장 좋은 / ●때

예 '주말 평가'는 ●주중에 ●학습한 국단어를 얼마나 기억하고 있는지 점검해 볼 수 있는 ●절호의 **기회**이다.

● 때　　　　좋은 기회나 알맞은 시기　　　● 주중　　일주일 중 주말이 아닌 날
● 학습하다　(지식이나 기술 따위를) 배워서 익히다
● 절호　　　(무엇을 하기에 기회나 시기 따위가) 더할 수 없이 좋음

수비하다
한자 지킬 수 守
　　갖출 비 備

외부의 침략이나 공격을 막아 / 지키다

예 굴린 공이 아무도 맞히지 못하고 벽에 닿으면, **수비하던** 친구가 공을 잡아 공격할 기회를 얻는다.

분야
한자 나눌 분 分
　　들 야 野

대상을 일정한 기준에 따라 / 여러 ●갈래로 나눈 / ●낱낱의 ●범위 또는 부분

예 '동화'와 '학습 만화'는 많은 학생이 즐겨 읽는 도서 **분야**이다.

● 갈래　　　　(하나에서 갈라져 나간) 낱낱의 가닥이나 부분
● 낱낱(개개)　여럿 가운데의 하나하나
● 범위　　　　일정하게 한정된 영역

흥미
한자 일 흥 興
　　맛 미 味

●흥을 느끼는 / ●재미

예 많은 학생이 수학에는 **흥미**를 느끼지 못하는 ●반면, 체육에는 **흥미**가 많다.

● 흥　　　즐겁고 재미있고 좋아서 일어나는 감정
● 재미　　즐거운 기분이나 느낌
● 반면　　뒤에 오는 말이 앞의 내용과 서로 반대됨을 나타내는 말

펄럭펄럭

바람에 / 빠르고 힘차게 잇따라 ●나부끼는 / 소리 또는 그 모양

예 운동장에 걸린 ●만국기가 바람에 **펄럭펄럭** 나부낀다.

● 나부끼다　(깃발, 천, 종이 따위의 가벼운 물체가) 바람을 받아 흔들리다
● 만국기　　세계 여러 나라의 국기

→ 바른 답 302쪽

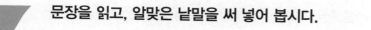

공부한 날   월   일   학습평가 ☑

1 문장을 읽고, 알맞은 낱말을 써 넣어 봅시다.

1) 전체를 대표하는 사람

2) 일이나 행동을 하기에 가장 좋은 때

3) 외부의 침략이나 공격을 막아 지키다

4) 대상을 일정한 기준에 따라 여러 갈래로 나눈 낱낱의 범위 또는 부분

5) 흥을 느끼는 재미

6) 바람에 빠르고 힘차게 잇따라 나부끼는 소리 또는 그 모양

2 밑줄 친 곳에 알맞은 낱말을 써 넣어 문장을 완성해 봅시다.

1) 피구 경기를 하려고 학급 인원 전체를 두 편으로 나누고 두 편 _____ 가 가위바위보를 해서 먼저 공격할 쪽을 정했다.

2) '주말 평가'는 주중에 학습한 국단어를 얼마나 기억하고 있는지 점검해 볼 수 있는 절호의 _____ 이다.

3) 굴린 공이 아무도 맞히지 못하고 벽에 닿으면, _____ 친구가 공을 잡아 공격할 기회를 얻는다.

4) '동화'와 '학습 만화'는 많은 학생이 즐겨 읽는 도서 _____ 이다.

5) 많은 학생이 수학에는 _____ 를 느끼지 못하는 반면, 체육에는 _____ 가 많다.

6) 운동장에 걸린 만국기가 바람에 _____ 나부낀다.

7. 글을 읽고 소개해요

국기
한자 나라 국 國
기 기 旗

한 나라를 •상징하는 / •기
예 사람들은 **국기**에 대한 경례와 애국가를 •제창한 후에 행사를 시작했다.
• **상징하다** (말로는 설명하기 힘든 추상적인 사물 · 개념 · 생각 · 느낌 따위를) 구체적인 사물로 나타내다
• **기** 국가, 단체, 행사 등을 상징하는 글자, 그림, 빛깔 등을 헝겊이나 종이 따위에 그려 막대에 매달 수 있도록 한 물건
• **제창하다** (같은 곡을 두 사람 이상이) 함께 노래하다

드디어

오랜 기다림 끝에 / 그 결과로
예 길고 길었던 수업이 끝나고 **드디어** 하교 시간이 되었다.
비 마침내, 끝내, 결국

개막식
한자 열 개 開
장막 막 幕
법 식 式

일정 기간 동안 열리는 대회나 행사에서 / 그 시작을 알리기 위해 치르는 / •의식
예 올림픽 **개막식**에서 •참가국들이 알파벳순으로 •입장하였다.
• **의식** 정해진 방식(일정한 방법이나 형식)에 따라 치르는 행사
• **참가국** 국제적 행사 · 모임 · 경기 따위에 참가한 나라
• **입장** (사람이 식장이나 경기장 따위에) 안으로 들어가다

대표하다
한자 대신할 대 代
겉 표 表

구성원이나 •단체를 •대신하여 / 일하다 또는 생각을 드러내다
예 올림픽 개막식에서 각 나라를 **대표하는** 선수들이 경기장 안으로 들어왔다.
• **단체** 같은 목적으로 모인 사람들의 일정한 조직체
• **대신하다** 역할이나 책임을 떠맡아 하다

갖가지
(가지가지)

이런저런 여러 •가지
예 놀이공원에 놀러가서 하루 •종일 **갖가지** 놀이 기구를 탔다.
• **가지** 사물을 세는 단위
• **종일(온종일)** 아침부터 저녁까지의 사이

물결

파도처럼 움직이는 / 모양이나 현상을 / 비유적으로 이르는 말
예 가을 들판에 •벼이삭들이 •황금 **물결**을 이루고 있었다.
• **벼이삭** 벼의 낟알(곡식알)이 달린 이삭(꽃이 피고 열매가 달리는 부분)
• **황금 물결** 논밭에서 벼가 누렇게 익어 물결치는 모습을 비유적으로 이르는 말

1 문장을 읽고, 알맞은 낱말을 써 넣어 봅시다.

1) 한 나라를 상징하는 기

2) 오랜 기다림 끝에 그 결과로

3) 일정 기간 동안 열리는 대회나 행사에서 그 시작을
   알리기 위해 치르는 의식

4) 구성원이나 단체를 대신하여 일하다 또는
   생각을 드러내다

5) 이런저런 여러 가지

6) 무리나 떼를 지어 움직이는 모양이나 현상을 비유적으로 이르는 말

12주
3일

2 밑줄 친 곳에 알맞은 낱말을 써 넣어 문장을 완성해 봅시다.

1) 사람들은 _____ 에 대한 경례와 애국가를 제창한 후에 행사를 시작했다.

2) 길고 길었던 수업이 끝나고 _____ 하교 시간이 되었다.

3) 올림픽 _____ 에서 참가국들이 알파벳순으로 입장하였다.

4) 올림픽 개막식에서 각 나라를 _____ 선수들이 경기장 안으로 들어왔다.

5) 놀이공원에 놀러가서 하루 종일 _____ 놀이 기구를 탔다.

6) 가을 들판에 벼이삭들이 황금 _____ 을 이루고 있었다.

세로로 | 국어교과서 | 교과서 218~229쪽

문양 (무늬)

한자 무늬 문 紋
모양 양 樣

옷감, 조각품 따위에 / °장식으로 넣는 / 여러 가지 모양

㉞ 태극 무늬는 우리나라를 상징하는 °대표적인 **문양**이다.

° 장식   겉모양을 아름답게 꾸밈. 또는 그 꾸민 모양새나 장식물

° 대표적   무엇의 성질을 가장 잘 나타내는

입장하다

한자 들 입 入
마당 장 場

극장, 식장, 경기장 따위의 / °장내로 들어가다

㉞ 영화관 입구는 **입장하는** 사람들로 °북새통을 이루고 있다.

° 장내(장중)   (어떤 일이 진행되고 있는) 장소나 일정한 구역의 안

° 북새통   북새(많은 사람이 부산스럽고 시끌시끌하게
떠드는 일)를 놓는 상황

단풍

한자 붉을 단 丹
단풍 풍 楓

가을에 나뭇잎의 빛깔이 / 빨간색, 노란색, 갈색 등으로 변하는 현상 또는 그렇게
변한 잎

㉞ 가을이 되자 초록빛 나뭇잎들에 °울긋불긋 **단풍**이 들었다.

° 울긋불긋   여러 가지의 짙고 옅은 빛깔들이 야단스럽게 뒤섞인 모양

즙 (액즙)

한자 즙 즙 汁

물기가 들어 있는 물체에서 / 짜낸 액체

㉞ 그녀는 아침마다 °믹서에 과일과 야채를 넣어 즙을 만들어 마신다.

° 믹서(mixer) 과실 · 채소 따위를 갈거나 이겨 즙을 내는 기구

시럽

영어 syrup

여러 가지 과일의 즙에 / 설탕과 °향료 따위를 넣고 / 진하게 끓인 액체

㉞ 그는 설탕단풍 나무에서 나오는 즙으로 달콤한 °메이플 **시럽**을 만들었다.

° 향료   향기(좋은 냄새)를 내는 데 쓰는 물질

° 메이플 시럽(maple syrup) 단풍나무(maple) 수액(땅속에서 나무의 줄기를 통하여
잎으로 올라가는 액)을 졸여서 만든 시럽

계시

한자 열 계 啓
보일 시 示

사람의 °지혜로는 알 수 없는 °진리를 / 신이 가르쳐 / 알게 함

㉞ 그는 꿈에서 신의 **계시**를 받고 °성직자가 되기로 결심했다.

° 지혜   사물의 이치나 상황을 깨닫고 그것에 슬기롭게 대처할(알맞은 조치를 취
할) 방법을 생각해 내는 정신 능력

° 진리   언제나 누구에게나 옳다고 인정되는 법칙이나 사실

° 성직자   사람들에게 종교적 가르침을 주는 일을 하는 사람. 목사, 신부, 스님 등을
통틀어 이르는 말

→ 바른 답 303쪽

1 문장을 읽고, 알맞은 낱말을 써 넣어 봅시다.

1) 옷감, 조각품 따위에 장식으로 넣는 여러 가지 모양

2) 극장, 식장, 경기장 따위의 장내로 들어가다

3) 가을에 나뭇잎의 빛깔이 빨간색, 노란색, 갈색 등으로 변하는 현상
또는 그렇게 변한 잎

4) 물기가 들어 있는 물체에서 짜낸 액체

5) 여러 가지 과일의 즙에 설탕과 향료 따위를 넣고 진하게 끓인 액체

6) 사람의 지혜로는 알 수 없는 진리를 신이 가르쳐 알게 함

12주
4일

2 밑줄 친 곳에 알맞은 낱말을 써 넣어 문장을 완성해 봅시다.

1) 태극 무늬는 우리나라를 상징하는 대표적인 _____ 이다.

2) 영화관 입구는 _____ 사람들로 북새통을 이루고 있다.

3) 가을이 되자 초록빛 나뭇잎들에 울긋불긋 _____ 이 들었다.

4) 그녀는 아침마다 믹서에 과일과 야채를 넣어 _____ 을 만들어 마신다.

5) 그는 설탕단풍 나무에서 나오는 즙으로 달콤한 메이플 _____ 을 만들었다.

6) 그는 꿈에서 신의 _____ 를 받고 성직자가 되기로 결심했다.

전설
한자 전할 전 傳
말씀 설 說

옛날부터 전해 내려오는 / 이야기

예 연못 안에 용이 되지 못한 이무기가 산다는 이야기는 오래전부터 마을에 *전래되던 전설이다.

• 전래되다   (아주 오래전부터) 전하여져 내려오다

출렁거리다

큰 물결을 이루며 / 자꾸 흔들리다

예 바람이 불자 운동장에 걸린 만국기들이 물결처럼 출렁거렸다.

제국 (황국)
한자 임금 제 帝
나라 국 國

*황제가 다스리는 / 나라

예 칭기즈 칸은 13세기에 *몽골족을 *통일하고 인류 역사상 가장 큰 제국을 *건설하였다.

• 황제   왕이나 제후(봉건 시대에 땅을 갖고 그 땅 안에서 살던 백성을 지배하던 사람)를 거느리고 여러 나라를 다스리는 임금

• 몽골족(몽고족)   중국 북부, 만주, 시베리아 남부에 사는 여러 민족을 통틀어 이르는 말

• 통일하다   나누어진 것들을 합쳐서 하나로 만들다

• 건설하다   (사람이 집단이나 나라 따위를) 새로 세우다

발전하다
한자 필 발 發
펼 전 展

더 앞서고 좋은 상태 또는 더 높은 단계로 / 나아가다

예 휴대폰은 처음에는 통화나 간단한 문자만 주고받을 수 있었는데, 2007년 애플이 아이폰을 *출시한 이후로 컴퓨터와 다를 바 없을 만큼 발전했다.

• 출시하다   (사람이나 회사가 상품 따위를) 시장에 내놓다

기념하다
한자 기록할 기 紀
생각 념 念

*뜻깊은 일 또는 훌륭한 인물 등을 / 오래도록 잊지 않고 / 마음속에 *간직하다

예 아빠는 결혼을 기념하는 뜻으로 엄마에게 꽃다발을 *선사했다.

• 뜻깊다   (무엇이 갖고 있는) 가치나 중요성이 크다

• 간직하다   (생각이나 기억 따위를) 마음속에 깊이 새겨 두다

• 선사하다   (존경 · 축하 · 애정의 뜻으로) 남에게 선물을 주다

금지하다
한자 금할 금 禁
그칠지 止

어떤 행위를 / 하지 못하게 / 막다

예 아이가 연락도 없이 *늦저녁에 집에 들어오자 엄마는 외출을 금지했다.

• 늦저녁   늦은 저녁때

→ 바른 답 303쪽

1 문장을 읽고, 알맞은 낱말을 써 넣어 봅시다.

1) 옛날부터 전해 내려오는 이야기

2) 큰 물결을 이루며 자꾸 흔들리다

3) 황제가 다스리는 나라

4) 더 앞서고 좋은 상태 또는 더 높은 단계로 나아가다

5) 뜻깊은 일 또는 훌륭한 인물 등을 오래도록
잊지 않고 마음속에 간직하다

6) 어떤 행위를 하지 못하게 막다

12주
5일

2 밑줄 친 곳에 알맞은 낱말을 써 넣어 문장을 완성해 봅시다.

1) 연못 안에 용이 되지 못한 이무기가 산다는 이야기는 오래전부터 마을에 전래되던
_____ 이다.

2) 바람이 불자 운동장에 걸린 만국기들이 물결처럼 _____ .

3) 칭기즈 칸은 13세기에 몽골족을 통일하고 인류 역사상 가장 큰 _____ 을
건설하였다.

4) 휴대폰은 처음에는 통화나 간단한 문자만 주고받을 수 있었는데, 2007년 애플이
아이폰을 출시한 이후로 컴퓨터와 다를 바 없을 만큼 _____ .

5) 아빠는 결혼을 _____ 뜻으로 엄마에게 꽃다발을 선사했다.

6) 아이가 연락도 없이 늦저녁에 집에 들어오자 엄마는 외출을 _____ .

1 문장을 읽고, 알맞은 낱말을 써 넣어 봅시다.

1) 어떤 행위를 하지 못하게 막다 _____

2) 사람의 지혜로는 알 수 없는 진리를 신이 가르쳐 알게 함 _____

3) 가을에 나뭇잎의 빛깔이 빨간색, 노란색, 갈색 등으로
변하는 현상 또는 그렇게 변한 잎 _____

4) 여러 사람이 다 함께 지키기로 정한 약속 _____

5) 옛날부터 전해 내려오는 이야기 _____

6) 한 나라를 상징하는 기 _____

7) 흥을 느끼는 재미 _____

8) 오랜 기다림 끝에 그 결과로 _____

9) 일정 기간 동안 열리는 대회나 행사에서 그 시작을
알리기 위해 치르는 의식 _____

10) 구성원이나 단체를 대신하여 일하다 또는
생각을 드러내다 _____

11) 행동, 태도, 입장 따위를 분명하게 정하다 _____

12) 여러 가지 과일의 즙에 설탕과 향료 따위를 넣고 진하게
끓인 액체 _____

13) 일이나 행동을 하기에 가장 좋은 때 _____

14) 앞으로 닥쳐올 일에 대한 마음의 준비 또는 그런 마음 _____

15) 더 앞서고 좋은 상태 또는 더 높은 단계로 나아가다 _____

→ 바른 답 303쪽

16) 몸을 움직이거나 · 가누는 모양　　　　　＿＿＿＿＿＿＿

17) 외부의 침략이나 공격을 막아 지키다　　　＿＿＿＿＿＿＿

18) 운동 경기나 오락 따위에서 상대편을 이기기
　　위해 적극적으로 행동하다　　　　　　　＿＿＿＿＿＿＿

19) 이런저런 여러 가지　　　　　　　　　　＿＿＿＿＿＿＿

20) 대상을 일정한 기준에 따라 여러 갈래로 나눈 낱낱의
　　범위 또는 부분　　　　　　　　　　　　＿＿＿＿＿＿＿

21) 무리나 떼를 지어 움직이는 모양이나 현상을 비유적으로
　　이르는 말　　　　　　　　　　　　　　＿＿＿＿＿＿＿

22) 큰 물결을 이루며 자꾸 흔들리다　　　　　＿＿＿＿＿＿＿

23) 물기가 들어 있는 물체에서 짜낸 액체　　　＿＿＿＿＿＿＿

24) 황제가 다스리는 나라　　　　　　　　　　＿＿＿＿＿＿＿

25) 옷감, 조각품 따위에 장식으로 넣는 여러 가지 모양　＿＿＿＿＿＿＿

26) 전체를 대표하는 사람　　　　　　　　　　＿＿＿＿＿＿＿

27) 잘 알려지지 않았거나 · 모르는 일이나 사실
　　따위를 사람들이 잘 알 수 있도록 알려 주다　＿＿＿＿＿＿＿

28) 뜻깊은 일 또는 훌륭한 인물 등을 오래도록
　　잊지 않고 마음속에 간직하다　　　　　　＿＿＿＿＿＿＿

29) 바람에 빠르고 힘차게 잇따라 나부끼는 소리 또는 그 모양　＿＿＿＿＿＿＿

30) 극장, 식장, 경기장 따위의 장내로 들어가다　＿＿＿＿＿＿＿

2 밑줄 친 곳에 알맞은 낱말을 써 넣어 문장을 완성해 봅시다.

1) 연못 안에 용이 되지 못한 이무기가 산다는 이야기는 오래전부터 마을에 전래되던 _____ 이다.

2) 아이가 연락도 없이 늦저녁에 집에 들어오자 엄마는 외출을 _____ .

3) 사람들은 _____ 에 대한 경례와 애국가를 제창한 후에 행사를 시작했다.

4) 국어 시간에 '앉아서 하는 피구'를 친구들에게 _____ .

5) 길고 길었던 수업이 끝나고 _____ 하교 시간이 되었다.

6) 학원에 다니기로 결정한 아이는 영어를 열심히 공부하겠다는 _____ 를 다졌다.

7) 앉아서 하는 피구는, _____ 은 피구와 같지만, 앉은 자세로 하는 것이 특징이다.

8) 올림픽 _____ 에서 참가국들이 알파벳순으로 입장하였다.

9) 그는 꿈에서 신의 _____ 를 받고 성직자가 되기로 결심했다.

10) 올림픽 개막식에서 각 나라를 _____ 선수들이 경기장 안으로 들어왔다.

11) 운동장에 걸린 만국기가 바람에 _____ 나부낀다.

12) 놀이공원에 놀러가서 하루 종일 _____ 놀이 기구를 탔다.

13) '주말 평가'는 주중에 학습한 국단어를 얼마나 기억하고 있는지 점검해 볼 수 있는 절호의 _____ 이다.

14) 가을 들판에 벼이삭들이 황금 _____ 을 이루고 있었다.

15) 바람이 불자 운동장에 걸린 만국기들이 물결처럼 _____ .

16) 엄마와 의논한 끝에 다음 달부터 영어 학원에 다니기로 _____ .

17)　칭기즈 칸은 13세기에 몽골족을 통일하고 인류 역사상 가장 큰 ＿＿＿＿＿＿ 을 건설하였다.

18)　태극 무늬는 우리나라를 상징하는 대표적인 ＿＿＿＿＿＿ 이다.

19)　가을이 되자 초록빛 나뭇잎들에 울긋불긋 ＿＿＿＿＿＿ 이 들었다.

20)　영화관 입구는 ＿＿＿＿＿＿ 사람들로 북새통을 이루고 있다.

21)　피구 경기를 하려고 학급 인원 전체를 두 편으로 나누고 두 편 ＿＿＿＿＿＿ 가 가위바위보를 해서 먼저 공격할 쪽을 정했다.

22)　그녀는 아침마다 믹서에 과일과 야채를 넣어 ＿＿＿＿＿＿ 을 만들어 마신다.

23)　굴린 공이 아무도 맞히지 못하고 벽에 닿으면, ＿＿＿＿＿＿ 친구가 공을 잡아 공격할 기회를 얻는다.

24)　'동화'와 '학습 만화'는 많은 학생이 즐겨 읽는 도서 ＿＿＿＿＿＿ 이다.

25)　'앉아서 하는 피구'는 공을 굴리는 사람이나 피하는 사람 모두 앉은 ＿＿＿＿＿＿ 로 해야 한다.

26)　휴대폰은 처음에는 통화나 간단한 문자만 주고받을 수 있었는데, 2007년 애플이 아이폰을 출시한 이후로 컴퓨터와 다를 바 없을 만큼 ＿＿＿＿＿＿ .

27)　많은 학생이 수학에는 ＿＿＿＿＿＿ 를 느끼지 못하는 반면, 체육에는 ＿＿＿＿＿＿ 가 많다.

28)　아빠는 결혼을 ＿＿＿＿＿＿ 뜻으로 엄마에게 꽃다발을 선사했다.

29)　피구 경기를 시작하기 위해서는 먼저 가위바위보로 ＿＿＿＿＿＿ 팀을 정한다.

30)　그는 설탕단풍 나무에서 나오는 즙으로 달콤한 메이플 ＿＿＿＿＿＿ 을 만들었다.

1 문장을 읽고, 알맞은 낱말을 써 넣어 봅시다.

1) 남의 마음이나 · 일의 속뜻을 미루어 생각하다 ( )

2) 사람이나 그 태도 따위가 정이 많고 · 붙임성 있고 ·
    부드럽다 ( )

3) 말없이 가만히 있음 또는 그런 상태 ( )

4) 행동, 태도, 입장 따위를 분명하게 정하다 ( )

5) 사물의 성질, 모양, 상태 따위가 변하여 달라짐 ( )

6) 높이여 중하게 여기다 ( )

7) 행동이나 일 따위를 빨리하도록 다그치다 ( )

8) 필요한 양이나 기준보다 적다 또는 모자라다 ( )

9) 황제가 다스리는 나라 ( )

10) 돈이나 물품을 대가를 받지 않고 남에게 그냥 주다 ( )

11) 어떤 사물이나 사실을 실제와 다르게 느끼거나 생각함
    또는 그런 느낌이나 생각 ( )

12) 뜻깊은 일 또는 훌륭한 인물 등을 오래도록 잊지 않고
    마음속에 간직하다 ( )

13) 자극에 대응하여 어떤 현상이 일어나다 ( )

14) 극장, 식장, 경기장 따위의 장내로 들어가다 ( )

15) 마음이 초조하고 불안하여 어쩔 줄 모르다 ( )

→ 바른 답 303쪽

16) 사람의 지혜로는 알 수 없는 진리를 신이 가르쳐 알게 함   (   )

17) 일 따위를 처리하여 나가다   (   )

18) 어색하고·쑥스럽다   (   )

19) 남의 일을 쓸데없이 참견하고 막아 해를 끼치다   (   )

20) 날씨나 분위기 따위가 침침하다   (   )

21) 지금 하는 일과 전혀 관계없는 일이나 행동   (   )

22) 큰 물결을 이루며 자꾸 흔들리다   (   )

23) 남이 알아듣기 어려울 정도의 낮은 목소리로
    자꾸 불평하다   (   )

24) 둘 이상의 사물을 견주었을 때 서로 다름 또는
    다른 정도나 상태   (   )

25) 앞으로 닥쳐올 일에 대한 마음의 준비 또는 그런 마음   (   )

26) 곧바로 말하지 않고 빙 둘러서 말하다   (   )

27) 대상을 일정한 기준에 따라 여러 갈래로 나눈 낱낱의 범위
    또는 부분   (   )

28) 싸움을 멈추고 서로에 대해 갖고 있던 안 좋은 감정을
    풀어 없애다   (   )

29) 일이나 형편이 이럴 수도 없고·저럴 수도 없어서 어렵다   (   )

30) 마음이 내키지 않지만 어쩔 수 없이 또는 강제로   (   )

2 밑줄 친 곳에 알맞은 낱말을 써 넣어 문장을 완성해 봅시다.

1) 전교 어린이회에서는 2학기를 맞이해 어떤 행사를 하면 좋을지 _____ .

2) 체육 선생님이 대회에 나갈 선수를 뽑는다고 말하자, 학생들은 모두 들뜬 마음으로 선생님의 말씀에 _____ .

3) 교사는 과자를 한 _____ 가져와서 학생들에게 한 봉지씩 나누어 주었다.

4) 아이는 다음 시험에서 꼭 100점을 맞겠다고 _____ .

5) 학생들은 대부분 집에 돌아갔고, 청소 _____ 인 아이들만 교실에 남았다.

6) 전교 어린이 회의 시간에 각 학년 학생들은 각자 하고 싶은 행사를 _____ .

7) 시험을 보면서 실수를 한 문제에 답을 _____ 못했다.

8) 운동회에 나갈 선수를 _____ 로 뽑자는 선생님의 말에 아이들은 가장 잘하는 사람이 나가야 하는 것 아니냐며 투덜거렸다.

9) 길고 길었던 수업이 끝나고 _____ 하교 시간이 되었다.

10) 엄마가 보이지 않자 아기의 얼굴은 금방이라도 울 것처럼 _____ 이 되었다.

11) 수업 시작종이 울리자 놀이터에서 놀던 아이들은 운동장을 _____ 교실로 뛰어들어 갔다.

12) 친구 간에 서로 _____ 마음을 갖고 있어야 좋은 관계를 유지할 수 있다.

13) 책상이 넘어지면서 책과 학용품이 교실 바닥으로 _____ 쏟아졌다.

14) 굴린 공이 아무도 맞히지 못하고 벽에 닿으면, _____ 친구가 공을 잡아 공격할 기회를 얻는다.

→ 바른 답 303쪽

15) 대화를 나눌 때에는 상대방이 하는 말을 _____ 들어야 한다.

16) 선생님은 수업 시간 내내 _____ 을 부리는 학생들을 나무랐다.

17) 피구 시합에 패한 아이들은 교실로 돌아오는 길에 계속 _____ .

18) 자신의 마음을 다른 사람에게 전할 때에는 상대가 _____ 을 느낄 수 있도록 말하는 것이 중요하다.

19) 태극 무늬는 우리나라를 상징하는 대표적인 _____ 이다.

20) 사람들은 구두쇠 영감을 놀부에 _____ .

21) 운동장에 걸린 만국기가 바람에 _____ 나부낀다.

22) 전화로 대화할 때에는 먼저 자신이 누구인지 _____ 한다.

23) 올림픽 _____ 에서 참가국들이 알파벳순으로 입장하였다.

24) 많은 학생이 수학에는 _____ 를 느끼지 못하는 반면, 체육에는 _____ 가 많다.

25) 눈앞에서 교통사고를 목격한 그는 너무 놀라서 눈이 _____ .

26) 아이가 연락도 없이 늦저녁에 집에 들어오자 엄마는 외출을 _____ .

27) 영화를 보다가 무서운 장면이 나와서 두 눈을 _____ 감았다.

28) '주말 평가'는 주중에 학습한 국단어를 얼마나 기억하고 있는지 점검해 볼 수 있는 절호의 _____ 이다.

29) 멀찍이서 걸어오는 친구를 보고 반갑다는 손짓을 보냈는데, 가까이서 보니 모르는 애를 친구로 _____ 을 한 것이었다.

30) 선수들은 악물고 뛰었지만, 시간이 흐를수록 점점 상대팀에 _____ .

13~16주

칭찬 사과 스티커

하루 공부를 잘 마쳤다면 나에게 칭찬 사과를 선물하세요.
사과 나무에 사과가 주렁주렁 열릴 때까지 열심히 공부합시다!

■ 스티커는 국어 교과서 작품 목록 이후 페이지에 있습니다.

칭찬 사과를
붙여보세요!!

13주 1일
13주 2일
13주 3일
13주 4일
13주 5일
14주 1일
14주 2일
14주 3일
15주 2일
15주 4일
15주 1일
15주 3일
14주 4일
14주 5일
16주 3일
16주 2일
16주 5일
15주 5일
16주 1일
16주 4일

온 세상 국기가 펄럭펄럭 | 교과서 218~229쪽 |

사용하다
한자 하여금 사 使
쓸 용 用

사물을 / 목적이나 °기능에 맞게 / 쓰다

예 우리나라가 일본에 나라를 강제로 빼앗겨 지배를 받던
시대에는 태극기를 °마음대로 **사용하지** 못했다.

° **기능**   (기계, 부품 따위가) 어떤 일을 해내는 능력

° **마음대로**   하고 싶은 대로

비 쓰다, 이용하다

주
한자 고을 주 州

°연방을 **구분하는** / 가장 큰 **단위의** / °행정 구역

예 미국의 국기인 성조기에는 별이 오십 개가 그려져 있는데, 이 별들은 미국 연
방을 구성하는 오십 개의 **주**를 뜻한다.

° **연방(연방국, 연합 국가)** 자치권을 가지는 여러 국가가 모여서 만들어진 국가

° **행정 구역**   국가의 일을 맡아보는 공공 기관의 힘이 미치는 범위를 정한 지역

독립
한자 홀로 독 獨
설 립 立

한 나라가 / 완전한 °자주권을 가짐

예 우리나라는 1945년에 일제의 °지배에서 벗어나 **독립**을 하였다.

° **자주권**   자신의 문제를 스스로 결정하고 처리할 수 있는 권리

° **지배**   (다른 사람 · 집단 · 사물 등을) 자기의 뜻이나
규칙대로 복종시켜 다스림

휘날리다

깃발 따위가 / 바람에 거세게 / °펄펄 나부끼다

예 사람들은 태극기를 힘차게 **휘날리며** 대한 독립 만세를 외쳤다.

° **펄펄**   (눈이나 깃발 따위가) 바람에 세차게 날리는 모양

조화롭다
한자 고를 조 調
화할 화 和

서로 / 잘 어울리는 상태에 있다

예 그들은 갖가지 악기 소리를 **조화롭게** 연주하여 아름다운 °화음을 만들었다.

° **화음**   (높이가 다른 둘 이상의) 음이 함께 울릴 때 어울려서 나는 소리

태극
한자 클 태 太
극진할 극 極

우주 °만물의 °근원인 °음양이 / 완전히 °결합되어 / 조화로운 상태

예 태극기 중앙에 있는 **태극** 문양은 조화로운 우주를 뜻한다.

° **만물**   (세상에 있는) 갖가지 모든 것

° **근원**   사물이 생겨나는 본래의 바탕(사물 · 현상의 근본을 이루는 토대)

° **음양**   만물을 만들어 내는, 반대되는 성질의 두 가지 기운. 곧 음(− −)과 양(—)

° **결합되다**   둘 이상이 서로 관계를 맺고 합쳐서 하나가 되다

→ 바른 답 303쪽

1 **문장을 읽고, 알맞은 낱말을 써 넣어 봅시다.**

1) 사물을 목적이나 기능에 맞게 쓰다

2) 연방을 구분하는 가장 큰 단위의 행정 구역

3) 한 나라가 완전한 자주권을 가짐

4) 깃발 따위가 바람에 거세게 펄펄 나부끼다

5) 서로 잘 어울리는 상태에 있다

6) 우주 만물의 근원인 음양이 완전히 결합되어 조화로운 상태

2 **밑줄 친 곳에 알맞은 낱말을 써 넣어 문장을 완성해 봅시다.**

1) 우리나라가 일본에 나라를 강제로 빼앗겨 지배를 받던 시대에는 태극기를 마음대로
_____ 못했다.

2) 미국의 국기인 성조기에는 별이 오십 개가 그려져 있는데, 이 별들은 미국 연방을
구성하는 오십 개의 _____ 를 뜻한다.

3) 우리나라는 1945년에 일제의 지배에서 벗어나 _____ 을 하였다.

4) 사람들은 태극기를 힘차게 _____ 대한 독립 만세를 외쳤다.

5) 그들은 갖가지 악기 소리를 _____ 연주하여 아름다운 화음을 만들었다.

6) 태극기 중앙에 있는 _____ 문양은 조화로운 우주를 뜻한다.

모서리

물체나 평면의 / *모가 *진 / *가장자리

㉲ 태극기의 **모서리**에 그려진 4*괘는 하늘, 땅, 물, 불을 뜻한다.

* 모   선과 선의 끝이 만난 곳. 또는 면과 면이 만난 부분
* 지다   어떤 현상이나 상태가 이루어지다
* 가장자리   물건의 둘레나 끝에 가까운 부분
* 괘(卦: 점괘 괘) 중국 고대의 복희씨가 만들었다는 글자

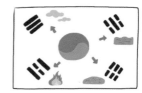

평화
한자 평평할 평 平
화할 화 和

전쟁, *분쟁, *충돌이 없이 / *평온함 또는 평온한 상태

㉲ 태극기의 흰색에는 우리나라 사람들의 **평화**를 사랑하는 마음이 *담겨 있다.

* 분쟁   패로 갈라져서 다툼   * 충돌   서로 맞부딪치거나 맞섬
* 평온   조용하고 무사히(아무런 일이 없이) 잘 있음
* 담다   내용이나 생각을 그림이나 글 따위에 나타내다

국제
한자 나라 국 國
즈음 제 際

여러 나라를 / 모으는 것 또는 모아서 하는 것

㉲ 그는 여러 나라의 학생들이 참가한 **국제** 수학 경시 대회
에서 금상을 탔다.

참가하다
한자 참여할 참 參
더할 가 加

모임이나 단체에 / *관계하여 들어가다

㉲ 올림픽과 같은 국제 경기에 **참가하는** 선수들은 개막식에서 자기 나라의 국기
를 흔들면서 경기장에 입장한다.

* 관계하다   서로 관련을 맺어 얽혀 있다

본부
한자 근본 본 本
떼 부 部

*기관, 단체 따위의 / 중심이 되는 *조직 또는 중심 조직이 있는 곳

㉲ 전쟁 *방지와 평화 유지를 위해 *설립된 국제연합은 뉴욕에 **본부**가 있다.

* 기관   사회생활의 영역에서 일정한 역할과 목적을 위해 만든 조직
* 조직   특정한 목적을 달성하기 위해 여러 개체(독립하여 존재하는 낱낱의 물체)
          를 모아서 집합체를 이룸. 또는 그 집합체(많은 것이 모여서 이룬 덩어리)
* 방지   일어나지 못하게 막음   * 설립되다   새로 만들어져 세워지다

표지 (책표지)
한자 겉 표 表
종이 지 紙

책의 맨 앞뒤의 / *겉장

㉲ 책을 소개할 때에는 먼저 책의 **표지**를 보여 주며 제목을 말한다.

* 겉장   여러 장 가운데 맨 겉에 있는 종이

초등 4-2 국가수준 학업성취도평가 | 교과서 218~229쪽 |

→ 바른 답 303쪽

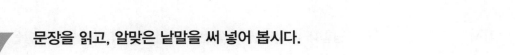

1 문장을 읽고, 알맞은 낱말을 써 넣어 봅시다.

1) 물체나 평면의 모가 진 가장자리

2) 전쟁, 분쟁, 충돌이 없이 평온함 또는 평온한 상태

3) 여러 나라를 모으는 것 또는 모아서 하는 것

4) 모임이나 단체에 관계하여 들어가다

5) 기관, 단체 따위의 중심이 되는 조직 또는 중심 조직이 있는 곳

6) 책의 맨 앞뒤의 겉장

2 밑줄 친 곳에 알맞은 낱말을 써 넣어 문장을 완성해 봅시다.

1) 태극기의 _____ 에 그려진 4괘는 하늘, 땅, 물, 불을 뜻한다.

2) 태극기의 흰색에는 우리나라 사람들의 _____ 를 사랑하는 마음이 담겨 있다.

3) 그는 여러 나라의 학생들이 참가한 _____ 수학 경시 대회에서 금상을 탔다.

4) 올림픽과 같은 국제 경기에 _____ 선수들은 개막식에서 자기 나라의 국기를 흔들면서 경기장에 입장한다.

5) 전쟁 방지와 평화 유지를 위해 설립된 국제연합은 뉴욕에 _____ 가 있다.

6) 책을 소개할 때에는 먼저 책의 _____ 를 보여 주며 제목을 말한다.

기지

한자 터 기 基
땅 지 地

군대, 탐험대 따위의 / °행동반경이 넓은 지역 등에서의 활동을 위한 / °기점으로 삼은 / 곳

예 우리나라의 °남극 세종 **기지**에서는 남극을 °연구하는 활동을 한다.

° 행동반경 사람이나 동물이 활동(움직여 행동함)할 수 있는 범위

° 기점(시작점, 시점)   어떤 것이 처음으로 일어나거나 시작하는 곳

° 남극   적도에서 남극 사이에 있는 위도 60도 이남(기준으로 삼는 곳에서부터 그 남쪽)의 지역

° 연구하다   깊이 있게 조사하고 생각하여 진리(언제나 옳은 사실)를 알아내다

함께하다
(같이하다)

경험, 일, 생활 따위를 / 한동안 °더불어 하다

예 국제 대회나 행사가 열리는 자리에는 언제나 국기가 **함께한다.**

° 더불다   둘 이상의 사람이 함께하다. 또는 무엇과 같이하다

감상문

한자 느낄 감 感
생각 상 想
글월 문 文

마음에 떠오르는 / 느낌이나 · 생각을 / 쓴 글

예 일상생활에서 보고, 듣고, 느낀 것들을 바탕으로 자신의 느낌과 생각을 적은 글을 **감상문**이라고 한다.

우정

한자 벗 우 友
뜻 정 情

친구 사이의 / °정

예 두 아이는 일 년 동안 친하게 지내면서 깊은 **우정**을 쌓았고 단짝이 되었다.

° 정   사랑이나 친근감을 느끼는 마음

간호하다

한자 볼 간 看
도울 호 護

환자나 °노약자를 / °보살피다

예 병이 든 바위나리를 **간호하던** 아기별은 너무 늦게 하늘 나라로 올라가 그 °벌로 다시는 바닷가에 내려오지 못했다.

° 노약자   늙은 사람과 약한 사람을 아울러 이르는 말

° 보살피다   정성을 기울여 보호하며 돕다

° 벌   (잘못하거나 죄지은) 사람에게 그 대가로 주는 금지나 고통 따위

시들다

꽃이나 풀 따위가 말라 / °생기가 없어지다

예 며칠 동안 화분에 물을 주지 않아서 °화초들이 모두 **시들었다.**

° 생기   활발하고 힘찬 기운

° 화초   꽃이 피는 풀과 나무

1 문장을 읽고, 알맞은 낱말을 써 넣어 봅시다.

1) 군대, 탐험대 따위의 행동반경이 넓은 지역 등에서의
   활동을 위한 기점으로 삼은 곳

2) 경험, 일, 생활 따위를 한동안 더불어 하다

3) 마음에 떠오르는 느낌이나 · 생각을 쓴 글

4) 친구 사이의 정

5) 환자나 노약자를 보살피다

6) 꽃이나 풀 따위가 말라 생기가 없어지다

2 밑줄 친 곳에 알맞은 낱말을 써 넣어 문장을 완성해 봅시다.

1) 우리나라의 남극 세종 _____ 에서는 남극을 연구하는 활동을 한다.

2) 국제 대회나 행사가 열리는 자리에는 언제나 국기가 _____ .

3) 일상생활에서 보고, 듣고, 느낀 것들을 바탕으로 자신의 느낌과 생각을 적은 글을
   _____ 이라고 한다.

4) 두 아이는 일 년 동안 친하게 지내면서 깊은 _____ 을 쌓았고 단짝이 되었다.

5) 병이 든 바위나리를 _____ 아기별은 너무 늦게 하늘 나라로 올라가 그
   벌로 다시는 바닷가에 내려오지 못했다.

6) 며칠 동안 화분에 물을 주지 않아서 화초들이 모두 _____ .

| 바위나리와 아기별의 우정 | 교과서 230~233쪽 |

모질다

•**기세가** / •매섭고 · •**사납다**

예 아기별을 기다리던 바위나리는 점점 시들다가 •그만 **모진** 바람에 바다로 날려 갔다.

• **기세**　　기운차게 뻗치는 모양이나 상태

• **매섭다**　성질이나 기세 따위가 아주 쌀쌀맞고(정다운 맛이 없고 차갑다) 날카롭다

• **사납다**　거칠고 억세다　　• **그만**　　달리 어찌할 방법이 없어서

그리워하다

곁에 없는 사람이나 사물을 / •간절히 보고 •싶어하다

예 바위나리를 **그리워하며** 울다가 빛을 잃은 아기별이 하늘 나라에서 쫓겨나 바다로 떨어진 장면이 가장 기억에 남는다.

• **간절히**　　(마음속에서 우러나와) 바라는 정도가 매우 절실하게

• **싶어하다**　('—고' 뒤에 쓰여) 하고자 하는 마음을 나타내는 말

비 그리다, 사모하다, 동경하다, 생각하다

가슴이 미어지다

가슴이 찢어지는 듯이 / 심한 고통이나 슬픔을 느끼다

예 그는 평생 고생만 하시다가 돌아가신 어머니를 생각할 때마다 **가슴이 미어졌다.**

안타깝다

다른 사람이 힘든 일을 당하여 / 불쌍하고 · 마음이 아프다

예 바위나리와 아기별의 우정이 아름다우면서도 **안타깝고** 슬펐다.

비 안쓰럽다, 애처롭다

| 책을 읽고 자신의 생각을 | 교과서 238~245쪽 |

경험하다

한자 지날 경 經　시험 험 驗

자신이 •실제로 / 보고 · 듣고 · •겪다

예 '백문이 불여일견'은 아무리 여러 번 들어도 실제로 한 번 보는 것보다는 못하다는 뜻으로, 실제로 **경험하는** 것이 중요함을 이르는 말이다.

• **실제로**　정말로 있는 그대로

• **겪다**　　일을 당하여 치르다

비 체험하다, 겪다

흐름

하나의 •줄기로 •이어져 / 진행되는 현상을 / 비유적으로 이르는 말

예 일기는 자신이 경험한 일을 시간의 **흐름**에 따라 쓴 글이다.

• **줄기**　　어떤 일이나 이야기 따위가 나아가게 되는 흐름

• **이어지다**　끊어지지 않고 계속되다

1 문장을 읽고, 알맞은 낱말을 써 넣어 봅시다.

1) 기세가 매섭고 · 사납다

2) 곁에 없는 사람이나 사물을 간절히 보고
   싶어하다

3) 가슴이 찢어지는 듯이
   심한 고통이나 슬픔을 느끼다

4) 다른 사람이 힘든 일을 당하여 불쌍하고 ·
   마음이 아프다

5) 자신이 실제로 보고 · 듣고 · 겪다

6) 하나의 줄기로 이어져 진행되는 현상을 비유적으로 이르는 말

2 밑줄 친 곳에 알맞은 낱말을 써 넣어 문장을 완성해 봅시다.

1) 아기별을 기다리던 바위나리는 점점 시들다가 그만 _____ 바람에 바다로
   날려 갔다.

2) 바위나리를 _____ 울다가 빛을 잃은 아기별이 하늘 나라에서 쫓겨나
   바다로 떨어진 장면이 가장 기억에 남는다.

3) 그는 평생 고생만 하시다가 돌아가신 어머니를 생각할 때마다 _____.

4) 바위나리와 아기별의 우정이 아름다우면서도 _____ 슬펐다.

5) '백문이 불여일견'은 아무리 여러 번 들어도 실제로 한 번 보는 것보다는 못하다는 뜻
   으로, 실제로 _____ 것이 중요함을 이르는 말이다.

6) 일기는 자신이 경험한 일을 시간의 _____ 에 따라 쓴 글이다.

화단

한자 꽃 화 花
단 단 壇

꽃을 심기 위하여 / 흙을 높게 쌓아 꾸민 / 꽃밭

예 할머니 댁 마당에는 예쁜 꽃들을 심어 놓은 **화**단이 있다.

•단　　흙이나 돌로 쌓아 올린 터(자리 · 장소)

턱

평평한 곳에 / 어느 한 부분이 / 갑자기 조금 높이 된 / 자리

예 •발목까지밖에 오지 않던 화단 **턱**은 •베짱이만큼 작게 줄어든
할아버지에겐 •절벽처럼 높아 보였다.

•발목　　다리와 발이 이어지는 관절(뼈와 뼈가 서로
　　　　맞닿아 움직일 수 있도록 연결된 부분) 부위

•베짱이　　여칫과의 곤충. 몸의 길이는 3~3.6cm이며, 색은 옅은 녹색

•절벽　　(바위가 깎아 세운 것처럼 높이 솟아 있는) 아주 험한 낭떠러지

사방

한자 넉 사 四
모 방 方

둘레의 모든 방향 또는 여러 곳 또는 •주위 •일대

예 갑자기 커진 세상에 어리둥절해진 할아버지는 **사방**을 두리번거리며
둘러보았다.

•주위　　어떤 사물이나 사람을 둘러싸고 있는 것. 또는 그 환경

•일대　　(일정한 범위 안에 있는) 어떤 지역의 전부

순식간 (순식)

한자 깜짝일 순 瞬
쉴 식 息
사이 간 間

눈을 한 번 깜짝하거나 · 숨을 한 번 쉴 만한 / •극히 짧은 •동안

예 수학 시간은 •영영 끝나지 않을 것 같은데, 체육 시간은 **순식간**에 지나간다.

•극히　　더할 수 없는 정도로

•동안　　어느 때부터 어느 때까지　　•영영(영)　　영원히 언제까지나

비 삽시간(삽시), 일순간(일순), 한순간, 일찰나(찰나), 경각

여느

•보통 또는 •예사로운

예 할아버지는 **여느** 때처럼 글을 쓰다가 잠시 •바람을 쐬러 마당으로 나왔는데,
순식간에 몸이 작게 줄어들고 말았다.

•보통　　흔히 있거나 흔히 볼 수 있음

•예사롭다　　흔히 있을 만하다

•바람(을) 쐬다　　기분 전환을 위해 바깥이나 딴 곳을 거닐거나 다니다

건네다

남에게 말을 / 걸다 또는 붙이다

예 반 아이들은 전학을 온 친구에게 이런저런 궁금한 말을 **건넸다.**

→ 바른 답 304쪽

1 문장을 읽고, 알맞은 낱말을 써 넣어 봅시다.

1) 꽃을 심기 위하여 흙을 높게 쌓아 꾸민 꽃밭

2) 평평한 곳에 어느 한 부분이 갑자기 조금 높이 된 자리

3) 둘레의 모든 방향 또는 여러 곳 또는 주위 일대

4) 눈을 한 번 깜짝하거나 · 숨을 한 번 쉴 만한 극히 짧은 동안

5) 보통 또는 예사로운

6) 남에게 말을 걸다 또는 붙이다

2 밑줄 친 곳에 알맞은 낱말을 써 넣어 문장을 완성해 봅시다.

1) 할머니 댁 마당에는 예쁜 꽃들을 심어 놓은 _____ 이 있다.

2) 발목까지밖에 오지 않던 화단 _____ 은 베짱이만큼 작게 줄어든 할아버지에겐 절벽처럼 높아 보였다.

3) 갑자기 커진 세상에 어리둥절해진 할아버지는 _____ 을 두리번거리며 둘러보았다.

4) 수학 시간은 영영 끝나지 않을 것 같은데, 체육 시간은 _____ 에 지나간다.

5) 할아버지는 _____ 때처럼 글을 쓰다가 잠시 바람을 쐬러 마당으로 나왔는데, 순식간에 몸이 작게 줄어들고 말았다.

6) 반 아이들은 전학을 온 친구에게 이런저런 궁금한 말을 _____ .

1 문장을 읽고, 알맞은 낱말을 써 넣어 봅시다.

1) 자신이 실제로 보고 · 듣고 · 겪다

2) 깃발 따위가 바람에 거세게 펄펄 나부끼다

3) 우주 만물의 근원인 음양이 완전히 결합되어 조화로운 상태

4) 평평한 곳에 어느 한 부분이 갑자기 조금 높이 된 자리

5) 군대, 탐험대 따위의 행동반경이 넓은 지역 등에서의
    활동을 위한 기점으로 삼은 곳

6) 여러 나라를 모으는 것 또는 모아서 하는 것

7) 남에게 말을 걸다 또는 붙이다

8) 기관, 단체 따위의 중심이 되는 조직 또는 중심 조직이
    있는 곳

9) 다른 사람이 힘든 일을 당하여 불쌍하고 · 마음이 아프다

10) 경험, 일, 생활 따위를 한동안 더불어 하다

11) 하나의 줄기로 이어져 진행되는 현상을 비유적으로
     이르는 말

12) 꽃이나 풀 따위가 말라 생기가 없어지다

13) 둘레의 모든 방향 또는 여러 곳 또는 주위 일대

14) 눈을 한 번 깜짝하거나 · 숨을 한 번 쉴 만한 극히 짧은 동안

→ 바른 답 304쪽

15) 기세가 매섭고 · 사납다

_____

16) 꽃을 심기 위하여 흙을 높게 쌓아 꾸민 꽃밭

_____

17) 가슴이 찢어지는 듯이 심한 고통이나 슬픔을 느끼다

_____

18) 곁에 없는 사람이나 사물을 간절히 보고 싶어하다

_____

19) 물체나 평면의 모가 진 가장자리

_____

20) 보통 또는 예사로운

_____

21) 전쟁, 분쟁, 충돌이 없이 평온함 또는 평온한 상태

_____

22) 사물을 목적이나 기능에 맞게 쓰다

_____

23) 책의 맨 앞뒤의 겉장

_____

24) 모임이나 단체에 관계하여 들어가다

_____

25) 연방을 구분하는 가장 큰 단위의 행정 구역

_____

26) 친구 사이의 정

_____

27) 한 나라가 완전한 자주권을 가짐

_____

28) 환자나 노약자를 보살피다

_____

29) 서로 잘 어울리는 상태에 있다

_____

30) 마음에 떠오르는 느낌이나 · 생각을 쓴 글

_____

2

밑줄 친 곳에 알맞은 낱말을 써 넣어 문장을 완성해 봅시다.

1) 바위나리와 아기별의 우정이 아름다우면서도 _____ 슬펐다.

2) 우리나라는 1945년에 일제의 지배에서 벗어나 _____ 을 하였다.

3) 할머니 댁 마당에는 예쁜 꽃들을 심어 놓은 _____ 이 있다.

4) 전쟁 방지와 평화 유지를 위해 설립된 국제연합은 뉴욕에 _____ 가 있다.

5) 태극기 중앙에 있는 _____ 문양은 조화로운 우주를 뜻한다.

6) 우리나라의 남극 세종 _____ 에서는 남극을 연구하는 활동을 한다.

7) 두 아이는 일 년 동안 친하게 지내면서 깊은 _____ 을 쌓았고 단짝이 되었다.

8) 우리나라가 일본에 나라를 강제로 빼앗겨 지배를 받던 시대에는 태극기를 마음대로 _____ 못했다.

9) 책을 소개할 때에는 먼저 책의 _____ 를 보여 주며 제목을 말한다.

10) 병이 든 바위나리를 _____ 아기별은 너무 늦게 하늘 나라로 올라가 그 벌로 다시는 바닷가에 내려오지 못했다.

11) 발목까지밖에 오지 않던 화단 _____ 은 베짱이만큼 작게 줄어든 할아버지에겐 절벽처럼 높아 보였다.

12) 올림픽과 같은 국제 경기에 _____ 선수들은 개막식에서 자기 나라의 국기를 흔들면서 경기장에 입장한다.

13) 며칠 동안 화분에 물을 주지 않아서 화초들이 모두 _____ .

14) 갑자기 커진 세상에 어리둥절해진 할아버지는 _____ 을 두리번거리며 둘러보았다.

15) 일상생활에서 보고, 듣고, 느낀 것들을 바탕으로 자신의 느낌과 생각을 적은 글을 _____ 이라고 한다.

→ 바른 답 304쪽

16) 미국의 국기인 성조기에는 별이 오십 개가 그려져 있는데, 이 별들은 미국 연방을 구성하는 오십 개의 _____ 를 뜻한다.

17) 사람들은 태극기를 힘차게 _____ 대한 독립 만세를 외쳤다.

18) 아기별을 기다리던 바위나리는 점점 시들다가 그만 _____ 바람에 바다로 날려 갔다.

19) 그들은 갖가지 악기 소리를 _____ 연주하여 아름다운 화음을 만들었다.

20) 국제 대회나 행사가 열리는 자리에는 언제나 국기가 _____.

21) 수학 시간은 영영 끝나지 않을 것 같은데, 체육 시간은 _____ 에 지나간다.

22) 바위나리를 _____ 울다가 빛을 잃은 아기별이 하늘 나라에서 쫓겨나 바다로 떨어진 장면이 가장 기억에 남는다.

23) 반 아이들은 전학을 온 친구에게 이런저런 궁금한 말을 _____.

24) '백문이 불여일견'은 아무리 여러 번 들어도 실제로 한 번 보는 것보다는 못하다는 뜻으로, 실제로 _____ 것이 중요함을 이르는 말이다.

25) 태극기의 _____ 에 그려진 4괘는 하늘, 땅, 물, 불을 뜻한다.

26) 그는 평생 고생만 하시다가 돌아가신 어머니를 생각할 때마다 _____.

27) 그는 여러 나라의 학생들이 참가한 _____ 수학 경시 대회에서 금상을 탔다.

28) 일기는 자신이 경험한 일을 시간의 _____ 에 따라 쓴 글이다.

29) 할아버지는 _____ 때처럼 글을 쓰다가 잠시 바람을 쐬러 마당으로 나왔는데, 순식간에 몸이 작게 줄어들고 말았다.

30) 태극기의 흰색에는 우리나라 사람들의 _____ 를 사랑하는 마음이 담겨 있다.

교과서 238~245쪽 | 배움이 자라는 배경지식

마루

전통 가옥에서 / 방과 방 사이나 · 방 앞을 / 땅바닥으로부터 높이 떨어지게 하여 / 널빤지를 길고 평평하게 깔아 놓은 / 곳

예 쥐들이 찍찍 소리를 내며 **마루** 밑을 왔다갔다해서 안절부절못했다.

덥석

갑자기 무엇을 / *닁큼 *움켜잡는 / 모양

예 아이는 종례를 마치고 *서둘러 교실을 나가려는 친구의 팔을 **덥석** 잡았다.

* 닁큼(냉큼)　머뭇거리지 않고 단번에 빨리
* 움켜잡다　손가락을 오므리어 힘 있게 꽉 잡다
* 서둘다(서두르다) 일을 빨리 끝내려고 바삐 움직이다

흉악하다

한자 흉할 흉 凶
악할 악 惡

성질이 / 사납고 · *독하고 · 악하다

예 *일제 강점기에 일본인들은 우리나라의 독립을 위해 싸운 사람들을 감옥에 가두고 고문하고 죽이는 등 **흉악한** 짓을 많이 저질렀다.

* 독하다　　마음이나 성격 따위가 모질고 잔인하다
* 일제 강점기　우리나라가 1910년 일본에 국권(국가가 행사하는 권력)을 강탈당한 이후 1945년 광복할 때까지의 시기

베틀

삼베, 무명, 명주 따위의 / 옷감을 짜는 / *도구

예 **베틀**을 처음 본 아이들은 가로세로로 실을 짜 옷감을 만들어 내는 *광경을 신기한 눈으로 바라봤다.

* 도구　　　일을 할 때 쓰는 연장
* 광경　　　벌어진 일이나 현상의 모양(어떠한 형편이나 되어 나가는 꼴)

분주히

한자 달릴 분 奔
달릴 주 走

이리저리 몹시 / 바쁘고 · *수선스럽게

예 아침 시간은 *유달리 빨리 가는 탓에 엄마는 **분주히** *식사 준비를 했고, 아이는 **분주히** 학교 갈 준비를 했다.

* 수선스럽게 말이나 행동이 떠들썩하고 시끄러워 정신이 어지럽게
* 유달리　　(다른 경우와 비교하여 두드러질 정도로) 아주 다르게
* 식사　　　아침, 점심, 저녁과 같이 일정한 시간에 음식을 먹음. 또는 그 음식

감탄

한자 느낄 감 感
탄식할 탄 歎

마음속 깊이 느껴 / 칭찬함

예 5분 만에 20문제를 풀어낸 친구의 수학 실력에 **감탄**이 *절로 나왔다.

* 절로(저절로)　　다른 힘을 빌리지 않고 저 스스로. 자연적으로

→ 바른 답 304쪽

1 문장을 읽고, 알맞은 낱말을 써 넣어 봅시다.

14주
1일

1) 전통 가옥에서 방과 방 사이나·방 앞을 땅바닥으로부터
   높이 떨어지게 하여 널빤지를 길고 평평하게 깔아 놓은 곳

2) 갑자기 무엇을 닁큼 움켜잡는 모양

3) 성질이 사납고·독하고·악하다

4) 삼베, 무명, 명주 따위의 옷감을 짜는 도구

5) 이리저리 몹시 바쁘고·수선스럽게

6) 마음속 깊이 느껴 칭찬함

2 밑줄 친 곳에 알맞은 낱말을 써 넣어 문장을 완성해 봅시다.

1) 쥐들이 찍찍 소리를 내며 _____ 밑을 왔다갔다해서 안절부절못했다.

2) 아이는 종례를 마치고 서둘러 교실을 나가려는 친구의 팔을 _____ 잡았다.

3) 일제 강점기에 일본인들은 우리나라의 독립을 위해 싸운 사람들을 감옥에 가두고 고
   문하고 죽이는 등 _____ 짓을 많이 저질렀다.

4) _____ 을 처음 본 아이들은 가로세로로 실을 짜 옷감을 만들어 내는 광경을
   신기한 눈으로 바라봤다.

5) 아침 시간은 유달리 빨리 가는 탓에 엄마는 _____ 식사 준비를 했고,
   아이는 _____ 학교 갈 준비를 했다.

6) 5분 만에 20문제를 풀어낸 친구의 수학 실력에 _____ 이 절로 나왔다.

베

°삼실, 무명실, 명주실 따위로 °짠 / °옷감

예 베짱이가 °베짱베짱 우는 소리만 들리는 깊은 밤에 할머니는 마루에 있는 베틀을 분주히 움직여서 **베**를 한 °자 한 자 짰다.

° 삼실　삼 껍질에서 뽑아낸 실
° 짜다　실이나 끈 따위를 씨와 날로 얽어서 천 따위를 만들다
° 옷감　(베·무명·비단 따위의) 옷을 만드는 데 쓰는 천
° 베짱베짱　베짱이가 잇따라 우는 소리
° 자　길이 단위의 하나로 한 자는 약 30.3cm, 치(약 3.03cm)는 한 자의 십 분의 일

금하다

한자 금할 금 禁

°충동이나 감정 따위를 / °억누르고 견디다

예 외국인의 °유창한 한국어 실력에 우리는 감탄을 **금치** 못했다.

° 충동　순간적으로 어떤 행동을 하고 싶은 욕구를 느끼게 하는 마음속의 자극
° 억누르다　(감정, 심리 현상 따위가 일어나거나 나타나지 않도록) 스스로 참다
° 유창하다　(말을 하거나 글을 읽는 것이) 막힘없이 자연스럽다

안녕하세요

완성하다

한자 완전할 완 完
　　이룰 성 成

다 이루어 / °완전한 것으로 만들다

예 할머니가 마침내 베를 **완성했**을 때, 베 짜는 모습을 처음 본 아이는 감탄을 금치 못했다.

° 완전하다　(모자람이나 흠이 없이) 필요한 것을 모두 갖추다

날 (날실)

베, 비단 따위의 천 또는 그물을 짤 때 / 세로(│) 방향으로 놓는 실

예 **날**과 씨가 고르게 °교차되어야 하나의 옷감이 완성된다.

° 교차되다　서로 엇갈리거나 마주치다

씨 (씨실)

베, 비단 따위의 천 또는 그물을 짤 때 / 가로(─) 방향으로 놓는 실

예 이 옷감은 날에 °색실을, **씨**에 흰 실을 사용하여 짠 것이다.

° 색실　물을 들인 실

날다

베, 돗자리, °가마니 따위를 짜려고 / 베틀에 날을 걸다

예 할머니가 깊은 밤에 베를 완성할 수 있었던 까닭은 달빛으로 날을 **날고**, 꽃에 비친 빛으로 씨를 °삼아 °부지런히 베를 짰기 때문이다.

° 가마니　곡식·소금 등을 담는, 짚으로 만든 용기(물건을 담는 도구)
° 삼다　(삼이나 모시 따위의) 가는 실을 비벼 꼬아 잇다
° 부지런히　일을 하는 데에 (게으름을 피우지 않고) 꾸준히 열심히

→ 바른 답 304쪽

공부한 날 월 일 학습평가 ☑

1 문장을 읽고, 알맞은 낱말을 써 넣어 봅시다.

1) 삼실, 무명실, 명주실 따위로 짠 옷감

2) 충동이나 감정 따위를 억누르고 견디다

3) 다 이루어 완전한 것으로 만들다

4) 베, 비단 따위의 천 또는 그물을 짤 때 세로(|) 방향으로 놓는 실

5) 베, 비단 따위의 천 또는 그물을 짤 때 가로(—) 방향으로 놓는 실

6) 베, 돗자리, 가마니 따위를 짜려고 베틀에 날을 걸다

2 밑줄 친 곳에 알맞은 낱말을 써 넣어 문장을 완성해 봅시다.

1) 베짱이가 베짱베짱 우는 소리만 들리는 깊은 밤에 할머니는 마루에 있는 베틀을 분주히 움직여서 _____ 를 한 자 한 자 짰다.

2) 외국인의 유창한 한국어 실력에 우리는 감탄을 _____ 못했다.

3) 할머니가 마침내 베를 _____ 때, 베 짜는 모습을 처음 본 아이는 감탄을 금치 못했다.

4) _____ 과 씨가 고르게 교차되어야 하나의 옷감이 완성된다.

5) 이 옷감은 날에 색실을, _____ 에 흰 실을 사용하여 짠 것이다.

6) 할머니가 깊은 밤에 베를 완성할 수 있었던 까닭은 달빛으로 날을 _____ , 꽃에 비친 빛으로 씨를 삼아 부지런히 베를 짰기 때문이다.

| 총총 | 밤하늘에 *촘촘하게 뜬 별들이 / *또렷또렷하게 빛나는 모양 |

⟨예⟩ 새까만 밤하늘에 **총총** 박혀 있는 별들을 올려다보았다.

* **촘촘하다**　틈 · 간격 · 구멍이 매우 좁거나 작다
* **또렷또렷하다(뚜렷뚜렷하다)**　　사물이 잘 보이도록 분명하다

| 은은히 (은연히)
한자 숨을 은 隱
숨을 은 隱 | 겉으로 뚜렷하게 드러나지 않고 / 조금 어둡고 희미하게 |

⟨예⟩ 어둠이 내려앉은 산길에 달빛이 **은은히** 깔렸다.

| 한데 | *한곳 또는 한*군데 |

⟨예⟩ 네 명의 아이들이 **한데** 모여 *쏙달쏙달 저희끼리 무슨 얘기를 하고 있다.

* **한**　　(일부 단위를 나타내는 말 앞에 쓰여) 그 수량이 '하나'임을 나타내는 말
* **군데**　　낱낱(여럿 가운데의 하나하나)의 '곳'을 세는 단위
* **쏙달쏙달(속달속달, 쑥덜쑥덜)**　　주위를 살펴 가며 남이 알아듣지 못하도록 작은
소리로 자꾸 이야기하는 소리. 또는 그 모양

| 솜씨 | 손으로 / 무엇을 만들거나 · 어떤 일을 하는 / *재주 |

⟨예⟩ 요리사는 **솜씨**가 좋아서 그가 만드는 음식들은 *하나같이
맛이 정말 좋다.

* **재주**　　무엇을 잘 할 수 있는 타고난 능력
* **하나같이**　예외 없이 모두 같다. 여럿이 모두 똑같다
비 손재주, 수품

| 기(가)막히다
한자 기운 기 氣 | 말할 수 없을 만큼 / 뛰어나고 훌륭하다 |

⟨예⟩ 할머니는 깊은 밤에 재빠르게 베 한 *필을 짜 내었을 뿐 아니라, 베를 짜는 솜
씨 또한 **기가 막혔다.**

* **필**　　(일정한 길이로 말아 놓은) 옷감을 셀 때 쓰는 단위
비 굉장하다, 대단하다, 엄청나다

| 곤충
한자 벌레 곤 昆
벌레 충 蟲 | 몸이 '머리-가슴-배'로 나뉘고 / 다리가 3쌍(6개) / 날개가 2쌍(4개)인 / 동물 |

⟨예⟩ **곤충**은 전체 동물 가운데 약 4분의 3을 *차지할 만큼 그 수가 많고 종류도 약
100만 종이 넘는다.

* **차지하다**　비율(전체 중에서 일정한 부분)을 이루다

1 **문장을 읽고, 알맞은 낱말을 써 넣어 봅시다.**

14주
3일

1) 밤하늘에 촘촘하게 뜬 별들이 또렷또렷하게 빛나는 모양

2) 겉으로 뚜렷하게 드러나지 않고 조금 어둡고 희미하게

3) 한곳 또는 한군데

4) 손으로 무엇을 만들거나·어떤 일을 하는 재주

5) 말할 수 없을 만큼 뛰어나고 훌륭하다

6) 몸이 '머리-가슴-배'로 나뉘고 다리가 3쌍(6개)
날개가 2쌍(4개)인 동물

2 **밑줄 친 곳에 알맞은 낱말을 써 넣어 문장을 완성해 봅시다.**

1) 새까만 밤하늘에 _____ 박혀 있는 별들을 올려다보았다.

2) 어둠이 내려앉은 산길에 달빛이 _____ 깔렸다.

3) 네 명의 아이들이 _____ 모여 쏙달쏙달 저희끼리 무슨 얘기를 하고 있다.

4) 요리사는 _____가 좋아서 그가 만드는 음식들은 하나같이 맛이 정말 좋다.

5) 할머니는 깊은 밤에 재빠르게 베 한 필을 짜 내었을 뿐 아니라, 베를 짜는 솜씨 또한
_____ .

6) _____ 은 전체 동물 가운데 약 4분의 3을 차지할 만큼 그 수가 많고 종류도
약 100만 종이 넘는다.

취급

한자 가질 취 取
미칠 급 扱

A(어떤 사람이나 사물)를 B(다른 사물 또는 그와 *유사한 것)로 / 여기는 일 또는 대하는 일

예 열심히 공부한 아이는 시험을 못 봤다고 *게으른 학생으로 **취급**을 *당해서 *속상했다.

* 유사하다(비슷하다)   거의 같다. 또는 닮은 점이 많다
* 게으르다   행동이 느리고 움직이기 싫어하는 성미(성질 · 마음씨 · 버릇 따위의 총칭)가 있다
* 당하다   어떤 사람에게 부당하거나 원하지 않는 일을 겪거나 입다
* 속상하다   (화가 나거나 걱정이 되어) 마음이 편하지 않고, 괴롭고, 우울하다

번뜩이다
(뻔득이다,
뻔뜩이다)

물체에 *반사된 빛이 / 잠깐씩 나타나다

예 물고기들이 수면 위로 몸을 드러낼 때마다 은빛 비늘이 **번뜩인다**.

* 반사되다   (일정한 방향으로 나아가던 빛이나 소리 따위가 다른 물체의 표면에 부딪혀서) 나아가던 방향이 바뀌다

비 번뜩번뜩하다, 번뜩거리다, 번뜩대다

침착하다

한자 잠길 침 沈
붙을 착 着

행동이 *들뜨지 않고 / *차분하다

예 아파트에 큰 불이 났지만 사람들은 어리둥절하지 않고 **침착하게** *대피했다.

* 들뜨다   어수선하게 들썽거리다   * 차분하다   매우 얌전하다
* 대피하다   위험한 상황에서 피해를 입지 않도록 다른 곳으로 잠시 몸을 피하다

향긋하다

어떤 사물이나 그 냄새가 / *은근히 *향기롭다

예 화단에 핀 국화꽃들이 **향긋한** 향기를 *그윽하게 풍긴다.

* 은근히   약하게 느낄 수 있을 만큼   * 향기롭다   향기(좋은 냄새)가 있다
* 그윽하다   느낌 따위가 드러나지 않게 깊고 은근하다

속닥이다

남이 알아듣지 못하도록 / 작은 목소리로 이야기하다

예 두 아이가 수업 시간에 계속 **속닥이다가** 교사에게 꾸지람을 들었다.

비 속닥거리다, 속닥대다, 속닥속닥하다

아담하다

한자 맑을 아 雅
맑을 담 淡

사물이 / 보기 좋게 작다

예 할머니께서는 **아담한** *텃밭에 상추와 고추를 몇 *포기씩 키우신다.

* 텃밭   집의 울타리 안에 있거나 집 가까이 있는 밭
* 포기   뿌리를 단위로 한 초목(풀과 나무)의 낱개를 세는 단위

국어 | 3~4학년군 | 교과서 238~245쪽

→ 바른 답 304쪽

1 문장을 읽고, 알맞은 낱말을 써 넣어 봅시다.

14쪽
4일

1) A(어떤 사람이나 사물)를 B(다른 사물 또는 그와 유사한 것)로
   여기는 일 또는 대하는 일

2) 물체에 반사된 빛이 잠깐씩 나타나다

3) 행동이 들뜨지 않고 차분하다

4) 어떤 사물이나 그 냄새가 은근히 향기롭다

5) 남이 알아듣지 못하도록 작은 목소리로 이야기하다

6) 사물이 보기 좋게 작다

2 밑줄 친 곳에 알맞은 낱말을 써 넣어 문장을 완성해 봅시다.

1) 열심히 공부한 아이는 시험을 못 봤다고 게으른 학생으로 _____ 을 당해서
   속상했다.

2) 물고기들이 수면 위로 몸을 드러낼 때마다 은빛 비늘이 _____.

3) 아파트에 큰 불이 났지만 사람들은 어리둥절하지 않고 _____ 대피했다.

4) 화단에 핀 국화꽃들이 _____ 향기를 그윽하게 풍긴다.

5) 두 아이가 수업 시간에 계속 _____ 교사에게 꾸지람을 들었다.

6) 할머니께서는 _____ 텃밭에 상추와 고추를 몇 포기씩 키우신다.

보물 (보화)

한자 보배 보 寶
물건 물 物

| 교과서 238~245쪽 | 베짱베짱 베 짜는 베짱이 |

매우 드물고 귀한 / •보배로운 물건

예 쥐들은 베짱이가 짠 베를 자신들이 **보물**로 소중히 여기는, 반쯤 •갉아먹은 비누와 바꾸자고 •제안했다.

• **보배롭다**   보배(아주 귀하고 소중한 물건)로 삼을 만한 가치가 있다

• **갉아먹다**   (사람이나 짐승이 음식물을) 이 따위로 긁거나 쪼아서 먹다

• **제안하다**   (다른 사람에게 어떤 일을 하자고) 의견을 내어놓다

본래

한자 근본 본 本
올 래 來

사물이나 사실이 / 전해 내려온 / 그 처음

예 몸이 작게 줄어든 할아버지가 마법 열매를 꿀꺽 삼키자, 순간 몸이 풍선처럼 부풀어 올라서 **본래** 크기로 되돌아왔다.

비 본디, 본시, 원래, 원시

가닥

| 교과서 246쪽 | 세 가닥 땋기 |

한군데서 갈려 나온 / 낱낱의 •줄이나 •줄기 따위를 / 세는 단위

예 머리를 땋을 때 많이 쓰는 방법은 세 **가닥** 땋기이다.

• **줄**   무엇을 묶는 데 쓸 목적으로 만든 가늘고 긴 물건을 통틀어 이르는 말

• **줄기**   불, 빛, 연기 따위가 길게 뻗어 나가는 것을 세는 단위

땋다

머리털이나 실 따위를 / 여러 가닥으로 갈라 / 서로 엇갈리게 해서 / 한 가닥으로 묶다

예 엄마는 내 머리를 두 갈래로 **땋아** 머리핀을 꽂아 주었다.

반복하다

한자 돌이킬 반 反
회복할 복 復

같은 일을 여러 번 / 하고 또 하다

예 공부를 잘하는 비법은 교과서를 **반복해서** 읽고, 틀린 문제를 **반복해서** 푸는 것이다.

비 되풀이하다, 거듭하다

엮다

| 교과서 247~249쪽 | 실 팔찌 만들기 |

노끈이나 실 따위의 여러 가닥을 / 이리저리 어긋나게 •묶어서 / 어떤 물건을 만들다

예 여러 가지 색깔 실을 **엮어** 만든 •팔찌를 실 팔찌라고 한다.

• **묶다**   흩어져 있는 여럿을 한군데로 모으다(합치다)

• **팔찌(팔가락지)**   (금·은 따위로 만든) 팔목에 끼는 고리 모양의 장식품

→ 바른 답 304쪽

공부한 날 　월　 　일 　학습평가 ☑ 　😊 😛 😖

1 문장을 읽고, 알맞은 낱말을 써 넣어 봅시다.

1) 매우 드물고 귀한 보배로운 물건

2) 사물이나 사실이 전해 내려온 그 처음

3) 한군데서 갈려 나온 낱낱의 줄이나 줄기 따위를 세는 단위

4) 머리털이나 실 따위를 여러 가닥으로 갈라 서로 엇갈리게 해서
   한 가닥으로 묶다

5) 같은 일을 여러 번 하고 또 하다

6) 노끈이나 실 따위의 여러 가닥을 이리저리 어긋나게
   묶어서 어떤 물건을 만들다

2 밑줄 친 곳에 알맞은 낱말을 써 넣어 문장을 완성해 봅시다.

1) 쥐들은 베짱이가 짠 베를 자신들이 _____ 로 소중히 여기는, 반쯤 갉아먹은
   비누와 바꾸자고 제안했다.

2) 몸이 작게 줄어든 할아버지가 마법 열매를 꿀꺽 삼키자, 순간 몸이 풍선처럼 부풀어
   올라서 _____ 크기로 되돌아왔다.

3) 머리를 땋을 때 많이 쓰는 방법은 세 _____ 땋기이다.

4) 엄마는 내 머리를 두 갈래로 _____ 머리핀을 꽂아 주었다.

5) 공부를 잘하는 비법은 교과서를 _____ 읽고, 틀린 문제를 _____
   푸는 것이다.

6) 여러 가지 색깔 실을 _____ 만든 팔찌를 실 팔찌라고 한다.

1 문장을 읽고, 알맞은 낱말을 써 넣어 봅시다.

1) 손으로 무엇을 만들거나 · 어떤 일을 하는 재주 _____

2) 성질이 사납고 · 독하고 · 악하다 _____

3) 다 이루어 완전한 것으로 만들다 _____

4) 노끈이나 실 따위의 여러 가닥을 이리저리 어긋나게
묶어서 어떤 물건을 만들다 _____

5) 사물이 보기 좋게 작다 _____

6) 겉으로 뚜렷하게 드러나지 않고 조금 어둡고 희미하게 _____

7) 한곳 또는 한군데 _____

8) 삼실, 무명실, 명주실 따위로 짠 옷감 _____

9) 어떤 사물이나 그 냄새가 은근히 향기롭다 _____

10) 베, 비단 따위의 천 또는 그물을 짤 때 세로(|) 방향으로
놓는 실 _____

11) 베, 비단 따위의 천 또는 그물을 짤 때 / 가로(一) 방향으로
놓는 실 _____

12) 전통 가옥에서 방과 방 사이나 · 방 앞을 땅바닥으로부터
높이 떨어지게 하여 널빤지를 길고 평평하게 깔아 놓은 곳 _____

13) 밤하늘에 촘촘하게 뜬 별들이 또렷또렷하게 빛나는 모양 _____

14) 마음속 깊이 느껴 칭찬함 _____

→ 바른 답 304쪽

14
평기

15) 베, 돗자리, 가마니 따위를 짜려고 베틀에 날을 걸다 _____

16) 같은 일을 여러 번 하고 또 하다 _____

17) 말할 수 없을 만큼 뛰어나고 훌륭하다 _____

18) 몸이 '머리-가슴-배'로 나뉘고 다리가 3쌍(6개)
날개가 2쌍(4개)인 동물 _____

19) 물체에 반사된 빛이 잠깐씩 나타나다 _____

20) 이리저리 몹시 바쁘고 · 수선스럽게 _____

21) 남이 알아듣지 못하도록 작은 목소리로 이야기하다 _____

22) 사물이나 사실이 전해 내려온 그 처음 _____

23) 삼베, 무명, 명주 따위의 옷감을 짜는 도구 _____

24) A(어떤 사람이나 사물)를 B(다른 사물 또는 그와 유사한 것)로
여기는 일 또는 대하는 일 _____

25) 한군데서 갈려 나온 낱낱의 줄이나 줄기 따위를 세는 단위 _____

26) 머리털이나 실 따위를 여러 가닥으로 갈라 서로 엇갈리게
해서 한 가닥으로 묶다 _____

27) 갑자기 무엇을 닁큼 움켜잡는 모양 _____

28) 충동이나 감정 따위를 억누르고 견디다 _____

29) 행동이 들뜨지 않고 차분하다 _____

30) 매우 드물고 귀한 보배로운 물건 _____

2 밑줄 친 곳에 알맞은 낱말을 써 넣어 문장을 완성해 봅시다.

1) 할머니는 깊은 밤에 재빠르게 베 한 필을 짜 내었을 뿐 아니라, 베를 짜는 솜씨 또한 _____ .

2) _____ 을 처음 본 아이들은 가로세로로 실을 짜 옷감을 만들어 내는 광경을 신기한 눈으로 바라봤다.

3) 열심히 공부한 아이는 시험을 못 봤다고 게으른 학생으로 _____ 을 당해서 속상했다.

4) _____ 은 전체 동물 가운데 약 4분의 3을 차지할 만큼 그 수가 많고 종류도 약 100만 종이 넘는다.

5) 여러 가지 색깔 실을 _____ 만든 팔찌를 실 팔찌라고 한다.

6) 물고기들이 수면 위로 몸을 드러낼 때마다 은빛 비늘이 _____ .

7) 이 옷감은 날에 색실을, _____ 에 흰 실을 사용하여 짠 것이다.

8) 아파트에 큰 불이 났지만 사람들은 어리둥절하지 않고 _____ 대피했다.

9) 새까만 밤하늘에 _____ 박혀 있는 별들을 올려다보았다.

10) 엄마는 내 머리를 두 갈래로 _____ 머리핀을 꽂아 주었다.

11) 할머니께서는 _____ 텃밭에 상추와 고추를 몇 포기씩 키우신다.

12) 네 명의 아이들이 _____ 모여 쏙달쏙달 저희끼리 무슨 얘기를 하고 있다.

13) 베짱이가 베짱베짱 우는 소리만 들리는 깊은 밤에 할머니는 마루에 있는 베틀을 분주히 움직여서 _____ 를 한 자 한 자 짰다.

14) 아침 시간은 유달리 빨리 가는 탓에 엄마는 _____ 식사 준비를 했고, 아이는 _____ 학교 갈 준비를 했다.

→ 바른 답 304쪽

15) 외국인의 유창한 한국어 실력에 우리는 감탄을 _____ 못했다.

16) 할머니가 마침내 베를 _____ 때, 베 짜는 모습을 처음 본 아이는 감탄을 금치 못했다.

17) 쥐들이 찍찍 소리를 내며 _____ 밑을 왔다갔다해서 안절부절못했다.

18) _____ 과 씨가 고르게 교차되어야 하나의 옷감이 완성된다.

19) 아이는 종례를 마치고 서둘러 교실을 나가려는 친구의 팔을 _____ 잡았다.

20) 화단에 핀 국화꽃들이 _____ 향기를 그윽하게 풍긴다.

21) 일제 강점기에 일본인들은 우리나라의 독립을 위해 싸운 사람들을 감옥에 가두고 고문하고 죽이는 등 _____ 짓을 많이 저질렀다.

22) 두 아이가 수업 시간에 계속 _____ 교사에게 꾸지람을 들었다.

23) 공부를 잘하는 비법은 교과서를 _____ 읽고, 틀린 문제를 _____ 푸는 것이다.

24) 어둠이 내려앉은 산길에 달빛이 _____ 깔렸다.

25) 5분 만에 20문제를 풀어낸 친구의 수학 실력에 _____ 이 절로 나왔다.

26) 쥐들은 베짱이가 짠 베를 자신들이 _____ 로 소중히 여기는, 반쯤 갉아먹은 비누와 바꾸자고 제안했다.

27) 머리를 땋을 때 많이 쓰는 방법은 세 _____ 땋기이다.

28) 할머니가 깊은 밤에 베를 완성할 수 있었던 까닭은 달빛으로 날을 _____ , 꽃에 비친 빛으로 씨를 삼아 부지런히 베를 짰기 때문이다.

29) 요리사는 _____ 가 좋아서 그가 만드는 음식들은 하나같이 맛이 정말 좋다.

30) 몸이 작게 줄어든 할아버지가 마법 열매를 꿀꺽 삼키자, 순간 몸이 풍선처럼 부풀어 올라서 _____ 크기로 되돌아왔다.

단오절 (단오) 한자 끝 단 端 낮 오 午 마디 절 節	우리나라 명절의 하나. 음력 5월 5일로, 그네뛰기, 씨름, 탈춤, 가면극 등의 놀이를 즐기며, 여자들은 ˙창포물에 머리를 감는다 예 중국에서는 음력 5월 5일 **단오절**에 손목에 실 팔찌를 걸어서 나쁜 ˙기운을 막는다. ˙**창포물** 여러해살이풀인 창포의 잎과 뿌리를 우려낸 물. 단오절에 머리를 감거나 몸을 씻는 데에 씀 ˙**기운** 하늘과 땅 사이에 가득 차서, 만물이 나고 자라는 힘의 근원 비 단오 명절, 단옷날, 수릿날, 수리, 단양, 천중절, 중오절
소원 한자 바 소 所 원할 원 願	바라고 원함 또는 바라고 원하는 일 예 실 팔찌는 팔목에 걸다가 자연스럽게 ˙닳아서 끊어지면 **소원**이 이루어진다는 이야기가 있어서 **소원** 팔찌라고도 한다. ˙**닳다** 오래 써서 낡아지거나 줄어들다 비 원, 염원, 소망
기원하다 한자 빌 기 祈 원할 원 願	˙원하는 일이 / 이루어지기를 / 빌다 예 브라질에서는 축구 경기 전에 ˙승리를 **기원하며** 손목에 실 팔찌를 건다. ˙**원하다** 무엇을 바라거나 청하다 ˙**승리** 겨루어서 이김 비 바라다, 빌다, 소원하다, 기도하다, 발원하다
준비하다 한자 준할 준 準 갖출 비 備	필요한 것을 생각해서 / 미리 갖추다 예 실은 두꺼울수록 엮기 쉬우므로 팔찌를 만들 실은 두꺼운 것으로 **준비한다**. 비 마련하다, 장만하다
매듭	실이나 끈 따위를 / 묶어서 생긴 / ˙마디 예 수건돌리기를 하려고 수건을 묶어서 **매듭**을 만들었다. ˙**마디** 실 따위가 엉키거나 맺힌 곳
꼬이다	실이나 가닥이 / 서로 이리저리 마구 ˙엉켜 / 묶이다 예 ˙바느질을 하다가 실이 심하게 **꼬여서** 가위로 잘라냈다. ˙**엉키다(엉클어지다)** 실이나 줄 따위가 풀기 힘들 정도로 서로 한데 얽히게 되다 ˙**바느질** 바늘로 옷을 짓거나 꿰매는 일

실 팔찌 만들기 | 교과서 247~249쪽

→ 바른 답 305쪽

1 문장을 읽고, 알맞은 낱말을 써 넣어 봅시다.

1) 우리나라 명절의 하나. 음력 5월 5일로, 그네뛰기, 씨름, 탈춤, 가면극 등의 놀이를 즐기며, 여자들은 창포물에 머리를 감는다

2) 바라고 원함 또는 바라고 원하는 일

3) 원하는 일이 이루어지기를 빌다

4) 필요한 것을 생각해서 미리 갖추다

5) 실이나 끈 따위를 묶어서 생긴 마디

6) 실이나 가닥이 서로 이리저리 마구 엉켜 묶이다

15주
1일

2 밑줄 친 곳에 알맞은 낱말을 써 넣어 문장을 완성해 봅시다.

1) 중국에서는 음력 5월 5일 _____ 에 손목에 실 팔찌를 걸어서 나쁜 기운을 막는다.

2) 실 팔찌는 팔목에 걸다가 자연스럽게 닳아서 끊어지면 _____ 이 이루어진다는 이야기가 있어서 _____ 팔찌라고도 한다.

3) 브라질에서는 축구 경기 전에 승리를 _____ 손목에 실 팔찌를 건다.

4) 실은 두꺼울수록 엮기 쉬우므로 팔찌를 만들 실은 두꺼운 것으로 _____ .

5) 수건돌리기를 하려고 수건을 묶어서 _____ 을 만들었다.

6) 바느질을 하다가 실이 심하게 _____ 가위로 잘라냈다.

고정하다

한자 굳을 고 固
정할 정 定

일정한 곳에 붙어서 / 움직이지 못하게 하다

예 실 팔찌를 만드는 동안 실이 움직이거나 꼬이지 않도록 셀로판테이프로 매듭 위쪽을 책상에 붙여서 **고정한다.**

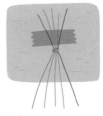

연결하다

한자 잇달을 연 連
맺을 결 結

사물과 사물 또는 현상과 현상이 ●서로 / 이어지다 또는 관계를 맺다

예 실 팔찌의 양쪽 끝을 **연결할** 때에는 끝끼리 묶어도 좋고, 다른 실로 양쪽 매듭을 함께 ●이어 줘도 좋다.

● 서로　　　　(관계되는 둘 이상 사이에서) 각각 그 상대에 대하여

● 잇다　　　　두 끝을 맞대어 붙이다

비 잇다, 잇달다, 맞붙이다

차례 (등차)

한자 버금 차 次
법식 례 例

둘 이상의 것을 / 먼저와 나중을 구분하여 / 하나씩 늘어놓은 순서

예 일하는 방법을 설명하는 글에는 '첫째, 둘째, 셋째'와 같은 **차례**가 나오는데, ●대개는 그 **차례**를 ●필히 지켜야 한다.

● 대개(대부분)　　거의 전부

● 필히　　　　무슨 일이 있어도 꼭. 반드시

충분하다

한자 채울 충 充
나눌 분 分

크기, 수량, 요구 조건 따위가 / 모자람이 없이 / 기준에 ●차고도 남음이 있다

예 교과서를 **충분히** 읽고 난 후에 문제집을 풀어야 높은 점수를 받을 수 있다.

● 차다　　　　일정한 기준이나 분량에 이르는(어떤 정도나 범위에 미치는) 상태가 되다

비 넉넉하다, 족하다

상담하다

한자 서로 상 相
말씀 담 談

문제를 해결하거나 · 궁금증을 풀기 위해 / 서로 의견을 주고받다

예 말다툼을 벌인 두 학생은 방과 후에 교실에서 담임 선생님과 **상담했다.**

증세
(증, 증상, 증후)

한자 증세 증 症
형세 세 勢

병을 앓을 때 / 몸에 나타나는 / 여러 가지 ●상태

예 아침부터 기침하고 열나는 **증세**가 있어서 학교를 결석하고 집에서 쉬었다.

● 상태　　　　(어떤 사물이나 현상 따위가) 일정한 때에 처해 있는 형편이나 모양

──≫ 바른 답 305쪽

1 　문장을 읽고, 알맞은 낱말을 써 넣어 봅시다.

1)　일정한 곳에 붙어서 움직이지 못하게 하다

2)　사물과 사물 또는 현상과 현상이 서로 이어지다 또는
　　관계를 맺다

3)　둘 이상의 것을 먼저와 나중을 구분하여 하나씩 늘어놓은 순서

15주
2일

4)　크기, 수량, 요구 조건 따위가 모자람이 없이
　　기준에 차고도 남음이 있다

5)　문제를 해결하거나 · 궁금증을 풀기 위해
　　서로 의견을 주고받다

6)　병을 앓을 때 몸에 나타나는 여러 가지 상태

2 　밑줄 친 곳에 알맞은 낱말을 써 넣어 문장을 완성해 봅시다.

1)　실 팔찌를 만드는 동안 실이 움직이거나 꼬이지 않도록 셀로판테이프로 매듭 위쪽을
　　책상에 붙여서 _____ .

2)　실 팔찌의 양쪽 끝을 _____ 때에는 끝끼리 묶어도 좋고, 다른 실로 양쪽
　　매듭을 함께 이어 줘도 좋다.

3)　일하는 방법을 설명하는 글에는 '첫째, 둘째, 셋째'와 같은 _____가
　　나오는데, 대개는 그 _____ 를 필히 지켜야 한다.

4)　교과서를 _____ 읽고 난 후에 문제집을 풀어야 높은 점수를 받을 수 있다.

5)　말다툼을 벌인 두 학생은 방과 후에 교실에서 담임 선생님과 _____ .

6)　아침부터 기침하고 열나는 _____가 있어서 학교를 결석하고 집에서 쉬었다.

처방하다

한자 곳 처 處
모 방 方

병을 치료하기 위해 / 증상에 따라 / 약을 짓다

예 의사는 환자와 상담한 후에 증세가 *호전되는 약을 **처방했다.**

* 호전되다   병의 증세가 나아지게 되다

지시

한자 가리킬 지 指
보일 시 示

잘 알아듣게 말하여 / 어떤 일을 하게 함 또는 그 내용

예 지진이 발생하자 학생들은 교사의 **지시**에 *따라
운동장으로 대피했다.

* 따르다   명령이나 의견 따위를 받아들여 행동으로 옮기다

부담

한자 질 부 負
맬 담 擔

신체의 부위에 대한 자극이 / 지나치게 많이 주어져서 / 느껴지는 힘들고 괴로운
느낌

예 지나친 운동은 몸에 **부담**을 주어 *오히려 건강에 해롭다.

* 오히려   기대와는 전혀 반대되거나 다르게

배 (곱절)

한자 곱 배 倍

일정한 수나 양 뒤에 쓰여 / 그 수만큼 *거듭됨을 나타내는 / 단위

예 감기약을 먹는 시간을 *놓쳤다고 다음에 두 **배**로 먹으면 오히려 몸에 부담만
준다.

* 거듭되다   (일·상황·말·행동이) 다시 한 번 되풀이되거나 반복적으로 되풀이되다
* 놓치다   (일하기에 적절한 시기, 때를 그냥 보내서) 할 일을 하지 못하다

효과

한자 본받을 효 效
실과 과 果

어떤 목적을 지닌 / 행위에 의해 나타나는 / 좋은 결과

예 감기약을 세 배로 먹는다고 감기약의 **효과**가 세 배가 되지는 않는다.

비 효용, 효험, 효력, 보람

비교하다

한자 견줄 비 比
견줄 교 較

둘 이상의 것을 견주어 / 비슷한 점, 다른 점, 나음과 못함 따위를 / *살피다

예 국어 시간에 「실 팔찌 만들기」와 「감기약을 먹는 방법」을 읽고, 두 글의 비슷한
점과 다른 점을 표를 만들어서 **비교했다.**

* 살피다   주의하여 빠짐없이 골고루 자세히 보다

비 견주다, 비하다, 비기다, 대조하다

→ 바른 답 305쪽

1 문장을 읽고, 알맞은 낱말을 써 넣어 봅시다.

1) 병을 치료하기 위해 증상에 따라 약을 짓다

2) 잘 알아듣게 말하여 어떤 일을 하게 함 또는 그 내용

3) 신체의 부위에 대한 자극이 지나치게 많이 주어져서 느껴지는 힘들고 괴로운 느낌

4) 일정한 수나 양 뒤에 쓰여 그 수만큼 거듭됨을 나타내는 단위

5) 어떤 목적을 지닌 행위에 의해 나타나는 좋은 결과

6) 둘 이상의 것을 견주어 비슷한 점, 다른 점, 나음과 못함 따위를 살피다

15회

3일

2 밑줄 친 곳에 알맞은 낱말을 써 넣어 문장을 완성해 봅시다.

1) 의사는 환자와 상담한 후에 증세가 호전되는 약을 _____.

2) 지진이 발생하자 학생들은 교사의 _____ 에 따라 운동장으로 대피했다.

3) 지나친 운동은 몸에 _____ 을 주어 오히려 건강에 해롭다.

4) 감기약을 먹는 시간을 놓쳤다고 다음에 두 _____ 로 먹으면 오히려 몸에 부담만 준다.

5) 감기약을 세 배로 먹는다고 감기약의 _____ 가 세 배가 되지는 않는다.

6) 국어 시간에 「실 팔찌 만들기」와 「감기약을 먹는 방법」을 읽고, 두 글의 비슷한 점과 다른 점을 표를 만들어서 _____.

장소의 변화에 따라 글의 내용 간추리기 | 교과서 252~255쪽 |

유네스코
영어 UNESCO

인류가 보존 · 보호해야 할 문화와 자연을 / 세계 *유산으로 지정해 보호하는 / *국제기구

예 유네스코라는 이름은 '국제 연합 교육 · 과학 · 문화 기구(United Nations Educational, Scientific and Cultural Organization)'의 영문 *머리글자를 따서 만들었다.

* 유산 — 옛 조상들이 남긴 가치 있는 사물이나 문화

* 국제기구(국제기관) — 국제적인 목적이나 활동을 위해서 두 나라 이상의 회원국으로 구성하는 조직체

* 머리글자(이니셜 initial) — 주로 알파벳의 표기에서, 낱말의 첫머리에 쓰는 대문자

즐거운 직업 체험 | 교과서 256~262쪽 |

직업
한자 직분 직 職
업 업 業

살아가는 데 필요한 돈을 벌기 위해 / 자신의 적성과 능력에 따라 / 일정한 기간 동안 / 하는 일

예 한 조사에 따르면 초등학생의 *희망 직업 1위는 운동선수이고, 2위는 교사이다.

* 희망 — 어떤 일을 이루거나 얻고자 기대하고 바람

체험
한자 몸 체 體
시험 험 驗

어떤 일을 자신이 실제로 / 보고 · 듣고 · 겪음

예 농촌 마을로 체험 학습을 온 학생들은 *땡볕에서 고구마를 캤다.

* 땡볕 — 따갑게 내리쬐는 뜨거운 햇볕

비 경험

활발하다
한자 살 활 活
물 뿌릴 발 潑

사람이나 그 성격, 태도가 / 생기 있고 · 힘차다

예 아이는 성격이 활발해서 반 친구들과 *두루 친하다.

* 두루 — 빠짐없이 골고루

도착하다
한자 이를 도 到
붙을 착 着

목적한 곳에 / 이르다 또는 닿다

예 학교에서 9시에 출발하여 직업 *체험관에 10시에 도착했다.

* 체험관 — 어떤 일을 실제로 보고 듣고 겪을 수 있는 환경을 갖추고 있는 곳

소품
한자 작을 소 小
물건 품 品

작은 크기의 / 물품

예 미술 시간에 클레이로 *장식용 소품을 만들어 내 방의 책꽂이에 올려놓았다.

* 장식용 — 겉모양을 아름답게 꾸미는 데 씀. 또는 그런 물건

→ 바른 답 305쪽

1 문장을 읽고, 알맞은 낱말을 써 넣어 봅시다.

1) 인류가 보존·보호해야 할 문화와 자연을
세계 유산으로 지정해 보호하는 국제기구

2) 살아가는 데 필요한 돈을 벌기 위해 자신의 적성과 능력에 따라
일정한 기간 동안 하는 일

3) 어떤 일을 자신이 실제로 보고·듣고·겪음

4) 사람이나 그 성격, 태도가 생기 있고·힘차다

5) 목적한 곳에 이르다 또는 닿다

6) 작은 크기의 물품

15주
4일

2 밑줄 친 곳에 알맞은 낱말을 써 넣어 문장을 완성해 봅시다.

1) _____ 라는 이름은 '국제 연합 교육·과학·문화 기구'의 영문 머리글자를
따서 만들었다.

2) 한 조사에 따르면 초등학생의 희망 _____ 1위는 운동선수이고, 2위는
교사이다.

3) 농촌 마을로 _____ 학습을 온 학생들은 땡볕에서 고구마를 캤다.

4) 아이는 성격이 _____ 반 친구들과 두루 친하다.

5) 학교에서 9시에 출발하여 직업 체험관에 10시에 _____ .

6) 미술 시간에 클레이로 장식용 _____을 만들어 내 방의 책꽂이에 올려놓았다.

설계하다

한자 베풀 설 設
셀 계 計

건축물, 구조물, 기계 따위를 만들기 위해 / 계획을 세워 / •도면으로 그 내용을
•밝히다
예 소품 설계관에 가서 어머니께 드릴 머리 끈을 **설계한** 후에
　　직접 만들었다.
* 도면　　　공간의 구조와 그 안의 있는 물체를 나타낸 그림
* 밝히다　　(드러나지 않거나 알려지지 않은 사실, 생각 따위를) 드러내 알리다

디자이너

영어 designer

옷, 제품, 작품, 건축물 따위를 어떻게 만들지 / 설계하거나 · 설계한 것을 그림으
로 나타내는 / 일을 전문으로 하는 / 사람
예 할아버지께 드릴 손수건을 •손수 설계해서 만드니 진짜 **디자이너**가 된 것 같
　　아 뿌듯했다.
* 손수　　　(남의 힘을 빌리지 않고) 직접 자기 손으로

제빵

한자 지을 제 製

빵을 만듦
예 •제빵사가 꿈인 그는 매일 학원에서 가서 **제빵**을 연습한다.
* 제빵사　　빵 만드는 일을 직업으로 하는 사람

중앙

한자 가운데 중 中
가운데 앙 央

사물의 / •한가운데가 되는 / 곳
예 •선분의 **중앙**에 있는 중점은 선분의 양 끝점으로부터 같은 거리에 있다.
* 한가운데(정중, 한중간) (시간 · 공간의 가운데 중에서도) 가장 중심이 되는 곳
* 선분　　　두 점을 곧게 이은 선

광장

한자 넓을 광 廣
마당 장 場

도시 속의 •개방된 장소로서 / 많은 사람이 / 모일 수 있고 · 자유롭게 이용할 수
있는 / 넓은 •공간
예 많은 사람이 모일 수 있도록 만들어 놓은, 넓게 비어 있는 공간인 **광장**에서는
　　역사적인 사건이 많이 벌어진다.
* 개방되다　(문이나 공간이) 열려 자유롭게 드나들거나
　　　　　　이용할 수 있게 되다
* 공간　　　아무것도 없는 빈 곳

공항 (항공항)

한자 빌 공 空
항구 항 港

비행기가 뜨고 내리는 / 시설을 갖춘 곳
예 **공항**은 비행기가 뜨고 내리는 데 적합한 넓고 평탄한 지역에 •위치한다.
* 위치하다　사물이 일정한 곳에 자리를 차지하다(자기 몫으로 갖다)

동가운데 직역 제빵 | 교과서 256~262쪽 |

→ 바른 답 305쪽

1 **문장을 읽고, 알맞은 낱말을 써 넣어 봅시다.**

1) 건축물, 구조물, 기계 따위를 만들기 위해 계획을
   세워 도면으로 그 내용을 밝히다

2) 옷, 제품, 작품, 건축물 따위를 어떻게 만들지
   설계하거나 · 설계한 것을 그림으로 나타내는
   일을 전문으로 하는 사람

15쪽
5일

3) 빵을 만듦

4) 사물의 한가운데가 되는 곳

5) 도시 속의 개방된 장소로서 많은 사람이 모일 수 있고 ·
   자유롭게 이용할 수 있는 넓은 공간

6) 비행기가 뜨고 내리는 시설을 갖춘 곳

2 **밑줄 친 곳에 알맞은 낱말을 써 넣어 문장을 완성해 봅시다.**

1) 소품 설계관에 가서 어머니께 드릴 머리 끈을 _____ 후에 직접 만들었다.

2) 할아버지께 드릴 손수건을 손수 설계해서 만드니 진짜 _____ 가 된 것
   같아 뿌듯했다.

3) 제빵사가 꿈인 그는 매일 학원에서 가서 _____ 을 연습한다.

4) 선분의 _____ 에 있는 중점은 선분의 양 끝점으로부터 같은 거리에 있다.

5) 많은 사람이 모일 수 있도록 만들어 놓은, 넓게 비어 있는 공간인 _____
   에서는 역사적인 사건이 많이 벌어진다.

6) _____ 은 비행기가 뜨고 내리는 데 적합한 넓고 평탄한 지역에 위치한다.

1 문장을 읽고, 알맞은 낱말을 써 넣어 봅시다.

1) 실이나 가닥이 서로 이리저리 마구 엉켜 묶이다 _____

2) 비행기가 뜨고 내리는 시설을 갖춘 곳 _____

3) 목적한 곳에 이르다 또는 닿다 _____

4) 인류가 보존·보호해야 할 문화와 자연을
세계 유산으로 지정해 보호하는 국제기구 _____

5) 병을 치료하기 위해 증상에 따라 약을 짓다 _____

6) 어떤 일을 자신이 실제로 보고·듣고·겪음 _____

7) 병을 앓을 때 몸에 나타나는 여러 가지 상태 _____

8) 잘 알아듣게 말하여 어떤 일을 하게 함 또는 그 내용 _____

9) 신체의 부위에 대한 자극이 지나치게 많이 주어져서
느껴지는 힘들고 괴로운 느낌 _____

10) 둘 이상의 것을 견주어 비슷한 점, 다른 점,
나음과 못함 따위를 살피다 _____

11) 일정한 곳에 붙어서 움직이지 못하게 하다 _____

12) 일정한 수나 양 뒤에 쓰여 그 수만큼 거듭됨을
나타내는 단위 _____

13) 필요한 것을 생각해서 미리 갖추다 _____

14) 둘 이상의 것을 먼저와 나중을 구분하여 하나씩
늘어놓은 순서 _____

15) 옷, 제품, 작품, 건축물 따위를 어떻게 만들지 설계하거나·
설계한 것을 그림으로 나타내는 일을 전문으로 하는 사람 _____

→ 바른 답 305쪽

16) 우리나라 명절의 하나. 음력 5월 5일로, 그네뛰기, 씨름, 탈춤, 가면극
    등의 놀이를 즐기며, 여자들은 창포물에 머리를 감는다   _____

17) 원하는 일이 이루어지기를 빌다   _____

18) 문제를 해결하거나 · 궁금증을 풀기 위해
    서로 의견을 주고받다   _____

19) 어떤 목적을 지닌 행위에 의해 나타나는 좋은 결과   _____

20) 살아가는 데 필요한 돈을 벌기 위해 자신의 적성과
    능력에 따라 일정한 기간 동안 하는 일   _____

21) 실이나 끈 따위를 묶어서 생긴 마디   _____

22) 사람이나 그 성격, 태도가 생기 있고 · 힘차다   _____

23) 사물과 사물 또는 현상과 현상이 서로 이어지다 또는
    관계를 맺다   _____

24) 작은 크기의 물품   _____

25) 건축물, 구조물, 기계 따위를 만들기 위해 계획을
    세워 도면으로 그 내용을 밝히다   _____

26) 크기, 수량, 요구 조건 따위가 모자람이 없이
    기준에 차고도 남음이 있다   _____

27) 빵을 만듦   _____

28) 사물의 한가운데가 되는 곳   _____

29) 도시 속의 개방된 장소로서 많은 사람이 모일 수 있고 ·
    자유롭게 이용할 수 있는 넓은 공간   _____

30) 바라고 원함 또는 바라고 원하는 일   _____

2 밑줄 친 곳에 알맞은 낱말을 써 넣어 문장을 완성해 봅시다.

1) 수건돌리기를 하려고 수건을 묶어서 _____ 을 만들었다.

2) 일하는 방법을 설명하는 글에는 '첫째, 둘째, 셋째'와 같은 _____가
   나오는데, 대개는 그 _____ 를 필히 지켜야 한다.

3) 할아버지께 드릴 손수건을 손수 설계해서 만드니 진짜 _____ 가 된 것
   같아 뿌듯했다.

4) 감기약을 먹는 시간을 놓쳤다고 다음에 두 _____ 로 먹으면 오히려
   몸에 부담만 준다.

5) 브라질에서는 축구 경기 전에 승리를 _____ 손목에 실 팔찌를 건다.

6) 아이는 성격이 _____ 반 친구들과 두루 친하다.

7) 한 조사에 따르면 초등학생의 희망 _____ 1위는 운동선수이고, 2위는
   교사이다.

8) 교과서를 _____ 읽고 난 후에 문제집을 풀어야 높은 점수를 받을 수
   있다.

9) 아침부터 기침하고 열나는 _____가 있어서 학교를 결석하고 집에서
   쉬었다.

10) 실 팔찌의 양쪽 끝을 _____ 때에는 끝끼리 묶어도 좋고, 다른 실로 양쪽
    매듭을 함께 이어 줘도 좋다.

11) 지나친 운동은 몸에 _____ 을 주어 오히려 건강에 해롭다.

12) 지진이 발생하자 학생들은 교사의 _____ 에 따라 운동장으로
    대피했다.

13) _____ 은 비행기가 뜨고 내리는 데 적합한 넓고 평탄한 지역에 위치한다.

14) 중국에서는 음력 5월 5일 _____ 에 손목에 실 팔찌를 걸어서 나쁜
    기운을 막는다.

15) 학교에서 9시에 출발하여 직업 체험관에 10시에 _____ .

16) 실 팔찌는 팔목에 걸다가 자연스럽게 닳아서 끊어지면 _____ 이 이루어진다는 이야기가 있어서 _____ 팔찌라고도 한다.

17) 감기약을 세 배로 먹는다고 감기약의 _____ 가 세 배가 되지는 않는다.

18) 실은 두꺼울수록 엮기 쉬우므로 팔찌를 만들 실은 두꺼운 것으로 _____ .

19) 소품 설계관에 가서 어머니께 드릴 머리 끈을 _____ 후에 직접 만들었다.

20) 선분의 _____ 에 있는 중점은 선분의 양 끝점으로부터 같은 거리에 있다.

21) 바느질을 하다가 실이 심하게 _____ 가위로 잘라냈다.

22) 말다툼을 벌인 두 학생은 방과 후에 교실에서 담임 선생님과 _____ .

23) 농촌 마을로 _____ 학습을 온 학생들은 땡볕에서 고구마를 캤다.

24) 많은 사람이 모일 수 있도록 만들어 놓은, 넓게 비어 있는 공간인 _____ 에서는 역사적인 사건이 많이 벌어진다.

25) _____ 라는 이름은 '국제 연합 교육 · 과학 · 문화 기구'의 영문 머리글자를 따서 만들었다.

26) 국어 시간에 「실 팔찌 만들기」와 「감기약을 먹는 방법」을 읽고, 두 글의 비슷한 점과 다른 점을 표를 만들어서 _____ .

27) 미술 시간에 클레이로 장식용 _____ 을 만들어 내 방의 책꽂이에 올려놓았다.

28) 제빵사가 꿈인 그는 매일 학원에서 가서 _____ 을 연습한다.

29) 의사는 환자와 상담한 후에 증세가 호전되는 약을 _____ .

30) 실 팔찌를 만드는 동안 실이 움직이거나 꼬이지 않도록 셀로판테이프로 매듭 위쪽을 책상에 붙여서 _____ .

15주
평가

8. 글의 흐름을 생각해요

발굴

한자 필 발 發
팔 굴 掘

땅속에 묻혀 있는 / *유적이나 *유물 따위를 / 파냄

예 이 지역에서 *선사시대의 유물이 발견되어 현재 **발굴**이 진행되고 있다.

* 유적 (무덤, 궁궐 터, 집터 따위의) 조상들이 남긴 흔적이 있는 자리
* 유물 앞선 세대의 인류가 후세에 남긴 물건
* 선사 시대 문자로 역사적 사실을 기록하기 시작한 시대의 이전 시대

기대하다

한자 기약할 기 期
기다릴 대 待

어떤 일이 / 원하는 대로 이루어지기를 / 바라고 · 기다리다

예 그는 복권에 *당첨된 적이 없지만, 복권을 살 때마다 당첨을 **기대한다.**

* 당첨 제비뽑기나 추첨에 뽑힘
비 바라다, 기다리다, 기망하다

소방

한자 사라질 소 消
막을 방 防

화재를 예방하고 · 불을 끔

예 오늘 학교에서 화재가 발생할 때를 *대비한 **소방** *훈련을 *실시했다.

* 대비하다 앞으로 일어날지도 모르는 일에 대응하기 위하여 미리 준비하다
* 훈련 기본자세나 동작 따위를 되풀이하여 익힘
* 실시하다 (어떤 일이나 제도 따위를) 실제로 행하다

복장 (옷차림)

한자 옷 복 服
꾸밀 장 裝

옷을 차려입은 / 모양새 또는 그 옷

예 체육 시간에 교사는 치마나 청바지를 입는 등 **복장**이 불량한 학생들에게 *주의를 주었다.

* 주의 잘못에 대해 조심하도록 말해 주거나 가르쳐서 깨닫게 함. 또는 그러한 말이나 행위

출동하다

한자 날 출 出
움직일 동 動

군대, 경찰, 소방대 따위가 / 일정한 목적을 *실행하기 위해 / 떠나다

예 산에서 연기가 *자욱하게 피어오르자 소방차들이 급히 **출동했다.**

* 실행하다 실제의 행동으로 옮기다
* 자욱하다(자옥하다) 연기나 안개 따위가 잔뜩 끼어 매우 흐릿하다

적성

한자 맞을 적 適
성품 성 性

어떤 일에 알맞은 / 성질 또는 *소질

예 계산을 잘 못하는 아이는 수학이 자신의 **적성**에 맞지 않는다고 생각했다.

* 소질 어떤 일에 대한 타고난 재주와 능력

초등 국어 교과서 256~262쪽 | 교과서 어휘랑 직접 연결되는

1 문장을 읽고, 알맞은 낱말을 써 넣어 봅시다.

1) 땅속에 묻혀 있는 유적이나 유물 따위를 파냄

2) 어떤 일이 원하는 대로 이루어지기를 바라고ㆍ기다리다

3) 화재를 예방하고ㆍ불을 끔

4) 옷을 차려입은 모양새 또는 그 옷

5) 군대, 경찰, 소방대 따위가 일정한 목적을 실행하기 위해 떠나다

6) 어떤 일에 알맞은 성질 또는 소질

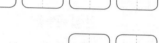

2 밑줄 친 곳에 알맞은 낱말을 써 넣어 문장을 완성해 봅시다.

1) 이 지역에서 선사시대의 유물이 발견되어 현재 _____ 이 진행되고 있다.

2) 그는 복권에 당첨된 적이 없지만, 복권을 살 때마다 당첨을 _____ .

3) 오늘 학교에서 화재가 발생할 때를 대비한 _____ 훈련을 실시했다.

4) 체육 시간에 교사는 치마나 청바지를 입는 등 _____ 이 불량한 학생들에게 주의를 주었다.

5) 산에서 연기가 자욱하게 피어오르자 소방차들이 급히 _____ .

6) 계산을 잘 못하는 아이는 수학이 자신의 _____ 에 맞지 않는다고 생각했다.

즐거운 직업 체험 | 교과서 256~262쪽 |

보람

어떤 일을 한 뒤에 얻어지는 / 좋은 결과 또는 *만족스러운 느낌

예 주말 내내 공부를 하느라 힘들었지만, 시험을 잘 봐서 **보람**이 느껴졌다.

* 만족스럽다 (일이나 행위가 모자람이 없이) 마음에 들어 흐뭇한
  데가 있다

비 효과, 효력

관심 (관념)

한자 관계할 관 關
마음 심 心

어떤 것에 마음이 끌려 / *주의를 *기울임 또는 그런 마음이나 주의

예 직업의 세계에 **관심**을 갖고 *살펴보면 자신에게 딱 맞는 직업을 찾을 수 있다.

* 주의 　　어떤 곳이나 일에 정신을 집중함
* 기울임 　정성이나 노력 따위를 한곳으로 모음
* 살펴보다 　관심을 갖고 하나하나 자세히 보다

우리 지역을 소개하는 글 쓰기 | 교과서 263~267쪽 |

지역

한자 땅 지 地
지경 역 域

자연적, 사회적, 문화적 특성에 따라 / 일정하게 나눈 / *지리적 공간

예 높은 산이 있는 **지역**에서는 이동 *수단으로 케이블카나 모노레일을 이용한다.

* 지리적 　지구상의 기후, 생물, 물과 육지, 산과 강, 도시,
  　　　　 인구 따위의 상태에 관한
* 수단 　　어떤 목적을 이루기 위한 방법. 또는 그 도구

자랑거리 (자랑감)

남에게 드러내어 / *자랑할 만한 *거리

예 한글은 세계가 인정하는 *우수한 문자로, 우리나라의 **자랑거리**이다.

* 자랑하다 　무엇이 훌륭하거나 칭찬을 받을 만한 것임을 드러내어 말하다
* 거리 　　　감(내용)이 되는 재료
* 우수하다 　(수준이나 실력 따위가) 여럿 중에 훨씬 훌륭하거나 앞서 있다

특산물

한자 특별할 특 特
낳을 산 産
물건 물 物

어떤 지역에서 / 특별히 *생산되는 / 물품

예 한라봉은 제주 지역의 대표적인 **특산물**이다.

* 생산되다 　(물품, 농산물, 작품 따위가) 만들어지거나 재배되다

한지

한자 한국 한 韓
종이 지 紙

닥나무 껍질 따위로 만든 / 한국 고유의 종이

예 닥나무의 껍질을 삶은 다음 곱게 펴 말려서 만드는 **한지**는 *질겨서 잘 찢어지
지 않고 천 년이 지나도 색이 변하지 않는다.

* 질기다 　(쉽게 닳거나 끊어지지 않고) 견디는 힘이 세다

1 **문장을 읽고, 알맞은 낱말을 써 넣어 봅시다.**

1) 어떤 일을 한 뒤에 얻어지는 좋은 결과 또는 만족스러운 느낌

2) 어떤 것에 마음이 끌려 주의를 기울임 또는 그런 마음이나 주의

3) 자연적, 사회적, 문화적 특성에 따라 일정하게 나눈 지리적 공간

4) 남에게 드러내어 자랑할 만한 거리

5) 어떤 지역에서 특별히 생산되는 물품

6) 닥나무 껍질 따위로 만든 한국 고유의 종이

16주
2일

2 **밑줄 친 곳에 알맞은 낱말을 써 넣어 문장을 완성해 봅시다.**

1) 주말 내내 공부를 하느라 힘들었지만, 시험을 잘 봐서 _____ 이 느껴졌다.

2) 직업의 세계에 _____ 을 갖고 살펴보면 자신에게 딱 맞는 직업을 찾을 수 있다.

3) 높은 산이 있는 _____ 에서는 이동 수단으로 케이블카나 모노레일을 이용한다.

4) 한글은 세계가 인정하는 우수한 문자로, 우리나라의 _____ 이다.

5) 한라봉은 제주 지역의 대표적인 _____ 이다.

6) 닥나무의 껍질을 삶은 다음 곱게 펴 말려서 만드는 _____ 는 질겨서 잘 찢어지지 않고 천 년이 지나도 색이 변하지 않는다.

우리 지역을 소개하는 글 쓰기 | 교과서 263~267쪽 |

보관하다

한자 지킬 보 保
대롱 관 管

물건을 *맡아 / 지키고 *관리하다

예 여름철에는 우유가 금방 상하기 때문에 반드시 냉장고에 **보관해야** 한다.

* **맡다**　　어떤 물건을 받아 보관하다
* **관리하다**　시설이나 물건을 유지하고 개량하다(나쁜 점을
　　　　　　고쳐 좋게 하다)

지명

한자 땅 지 地
이름 명 名

마을이나 지역 따위의 / 이름

예 괴산 지역 이름은 고려 시대에는 '괴주'라고 불리다가, 조선 태종 때부터는 지
　금 이름인 '괴산'이라는 **지명**으로 불렸다.

수출하다

한자 보낼 수 輸
날 출 出

*국내의 상품이나 기술을 / *외국으로 팔아 내보내다

예 괴산 지역의 특산물인 한지는 질기고 보관하기 좋아
　외국으로 많이 **수출한다.**

* **국내**　　나라의 안
* **외국**　　(자기 나라가 아닌) 다른 나라

리

한자 마을 리 里

거리의 단위 (1리는 *약 393미터)

예 장승은 10**리**나 5**리** 간격으로 있어서 *이정표 구실을 하거나, 마을을 지키는
　*수호신 역할을 했다.

* **약**　　　어떤 수량에 거의 가까운 정도를 표시하는 말
* **이정표**　일정한 지점까지의 방향이나 거리 등을 적어 세워 놓은 표지
* **수호신**　(국가 · 민족 · 개인 등을) 지키고 보호해 주는 신

옛길

예전에 다니던 / 길

예 괴산에는 사오랑 마을에서 산골 마을인 산막이 마을까지 연결되는 10리에
　*걸친 **옛길**이 있다.

* **걸치다**　(일이나 현상 따위가 일정한 시간 · 공간 · 횟수를 거쳐) 계속 이어지다

산책로
(산책길)

한자 흩을 산 散
꾀 책 策
길 로 路

*산책을 할 수 있게 만든 / 길

예 그들은 아침마다 호수 주변의 **산책로**를 *거닐며 많은 이야기를 나누었다.

* **산책**　　휴식을 취하거나 건강을 위하여 멀지 않은 거리를 천천히 걷는 일
* **거닐다**　가까운 거리를 이리저리 한가로이 걷다

→ 바른 답 305쪽

1 문장을 읽고, 알맞은 낱말을 써 넣어 봅시다.

1) 물건을 맡아 지키고 관리하다

2) 마을이나 지역 따위의 이름

3) 국내의 상품이나 기술을 외국으로 팔아 내보내다

4) 거리의 단위 (1리는 약 393미터)

5) 예전에 다니던 길

6) 산책을 할 수 있게 만든 길

2 밑줄 친 곳에 알맞은 낱말을 써 넣어 문장을 완성해 봅시다.

1) 여름철에는 우유가 금방 상하기 때문에 반드시 냉장고에 _____ 한다.

2) 괴산 지역 이름은 고려 시대에는 '괴주'라고 불리다가, 조선 태종 때부터는 지금 이름인 '괴산'이라는 _____ 으로 불렸다.

3) 괴산 지역의 특산물인 한지는 질기고 보관하기 좋아 외국으로 많이 _____.

4) 장승은 10 _____ 나 5 _____ 간격으로 있어서 이정표 구실을 하거나, 마을을 지키는 수호신 역할을 했다.

5) 괴산에는 사오랑 마을에서 산골 마을인 산막이 마을까지 연결되는 10리에 걸친 _____ 이 있다.

6) 그들은 아침마다 호수 주변의 _____ 를 거닐며 많은 이야기를 나누었다.

16주
3일

우리 지역을 소개하는 글 쓰기 | 교과서 263~267쪽 |

오르막

*비탈져 올라가는 / 길

예 자전거를 타고 신나게 *내리막을 달리다가 **오르막**에 *접어들자 한숨이 절로 나왔다.

* 비탈지다　(큰 각도로) 기울어진 상태에 있다
* 내리막　　높은 곳에서 낮은 곳으로 내려가는 길
* 접어들다　(일정한 지점이나 길로) 들어서다

나루

강, 내, 좁은 바닷물에서 / 배가 건너다니는 / 일정한 곳

예 **나루**는 한자로 도(渡 건널 도), 진(津 나루 진), 포(浦 개 포) 자를 쓰는데, 조선 시대에 서울과 남한산성을 이어 주던 **나루**인 삼전도가 그 한 예이다.

비 강구, 도구, 도진, 진도, 하진

동산

마을이나 집 가까이에 있는 / 작은 산 또는 낮은 *언덕

예 산막이 옛길의 오르막을 걷다 보면 차돌 바위 나루를 지나서 40년이 넘은 소나무들이 숲을 이룬 **동산**에 *이른다.

* 언덕　　땅이 주변보다 조금 높고 비탈진 곳
* 이르다　어떤 장소나 시간에 닿다

전망대

한자 펼 전 展
바랄 망 望
대 대 臺

*주변 일대의 모습을 / 멀리까지 바라볼 수 있도록 / 높은 곳에 만든 / *대

예 100층 높이의 **전망대**에서 내려다보니 사람들이 개미처럼 작아 보였다.

* 주변　어떤 대상의 둘레. 주위의 가장자리
* 대　　(흙이나 돌 따위로) 높이 쌓아 올려 사방을 바라볼 수 있게 만든 곳

출렁다리
(현수교)

쇠사슬 따위를 엮어서 / 양쪽 *산봉우리에 매어 놓은 / 다리

예 계곡 중간에 걸쳐 있는 **출렁다리**가 흔들릴 때마다 가슴이 *철렁거렸다.

* 산봉우리(봉, 봉우리)　산에서 뾰족하게 높이 솟은 부분
* 철렁거리다(철렁대다)　어떤 일에 크게 놀라 가슴이 자꾸 뛰다

모형

한자 본뜰 모 模
모형 형 型

*실물을 / *본떠서 만든 / 물건

예 과학 시간에 지점토로 지구와 달의 **모형**을 만들었다.

* 실물　실제로 있는 물건이나 사람
* 본뜨다　(이미 있는 것을) 본보기로 삼아 그대로 만들다

공부한 날   월   일   학습평가 ☑   ☺ ☺ ☹

 문장을 읽고, 알맞은 낱말을 써 넣어 봅시다.

1) 비탈져 올라가는 길

2) 강, 내, 좁은 바닷물에서 배가 건너다니는 일정한 곳

3) 마을이나 집 가까이에 있는 작은 산 또는 낮은 언덕

4) 주변 일대의 모습을 멀리까지 바라볼 수 있도록
   높은 곳에 만든 대

5) 쇠사슬 따위를 엮어서 양쪽 산봉우리에 매어
   놓은 다리

6) 실물을 본떠서 만든 물건

밑줄 친 곳에 알맞은 낱말을 써 넣어 문장을 완성해 봅시다.

1) 자전거를 타고 신나게 내리막을 달리다가 _____ 에 접어들자 한숨이 절로
   나왔다.

2) _____ 는 한자로 도(渡 건널 도), 진(津 나루 진), 포(浦 개 포) 자를 쓰는데,
   조선 시대에 서울과 남한산성을 이어 주던 _____ 인 삼전도가 그 한 예이다.

3) 산막이 옛길의 오르막을 걷다 보면 차돌 바위 나루를 지나서 40년이 넘은 소나무들이
   숲을 이룬 _____ 에 이른다.

4) 100층 높이의 _____ 에서 내려다보니 사람들이 개미처럼 작아 보였다.

5) 계곡 중간에 걸쳐 있는 _____ 가 흔들릴 때마다 가슴이 철렁거렸다.

6) 과학 시간에 지점토로 지구와 달의 _____ 을 만들었다.

풍경 (경치, 풍광)
한자 바람 풍 風
볕 경 景

산, 들, 강, 바다 따위의 / 감상의 대상이 되는 / 자연
또는 세상의 모습
예 단풍이 곱게 물든 산책로의 **풍경**은 한 폭의 그림처럼
보였다.

호수
한자 호수 호 湖
물 수 水

*사면이 육지로 싸이고 · 땅이 우묵하게 들어가 / 물이 깊고 넓게 *괴어 있는 / 곳
예 겨울이 되면 아이들은 꽁꽁 얼어붙은 **호수** 위에서 썰매를 탔다.
* 사면   전후좌우의 모든 둘레
* 괴다(고이다)   (물이나 눈물 따위의 액체가 낮은 곳이나 우묵한 곳에) 흐르지 않고
모이다

기록하다
한자 기록할 기 記
기록할 록 錄

남길 필요가 있는 사실을 / 글이나 · 기호로 / 적다
예 「조선왕조실록」은 조선의 제1대 임금인 태조부터 제25대 임금인 철종 때까지
472년 동안에 일어난 일을 **기록한** 책이다.

질겅질겅

질긴 물건을 / 거칠게 자꾸 씹는 / 모양
예 친구가 껌을 **질겅질겅** 씹으며 말을 해서 무슨 뜻인지 잘 *알아들을 수 없었다.
* 알아듣다   남의 말을 듣고 그 뜻을 알다

실룩
(씰룩, 샐룩)

얼굴이나 근육의 한 부분이 / 한쪽으로 *비뚤어지게 움직이는 / 모양
예 엄마가 꾸중을 하자 아이는 못마땅한 듯이 입을 **실룩** 움직였다.
* 비뚤어지다 반듯하지 않고 한쪽으로 기울어지다

감히
한자 감히 감 敢

말이나 행동이 / 자신의 신분이나 능력 따위를 넘어서서 / *주제넘게
예 호랑이는 "주제넘게 **감히** 조용한 나의 아침 시간을 방해하다니!"라며 아주 크
게 소리를 질렀다.
* 주제넘다   말이나 행동이 분수(자기의 신분이나 처지에 알맞은 한도)에 넘게 건방지다

세로 텍스트: 우리 지역을 소개하는 글 쓰기 | 교과서 263~267쪽 |
대단한 줄다리기 | 교과서 272~277쪽 |

→ 바른 답 306쪽

1 　**문장을 읽고, 알맞은 낱말을 써 넣어 봅시다.**

1) 산, 들, 강, 바다 따위의 감상의 대상이 되는 자연 또는 세상의 모습

2) 사면이 육지로 싸이고·땅이 우묵하게 들어가 물이 깊고 넓게 괴어 있는 곳

3) 남길 필요가 있는 사실을 글이나·기호로 적다

4) 질긴 물건을 거칠게 자꾸 씹는 모양

5) 얼굴이나 근육의 한 부분이 한쪽으로 비뚤어지게 움직이는 모양

6) 말이나 행동이 자신의 신분이나 능력 따위를 넘어서서 주제넘게

16주
5일

2 　**밑줄 친 곳에 알맞은 낱말을 써 넣어 문장을 완성해 봅시다.**

1) 단풍이 곱게 물든 산책로의 _____ 은 한 폭의 그림처럼 보였다.

2) 겨울이 되면 아이들은 꽁꽁 얼어붙은 _____ 위에서 썰매를 탔다.

3) 「조선왕조실록」은 조선의 제1대 임금인 태조부터 제25대 임금인 철종 때까지 472년 동안에 일어난 일을 _____ 책이다.

4) 친구가 껌을 _____ 씹으며 말을 해서 무슨 뜻인지 잘 알아들을 수 없었다.

5) 엄마가 꾸중을 하자 아이는 못마땅한 듯이 입을 _____ 움직였다.

6) 호랑이는 "주제넘게 _____ 조용한 나의 아침 시간을 방해하다니!"라며 아주 크게 소리를 질렀다.

1 문장을 읽고, 알맞은 낱말을 써 넣어 봅시다.

1) 남에게 드러내어 자랑할 만한 거리 _____

2) 산책을 할 수 있게 만든 길 _____

3) 어떤 것에 마음이 끌려 주의를 기울임 또는
   그런 마음이나 주의 _____

4) 화재를 예방하고 · 불을 끔 _____

5) 질긴 물건을 거칠게 자꾸 씹는 모양 _____

6) 얼굴이나 근육의 한 부분이 한쪽으로 비뚤어지게
   움직이는 모양 _____

7) 마을이나 지역 따위의 이름 _____

8) 주변 일대의 모습을 멀리까지 바라볼 수 있도록
   높은 곳에 만든 대 _____

9) 땅속에 묻혀 있는 유적이나 유물 따위를 파냄 _____

10) 옷을 차려입은 모양새 또는 그 옷 _____

11) 마을이나 집 가까이에 있는 작은 산 또는 낮은 언덕 _____

12) 사면이 육지로 싸이고 · 땅이 우묵하게 들어가
    물이 깊고 넓게 괴어 있는 곳 _____

13) 비탈져 올라가는 길 _____

14) 어떤 일이 원하는 대로 이루어지기를 바라고 ·
    기다리다 _____

15) 실물을 본떠서 만든 물건 _____

→ 바른 답 306쪽

16) 자연적, 사회적, 문화적 특성에 따라 일정하게 나눈
    지리적 공간

    _____

17) 물건을 맡아 지키고 관리하다

    _____

18) 군대, 경찰, 소방대 따위가 일정한 목적을
    실행하기 위해 떠나다

    _____

19) 어떤 일에 알맞은 성질 또는 소질

    _____

20) 강, 내, 좁은 바닷물에서 배가 건너다니는 일정한 곳

    _____

21) 예전에 다니던 길

    _____

22) 어떤 지역에서 특별히 생산되는 물품

    _____

23) 닥나무 껍질 따위로 만든 한국 고유의 종이

    _____

24) 쇠사슬 따위를 엮어서 양쪽 산봉우리에 매어
    놓은 다리

    _____

25) 거리의 단위 (1리는 약 393미터)

    _____

26) 남길 필요가 있는 사실을 글이나·기호로 적다

    _____

27) 국내의 상품이나 기술을 외국으로 팔아 내보내다

    _____

28) 말이나 행동이 자신의 신분이나 능력 따위를 넘어서서
    주제넘게

    _____

29) 산, 들, 강, 바다 따위의 감상의 대상이 되는 자연 또는
    세상의 모습

    _____

30) 어떤 일을 한 뒤에 얻어지는 좋은 결과 또는
    만족스러운 느낌

    _____

16쪽
평가

2 밑줄 친 곳에 알맞은 낱말을 써 넣어 문장을 완성해 봅시다.

1) 산에서 연기가 자욱하게 피어오르자 소방차들이 급히 _____ .

2) 괴산 지역 이름은 고려 시대에는 '괴주'라고 불리다가, 조선 태종 때부터는 지금 이름인 '괴산'이라는 _____ 으로 불렸다.

3) 그는 복권에 당첨된 적이 없지만, 복권을 살 때마다 당첨을 _____ .

4) 단풍이 곱게 물든 산책로의 _____ 은 한 폭의 그림처럼 보였다.

5) 한라봉은 제주 지역의 대표적인 _____ 이다.

6) 겨울이 되면 아이들은 꽁꽁 얼어붙은 _____ 위에서 썰매를 탔다.

7) 괴산에는 사오랑 마을에서 산골 마을인 산막이 마을까지 연결되는 10리에 걸친 _____ 이 있다.

8) 「조선왕조실록」은 조선의 제1대 임금인 태조부터 제25대 임금인 철종 때까지 472 년 동안에 일어난 일을 _____ 책이다.

9) 직업의 세계에 _____ 을 갖고 살펴보면 자신에게 딱 맞는 직업을 찾을 수 있다.

10) 친구가 껌을 _____ 씹으며 말을 해서 무슨 뜻인지 잘 알아들을 수 없었다.

11) 자전거를 타고 신나게 내리막을 달리다가 _____ 에 접어들자 한숨이 절로 나왔다.

12) 장승은 10 _____ 나 5 _____ 간격으로 있어서 이정표 구실을 하거나, 마을을 지키는 수호신 역할을 했다.

13) _____ 는 한자로 도(渡 건널 도), 진(津 나루 진), 포(浦 개 포) 자를 쓰는데, 조선 시대에 서울과 남한산성을 이어 주던 _____ 인 삼전도가 그 한 예이다.

14) 여름철에는 우유가 금방 상하기 때문에 반드시 냉장고에 _____ 한다.

15) 체육 시간에 교사는 치마나 청바지를 입는 등 _____ 이 불량한 학생들에게 주의를 주었다.

16) 과학 시간에 지점토로 지구와 달의 _____ 을 만들었다.

17) 계곡 중간에 걸쳐 있는 _____ 가 흔들릴 때마다 가슴이 철렁거렸다.

18) 괴산 지역의 특산물인 한지는 질기고 보관하기 좋아 외국으로 많이 _____.

19) 이 지역에서 선사시대의 유물이 발견되어 현재 _____ 이 진행되고 있다.

20) 산막이 옛길의 오르막을 걷다 보면 차돌 바위 나루를 지나서 40년이 넘은 소나무들이 숲을 이룬 _____ 에 이른다.

21) 계산을 잘 못하는 아이는 수학이 자신의 _____ 에 맞지 않는다고 생각했다.

22) 그들은 아침마다 호수 주변의 _____ 를 거닐며 많은 이야기를 나누었다.

23) 100층 높이의 _____ 에서 내려다보니 사람들이 개미처럼 작아 보였다.

24) 주말 내내 공부를 하느라 힘들었지만, 시험을 잘 봐서 _____ 이 느껴졌다.

25) 호랑이는 "주제넘게 _____ 조용한 나의 아침 시간을 방해하다니!"라며 아주 크게 소리를 질렀다.

26) 한글은 세계가 인정하는 우수한 문자로, 우리나라의 _____ 이다.

27) 오늘 학교에서 화재가 발생할 때를 대비한 _____ 훈련을 실시했다.

28) 닥나무의 껍질을 삶은 다음 곱게 펴 말려서 만드는 _____ 는 질겨서 잘 찢어지지 않고 천 년이 지나도 색이 변하지 않는다.

29) 엄마가 꾸중을 하자 아이는 못마땅한 듯이 입을 _____ 움직였다.

30) 높은 산이 있는 _____ 에서는 이동 수단으로 케이블카나 모노레일을 이용한다.

16주 평가

1 문장을 읽고, 알맞은 낱말을 써 넣어 봅시다.

1) 손으로 무엇을 만들거나 · 어떤 일을 하는 재주   (   )

2) 자신이 실제로 보고 · 듣고 · 겪다   (   )

3) 실이나 가닥이 서로 이리저리 마구 엉켜 묶이다   (   )

4) 기세가 매섭고 · 사납다   (   )

5) 마음속 깊이 느껴 칭찬함   (   )

6) 어떤 지역에서 특별히 생산되는 물품   (   )

7) 평평한 곳에 어느 한 부분이 갑자기 조금 높이 된 자리   (   )

8) 병을 앓을 때 몸에 나타나는 여러 가지 상태   (   )

9) 전통 가옥에서 방과 방 사이나 · 방 앞을 땅바닥으로부터
   높이 떨어지게 하여 널빤지를 길고 평평하게 깔아 놓은 곳 (   )

10) 남길 필요가 있는 사실을 글이나 · 기호로 적다   (   )

11) 사물이 보기 좋게 작다   (   )

12) 일정한 곳에 붙어서 움직이지 못하게 하다   (   )

13) 어떤 일이 원하는 대로 이루어지기를 바라고 · 기다리다   (   )

14) 책의 맨 앞뒤의 겉장   (   )

15) 물체에 반사된 빛이 잠깐씩 나타나다   (   )

⟶ 바른 답 306쪽

16) 국내의 상품이나 기술을 외국으로 팔아 내보내다　　（　　　　　　　）

17) 남에게 말을 걸다 또는 붙이다　　（　　　　　　　）

18) 강, 내, 좁은 바닷물에서 배가 건너다니는 일정한 곳　　（　　　　　　　）

19) 둘 이상의 것을 먼저와 나중을 구분하여 하나씩
　　늘어놓은 순서　　（　　　　　　　）

20) 서로 잘 어울리는 상태에 있다　　（　　　　　　　）

21) 어떤 일을 한 뒤에 얻어지는 좋은 결과 또는
　　만족스러운 느낌　　（　　　　　　　）

22) 행동이 들뜨지 않고 차분하다　　（　　　　　　　）

23) 어떤 목적을 지닌 행위에 의해 나타나는 좋은 결과　　（　　　　　　　）

24) 가슴이 찢어지는 듯이 심한 고통이나 슬픔을 느끼다　　（　　　　　　　）

25) 실이나 끈 따위를 묶어서 생긴 마디　　（　　　　　　　）

26) 건축물, 구조물, 기계 따위를 만들기 위해 계획을 세워
　　도면으로 그 내용을 밝히다　　（　　　　　　　）

27) 말할 수 없을 만큼 뛰어나고 훌륭하다　　（　　　　　　　）

28) 보통 또는 예사로운　　（　　　　　　　）

29) 삼베, 무명, 명주 따위의 옷감을 짜는 도구　　（　　　　　　　）

30) 병을 치료하기 위해 증상에 따라 약을 짓다　　（　　　　　　　）

2 밑줄 친 곳에 알맞은 낱말을 써 넣어 문장을 완성해 봅시다.

1) 의사는 환자와 상담한 후에 증세가 호전되는 약을 _____ .

2) 브라질에서는 축구 경기 전에 승리를 _____ 손목에 실 팔찌를 건다.

3) 할머니 댁 마당에는 예쁜 꽃들을 심어 놓은 _____ 이 있다.

4) 엄마는 내 머리를 두 갈래로 _____ 머리핀을 꽂아 주었다.

5) 지나친 운동은 몸에 _____ 을 주어 오히려 건강에 해롭다.

6) 일기는 자신이 경험한 일을 시간의 _____ 에 따라 쓴 글이다.

7) 장승은 10 _____ 나 5 _____ 간격으로 있어서 이정표 구실을 하거나, 마을을 지키는 수호신 역할을 했다.

8) 병이 든 바위나리를 _____ 아기별은 너무 늦게 하늘 나라로 올라가 그 벌로 다시는 바닷가에 내려오지 못했다.

9) 감기약을 세 배로 먹는다고 감기약의 _____ 가 세 배가 되지는 않는다.

10) 머리를 땋을 때 많이 쓰는 방법은 세 _____ 땋기이다.

11) 여름철에는 우유가 금방 상하기 때문에 반드시 냉장고에 _____ 한다.

12) 할머니가 마침내 베를 _____ 때, 베 짜는 모습을 처음 본 아이는 감탄을 금치 못했다.

13) 중국에서는 음력 5월 5일 _____ 에 손목에 실 팔찌를 걸어서 나쁜 기운을 막는다.

14) 몸이 작게 줄어든 할아버지가 마법 열매를 꿀꺽 삼키자, 순간 몸이 풍선처럼 부풀어 올라서 _____ 크기로 되돌아왔다.

15) 새까만 밤하늘에 _____ 박혀 있는 별들을 올려다보았다.

16) 올림픽과 같은 국제 경기에 _____ 선수들은 개막식에서 자기 나라의 국기를 흔들면서 경기장에 입장한다.

→ 바른 답 306쪽

17) 실은 두꺼울수록 엮기 쉬우므로 팔찌를 만들 실은 두꺼운 것으로 _____ .

18) _____ 을 처음 본 아이들은 가로세로로 실을 짜 옷감을 만들어 내는 광경을 신기한 눈으로 바라봤다.

19) 닥나무의 껍질을 삶은 다음 곱게 펴 말려서 만드는 _____ 는 질겨서 잘 찢어지지 않고 천 년이 지나도 색이 변하지 않는다.

20) 일상생활에서 보고, 듣고, 느낀 것들을 바탕으로 자신의 느낌과 생각을 적은 글을 _____ 이라고 한다.

21) 한라봉은 제주 지역의 대표적인 _____ 이다.

22) 이 옷감은 날에 색실을, _____ 에 흰 실을 사용하여 짠 것이다.

23) _____ 라는 이름은 '국제 연합 교육·과학·문화 기구'의 영문 머리글자를 따서 만들었다.

24) 여러 가지 색깔 실을 _____ 만든 팔찌를 실 팔찌라고 한다.

25) 반 아이들은 전학을 온 친구에게 이런저런 궁금한 말을 _____ .

26) 산막이 옛길의 오르막을 걷다 보면 차돌 바위 나루를 지나서 40년이 넘은 소나무들이 숲을 이룬 _____ 에 이른다.

27) 국제 대회나 행사가 열리는 자리에는 언제나 국기가 _____ .

28) 바느질을 하다가 실이 심하게 _____ 가위로 잘라냈다.

29) 아기별을 기다리던 바위나리는 점점 시들다가 그만 _____ 바람에 바다로 날려 갔다.

30) 자전거를 타고 신나게 내리막을 달리다가 _____ 에 접어들자 한숨이 절로 나왔다.

17~
18주

9 **작품 속 인물이 되어** 학교 진도 시기 12월 2, 3, 4주

칭찬 사과 스티커

하루 공부를 잘 마쳤다면 나에게 칭찬 사과를 선물하세요.
사과 나무에 사과가 주렁주렁 열릴 때까지 열심히 공부합시다!

■ 스티커는 국어 교과서 작품 목록 이후 페이지에 있습니다.

칭찬 사과를
붙여보세요!!

1 일

9. 작품 속 인물이 되어

대단한 줄다리기 | 교과서 272~277쪽 |

거만하다

한자 거만할 거 倨
거만할 만 慢

잘난 체하며 · 남을 [•]낮추보다

예 감독은 눈을 아래로 [•]내리깔고 **거만한** 표정으로 선수들의 동작을 [•]지켜봤다.

[•] **낮추보다(낮보다, 얕보다, 깔보다)** 남을 자기보다 낮게(못하게) 보아 하찮게 여기다

[•] **내리깔다** 눈꺼풀을 내려 눈동자를 많이 덮게 하여 시선을 아래로 보내다

[•] **지켜보다** (사람이 무엇이나 일을) 관심을 기울여 살펴보다

비 건방지다, 도도하다, 교만하다, 오만하다

굴다

사람이 어떻게 / 행동을 하다 또는 남을 대하다

예 동생이 부모님께 버릇없이 **굴다가** 꾸지람을 들었다.

밧줄

[•]볏짚이나 [•]삼으로 / 세 가닥을 지어 / 굵고 기다랗게 [•]꼰 / 줄

예 청군과 백군은 줄다리기를 이기기 위해 **밧줄**을 힘껏 [•]잡아당겼다.

[•] **볏짚** 벼의 이삭(꽃이 피고 열매가 달리는 부분)을 떨어낸 줄기

[•] **삼** 뽕나뭇과에 속하는 긴 섬유가 채취되는 식물을 통틀어 이르는 말. 대마, 아마, 마닐라삼 따위가 있다

[•] **꼬다** 여러 가닥을 (비벼 엇갈리게 말아서) 한 줄이 되게 하다

[•] **잡아당기다** 잡아서 자기 쪽으로 끌어당기다

자신만만하다

한자 스스로 자 自
믿을 신 信
찰 만 滿
찰 만 滿

매우 [•]자신이 있다

예 수학에 남다른 적성이 있던 아이는 **자신만만한** 표정으로 시험지를 풀었다.

[•] **자신** 자기의 능력이나 가치에 대한 굳은 믿음

깡충깡충
(껑충껑충)

아래에서 위로 / 빠르고 세게 자꾸 뛰는 모양

예 평소에 갖고 싶었던 휴대폰을 선물 받은 아이는 [•]신나서 **깡충깡충** 뛰었다.

[•] **신나다** 흥이 일어나 기분이 몹시 좋아지다

잠기다

어떤 물체가 / 물속에 / [•]가라앉다 또는 들어가다

예 하마는 물에서 생활하는 시간이 많은데, 낮에는 눈과 귀를 닫은 채 물속에 **잠겨** 있다가 밤이 되면 물에서 나와 풀을 뜯어 먹는다.

[•] **가라앉다** 사물이 물속 밑으로 내려앉다

1 문장을 읽고, 알맞은 낱말을 써 넣어 봅시다.

1) 잘난 체하며 · 남을 낮추보다

2) 사람이 어떻게 행동을 하다 또는 남을 대하다

3) 볏짚이나 삼으로 세 가닥을 지어 굵고 기다랗게 꼰 줄

4) 매우 자신이 있다

5) 아래에서 위로 빠르고 세게 자꾸 뛰는 모양

6) 어떤 물체가 물속에 가라앉다 또는 들어가다

2 밑줄 친 곳에 알맞은 낱말을 써 넣어 문장을 완성해 봅시다.

1) 감독은 눈을 아래로 내리깔고 _____ 표정으로 선수들의 동작을 지켜봤다.

2) 동생이 부모님께 버릇없이 _____ 꾸지람을 들었다.

3) 청군과 백군은 줄다리기를 이기기 위해 _____ 을 힘껏 잡아당겼다.

4) 수학에 남다른 적성이 있던 아이는 _____ 표정으로 시험지를 풀었다.

5) 평소에 갖고 싶었던 휴대폰을 선물 받은 아이는 신나서 _____ 뛰었다.

6) 하마는 물에서 생활하는 시간이 많은데, 낮에는 눈과 귀를 닫은 채 물속에 _____ 있다가 밤이 되면 물에서 나와 풀을 뜯어 먹는다.

무지무지

한자 없을 무 無
알 지 知
없을 무 無
알 지 知

몹시 놀랄 만큼 / 대단히

예 토끼는 줄다리기에 쓸 *아주아주 길고, 절대 끊어지지 않을 만큼 **무지무지**
*튼튼한 밧줄을 만들었다.

*아주아주   아주(보통 정도보다 훨씬 더 넘어선 상태로)를 강조하여
이르는 말

*튼튼하다   생김새나 됨됨이가 단단하고 굳세다(굳고 힘이 세다)

경고

한자 깨우칠 경 警
고할 고 告

몸가짐, 말, 행동 따위를 / 조심하도록 / 미리 *주의를 줌 또는 그 주의

예 두 학생이 선생님의 **경고**를 *무시하고 수업 시간에 계속 떠들다가 *혼났다.

*주의   곁에서 귀띔해서 일깨워 줌. 또는 그러한 말이나 행위

*무시하다   (사람이 무엇을) 낮추보다, 하찮게 여기다, 깔보다

*혼나다   매우 심하게 꾸지람(잘못을 꾸짖는 말)을 듣거나 벌을 받다

덤불숲

*덤불이 / 가득찬 곳

예 산토끼는 파리처럼 재빠르게 움직여 빽빽한 **덤불숲** 쪽으로 깡충깡충 뛰어갔다.

*덤불   어수선하게 엉클어진 수풀(풀 · 나무 · 식물 줄기 따위가 한데 뒤섞여 뭉쳐
있는 곳)

숨죽이다

숨소리가 들리지 않을 정도로 / 조용히 하다

예 극장 안의 사람들은 영화의 주인공이 죽음을 맞는 장면을 **숨죽인** 채 지켜보았다.

버티다

어려운 일이나 · *외부의 *압력을 / *견디다

예 청군과 백군이 밧줄을 *맞잡고 한참을 **버티다가** *결국 *무승부로 끝났다.

*외부   조직이나 단체의 밖

*압력   남을 자기 뜻에 따르게 압박하는 힘

*견디다   (어려움이나 고통을) 잘 참아 내다   *맞잡다   서로 마주하여 잡다

*결국   일의 마지막에 이르러   *무승부   서로 비김

양보하다

한자 사양할 양 讓
걸을 보 步

자리, 순서, 물건, 지위 따위를 / 자기 몫으로 챙기지 않고 / 남에게 *넘겨주다

예 할머니가 버스를 타자 한 젊은이가 자리를 **양보했다.**

*넘겨주다   (물건, 권리, 책임, 일 따위를) 남에게 주거나 맡기다

비 넘기다, 사양하다

대단한 줄다리기 | 교과서 272~277쪽 |

1 문장을 읽고, 알맞은 낱말을 써 넣어 봅시다.

1) 몹시 놀랄 만큼 대단히

2) 몸가짐, 말, 행동 따위를 조심하도록 미리 주의를 줌 또는 그 주의

3) 덤불이 가득찬 곳

4) 숨소리가 들리지 않을 정도로 조용히 하다

5) 어려운 일이나 · 외부의 압력을 견디다

6) 자리, 순서, 물건, 지위 따위를 자기 몫으로
    챙기지 않고 남에게 넘겨주다

2 밑줄 친 곳에 알맞은 낱말을 써 넣어 문장을 완성해 봅시다.

1) 토끼는 줄다리기에 쓸 아주아주 길고, 절대 끊어지지 않을 만큼 _____
    튼튼한 밧줄을 만들었다.

2) 두 학생이 선생님의 _____ 를 무시하고 수업 시간에 계속 떠들다가 혼났다.

3) 산토끼는 파리처럼 재빠르게 움직여 빽빽한 _____ 쪽으로 깡충깡충 뛰어
    갔다.

4) 극장 안의 사람들은 영화의 주인공이 죽음을 맞는 장면을 _____ 채 지켜
    보았다.

5) 청군과 백군이 밧줄을 맞잡고 한참을 _____ 결국 무승부로 끝났다.

6) 할머니가 버스를 타자 한 젊은이가 자리를 _____.

3 일

9. 작품 속 인물이 되어

대단한 통다리기 | 교과서 272~277쪽 |

빠끔히 (빠끔)

작은 구멍이나 틈 사이로 / 조금만 보이는 모양

(예) 아이는 담임이 오는지 °망보려고 교실 °문틈으로 얼굴을 **빠끔히** °내밀었다.

° **망보다**   상대의 동태(움직이거나 변하는 상태)를 알기 위하여 멀리서 살피다

° **문틈**   닫힌 문이 벌어져 사이가 난 자리

° **내밀다**   안에서 밖으로 내보내다

토끼의 재판 | 교과서 278~289쪽 |

극본 (각본)

한자 심할 극 劇
근본 본 本

°연극, 영화, 드라마 따위를 만들기 위해 / 배우의 대사와 동작, 장면 순서,
°무대 장치 등을 / 자세하게 적어 놓은 / 글

(예) 인물들의 표정, 몸짓, 말투를 생각하며 **극본**을 여러 번 소리 내어 읽었다.

° **연극**   배우가 무대 위에서 각본에 따라 어떤 사건이나 인물을 대사와 동작을 통
         해 관객에게 보이는 종합 예술

° **무대**   노래 · 춤 · 연극 등을 공연하기 위해 객석 앞에 좀 높게 만들어 놓은 자리

상상하다

한자 생각 상 想
모양 상 像

경험하지 못한 일을 / 마음속으로 °미루어 / 생각하다

(예) 극본에서 인물들의 표정, 몸짓, 말투를 알려 주는 부분을
살펴보면서 인물들에게 어울리는 표정, 몸짓, 말투를 **상상해** 보았다.

° **미루다**   무엇을 이미 알려진 것에 비추어(견주어) 생각하다

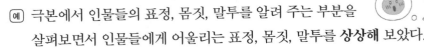

재판

한자 마를 재 裁
판단할 판 判

옳고 그름을 따져 / 판단함

(예) °나그네와 호랑이는 °시비를 °가리기 위해 토끼에게 **재판**을 부탁했다.

° **나그네**   자신이 사는 고장을 떠나 다른 지역에 잠시 머무르고 있는 사람

° **시비**   잘잘못. 옳음과 그름

° **가리다**   (잘잘못이나 좋은 것과 나쁜 것 따위를) 따져서
           구별하여 내다

막

한자 장막 막 幕

무대 앞을 가리거나 · 칸을 막거나 · 위를 덮거나 · 옆으로 둘러치는 / 천으로 된
/ 물건

(예) 연극배우들의 춤과 노래가 끝나자 무대의 **막**이 내렸다.

외딴길

마을이나 · 큰길에서 / °외따로 떨어져 °나 있는 / 작은 길

(예) 우리는 **외딴길**을 따라 걷다가 드디어 불빛 하나를 발견했다.

° **외따로**   혼자서 따로. 오직 홀로   ° **나다**   길, 통로, 창문 따위가 생기다

—→ 바른 답 306쪽

1 문장을 읽고, 알맞은 낱말을 써 넣어 봅시다.

1) 작은 구멍이나 틈 사이로 조금만 보이는 모양

2) 연극, 영화, 드라마 따위를 만들기 위해 배우의 대사와 동작, 장면 순서, 무대 장치 등을 자세하게 적어 놓은 글

3) 경험하지 못한 일을 마음속으로 미루어 생각하다

4) 옳고 그름을 따져 판단함

5) 무대 앞을 가리거나 · 칸을 막거나 · 위를 덮거나 · 옆으로 둘러치는 천으로 된 물건

6) 마을이나 · 큰길에서 외따로 떨어져 나 있는 작은 길

2 밑줄 친 곳에 알맞은 낱말을 써 넣어 문장을 완성해 봅시다.

1) 아이는 담임이 오는지 망보려고 교실 문틈으로 얼굴을 _____ 내밀었다.

2) 인물들의 표정, 몸짓, 말투를 생각하며 _____ 을 여러 번 소리 내어 읽었다.

3) 극본에서 인물들의 표정, 몸짓, 말투를 알려 주는 부분을 살펴보면서 인물들에게 어울리는 표정, 몸짓, 말투를 _____ 보았다.

4) 나그네와 호랑이는 시비를 가리기 위해 토끼에게 _____ 을 부탁했다.

5) 연극배우들의 춤과 노래가 끝나자 무대의 _____ 이 내렸다.

6) 우리는 _____ 을 따라 걷다가 드디어 불빛 하나를 발견했다.

궤짝
한자 궤 궤 櫃

물건 따위를 담는 / 네모난 통을 두루 이르는 말

예 나그네는 **궤짝** 속에 갇힌 호랑이를 구해 주었지만,
　　°배은망덕한 호랑이는 나그네를 잡아먹으려고 했다.

° 배은망덕하다　　남에게 입은 은혜를 잊고 배신하다

샘

물이 / 땅속에서 저절로 솟아 나오는 / 곳

예 목이 말랐던 사냥꾼은 산속 °근처에 **샘**이 있는지 찾아 나섰다.

° 근처(근방)　(어떤 지역·지점·사물·사람을 중심으로) 가까운 곳

견디다

사람이 / °시련이나 고통을 / 참아 내다

예 날씨가 너무 추워서 두꺼운 옷을 °껴입었는데도 추위를 **견디기** 힘들다.

° 시련　　　(겪어 내기 힘든) 어려움

° 껴입다　　옷을 입은 위에 겹쳐서 또 입다

떼밀다

힘을 주어 / 밀다

예 복도를 걷다가 누군가가 뒤에서 **떼미는** 바람에 넘어졌다.

닥치는 대로

이것저것 가릴 것 없이 / 눈에 보이는 대로 / 마구

예 독서에 °탐닉하는 아이는 아무 책이나 **닥치는 대로** 읽는다.

° 탐닉하다　　어떤 일을 몹시 즐겨서 거기에 빠지다

문고리
한자 문 문 門

문을 열고 닫고 잠그는 / °손잡이로 쓰기 위해 °문틀에 다는 / °고리

예 호랑이는 지나가는 나그네에게 **문고리**를 °따고 °문짝을 좀 열어 달라고 간청
　　했다.

° 손잡이　　손으로 물건을 열거나 들거나 붙잡을 수 있도록 물건에 덧붙여 놓은 부분

° 문틀　　　창문이나 문짝을 달거나 끼울 수 있도록 문의 양옆과 위아래에 이어 댄 테두리

° 고리　　　(무엇을 끼우거나 잠그기 위해서) 긴 쇠붙이 또는 끈 따위를 둥글게 구부
　　　　　 려 끝을 맞붙여 만든 물건

° 따다　　　(사람이 열지 못하게 꽉 봉하거나 잠근 것을) 벗기거나 뜯다

° 문짝　　　(문틀이나 창틀에 끼워서 여닫게 되어 있는) 문이나 창의 한 짝

→ 바른 답 306쪽

공부한 날　　월　　일　　학습평가 ☑　😊 😋 😖

1 문장을 읽고, 알맞은 낱말을 써 넣어 봅시다.

1) 물건 따위를 담는 네모난 통을 두루 이르는 말

2) 물이 땅속에서 저절로 솟아 나오는 곳

3) 사람이 시련이나 고통을 참아 내다

4) 힘을 주어 밀다

5) 이것저것 가릴 것 없이 눈에 보이는 대로 마구

6) 문을 열고 닫고 잠그는 손잡이로 쓰기 위해 문틀에 다는 고리

2 밑줄 친 곳에 알맞은 낱말을 써 넣어 문장을 완성해 봅시다.

1) 나그네는 _____ 속에 갇힌 호랑이를 구해 주었지만, 배은망덕한 호랑이는 나그네를 잡아먹으려고 했다.

2) 목이 말랐던 사냥꾼은 산속 근처에 _____ 이 있는지 찾아 나섰다.

3) 날씨가 너무 추워서 두꺼운 옷을 껴입었는데도 추위를 _____ 힘들다.

4) 복도를 걷다가 누군가가 뒤에서 _____ 바람에 넘어졌다.

5) 독서에 탐닉하는 아이는 아무 책이나 _____ 읽는다.

6) 호랑이는 지나가는 나그네에게 _____ 를 따고 문짝을 좀 열어 달라고 간청했다.

9. 작품 속 인물이 되어

쪼그리다
(쪼그리다)

팔다리를 *오그려서 / 몸을 작게 하다

예 체육 시간에 맨 앞줄에서 **쪼그리고** 앉아 있다가 *쥐가 났다.

* 오그리다(우그리다)　　몸을 움츠려 작아지게 하다
* 쥐　　　몸의 한 부분에 경련이나 마비가 일어나 그 기능을 잠시 잃는 현상

지경

한자 땅 지 地
지경 경 境

*처한 / 경우나 *형편의 / 뜻을 나타내는 말

예 주말 내내 비가 와서 집에만 있으려니 *갑갑해 죽을 **지경**이었다.

* 처하다　　(사람이 어떤 처지나 형편에) 마주 대하여 닥치게 되다
* 형편　　　일이 되어 가는 모습 · 과정 · 결과
* 갑갑하다　좁고 닫힌 공간 속에 있어 꽉 막힌 느낌이 있다

덤비다

*사나운 기세로 / 무섭게 *다가들다

예 나그네가 궤짝 문을 열자, 호랑이가 뛰쳐나와서 잡아먹으려고 **덤볐다.**

* 사납다　　(성질, 행동, 생김새 따위가) 거칠고 억세다
* 다가들다　(사람이나 사물이 있는 쪽으로) 더 가까이 가다

은혜

한자 은혜 은 恩
은혜 혜 惠

고맙게 베풀어 주는 / *도움

예 '제비도 **은혜**를 갚는다'는 속담은 「흥부전」에서 제비도 **은혜**를 아는데 *하물며
　　사람이 **은혜**를 몰라서야 되겠느냐는 뜻이다.

* 도움　　　일이 잘되도록 거들거나 보탬(보태고 더하거나 돕는 일)을 주는 일
* 하물며　　앞의 사실이 그러하다면 '뒤의 사실은 말할 것도 없다'는 뜻으로 쓰여
　　　　　　앞뒤 문장을 이어 주는 말

약속

한자 맺을 약 約
묶을 속 束

다른 사람과 / 앞으로의 일을 어떻게 할 것인가를 / 미리 정해 둠 또는 그렇게 정
한 내용

예 호랑이는 나그네에게 '궤짝 문을 열어 줘도 잡아먹지 않겠다'는 **약속**을 했다.

간절하다

한자 간절한 간 懇
끊을 절 切

무엇을 바라는 마음이 / 더할 *나위 없이 / *정성스럽고 · 강하다

예 무더운 날씨에 한참 동안 길을 걸었더니 시원한 음료수
　　생각이 **간절하다.**

* 나위　　　더 할 수 있는 여유. 또는 더 해야 할 필요
* 정성스럽다　온갖 힘을 다하려는 진실하고 성실한 마음이나 태도가 있다

→ 바른 답 307쪽

17₀
5일

1 문장을 읽고, 알맞은 낱말을 써 넣어 봅시다.

1) 팔다리를 오그려서 몸을 작게 하다

2) 처한 경우나 형편의 뜻을 나타내는 말

3) 사나운 기세로 무섭게 다가들다

4) 고맙게 베풀어 주는 도움

5) 다른 사람과 앞으로의 일을 어떻게 할 것인가를 미리 정해 둠
또는 그렇게 정한 내용

6) 무엇을 바라는 마음이 더할 나위 없이
정성스럽고 · 강하다

2 밑줄 친 곳에 알맞은 낱말을 써 넣어 문장을 완성해 봅시다.

1) 체육 시간에 맨 앞줄에서 _____ 앉아 있다가 쥐가 났다.

2) 주말 내내 비가 와서 집에만 있으려니 갑갑해 죽을 _____ 이었다.

3) 나그네가 궤짝 문을 열자, 호랑이가 뛰쳐나와서 잡아먹으려고 _____ .

4) '제비도 _____ 를 갚는다'는 속담은 「흥부전」에서 제비도 _____
를 아는데 하물며 사람이 _____ 를 몰라서야 되겠느냐는 뜻이다.

5) 호랑이는 나그네에게 '궤짝 문을 열어 줘도 잡아먹지 않겠다'는 _____을 했다.

6) 무더운 날씨에 한참 동안 길을 걸었더니 시원한 음료수 생각이 _____ .

1 문장을 읽고, 알맞은 낱말을 써 넣어 봅시다.

1) 옳고 그름을 따져 판단함　　　　　　　　　　＿＿＿＿＿＿＿

2) 물이 땅속에서 저절로 솟아 나오는 곳　　　　＿＿＿＿＿＿＿

3) 무엇을 바라는 마음이 더할 나위 없이 정성스럽고·
강하다　　　　　　　　　　　　　　　　　　＿＿＿＿＿＿＿

4) 이것저것 가릴 것 없이 눈에 보이는 대로 마구　＿＿＿＿＿＿＿

5) 사람이 어떻게 행동을 하다 또는 남을 대하다　＿＿＿＿＿＿＿

6) 경험하지 못한 일을 마음속으로 미루어 생각하다　＿＿＿＿＿＿＿

7) 아래에서 위로 빠르고 세게 자꾸 뛰는 모양　　＿＿＿＿＿＿＿

8) 팔다리를 오그려서 몸을 작게 하다　　　　　　＿＿＿＿＿＿＿

9) 몹시 놀랄 만큼 대단히　　　　　　　　　　　＿＿＿＿＿＿＿

10) 마을이나·큰길에서 외따로 떨어져 나 있는 작은 길　＿＿＿＿＿＿＿

11) 연극, 영화, 드라마 따위를 만들기 위해 배우의 대사와 동작,
장면 순서, 무대 장치 등을 자세하게 적어 놓은 글　＿＿＿＿＿＿＿

12) 자리, 순서, 물건, 지위 따위를 자기 몫으로
챙기지 않고 남에게 넘겨주다　　　　　　　　＿＿＿＿＿＿＿

13) 처한 경우나 형편의 뜻을 나타내는 말　　　　＿＿＿＿＿＿＿

14) 사나운 기세로 무섭게 다가들다　　　　　　　＿＿＿＿＿＿＿

15) 물건 따위를 담는 네모난 통을 두루 이르는 말　＿＿＿＿＿＿＿

→ 바른 답 307쪽

16) 매우 자신이 있다 _____

17) 사람이 시련이나 고통을 참아 내다 _____

18) 잘난 체하며 · 남을 낮추보다 _____

19) 덤불이 가득찬 곳 _____

20) 볏짚이나 삼으로 세 가닥을 지어 굵고 기다랗게 꼰 줄 _____

21) 어떤 물체가 물속에 가라앉다 또는 들어가다 _____

22) 힘을 주어 밀다 _____

23) 숨소리가 들리지 않을 정도로 조용히 하다 _____

24) 문을 열고 닫고 잠그는 손잡이로 쓰기 위해 문틀에
다는 고리 _____

25) 작은 구멍이나 틈 사이로 조금만 보이는 모양 _____

26) 다른 사람과 앞으로의 일을 어떻게 할 것인가를 미리
정해 둠 또는 그렇게 정한 내용 _____

27) 몸가짐, 말, 행동 따위를 조심하도록 미리 주의를 줌
또는 그 주의 _____

28) 무대 앞을 가리거나 · 칸을 막거나 · 위를 덮거나 · 옆으로
둘러치는 천으로 된 물건 _____

29) 어려운 일이나 · 외부의 압력을 견디다 _____

30) 고맙게 베풀어 주는 도움 _____

2 밑줄 친 곳에 알맞은 낱말을 써 넣어 문장을 완성해 봅시다.

1) 두 학생이 선생님의 _____를 무시하고 수업 시간에 계속 떠들다가 혼났다.

2) 수학에 남다른 적성이 있던 아이는 _____ 표정으로 시험지를 풀었다.

3) 나그네와 호랑이는 시비를 가리기 위해 토끼에게 _____을 부탁했다.

4) 우리는 _____을 따라 걷다가 드디어 불빛 하나를 발견했다.

5) 동생이 부모님께 버릇없이 _____ 꾸지람을 들었다.

6) 호랑이는 지나가는 나그네에게 _____를 따고 문짝을 좀 열어 달라고 간청했다.

7) 체육 시간에 맨 앞줄에서 _____ 앉아 있다가 쥐가 났다.

8) 호랑이는 나그네에게 '궤짝 문을 열어 줘도 잡아먹지 않겠다'는 _____을 했다.

9) 독서에 탐닉하는 아이는 아무 책이나 _____ 읽는다.

10) 할머니가 버스를 타자 한 젊은이가 자리를 _____.

11) 나그네가 궤짝 문을 열자, 호랑이가 뛰쳐나와서 잡아먹으려고 _____.

12) 나그네는 _____ 속에 갇힌 호랑이를 구해 주었지만, 배은망덕한 호랑이는 나그네를 잡아먹으려고 했다.

13) 평소에 갖고 싶었던 휴대폰을 선물 받은 아이는 신나서 _____ 뛰었다.

14) 산토끼는 파리처럼 재빠르게 움직여 빽빽한 _____ 쪽으로 깡충깡충 뛰어갔다.

15) 토끼는 줄다리기에 쓸 아주아주 길고, 절대 끊어지지 않을 만큼 _____ 튼튼한 밧줄을 만들었다.

→ 바른 답 307쪽

16) 날씨가 너무 추워서 두꺼운 옷을 껴입었는데도 추위를 _____ 힘들다.

17) 아이는 담임이 오는지 망보려고 교실 문틈으로 얼굴을 _____ 내밀었다.

18) 무더운 날씨에 한참 동안 길을 걸었더니 시원한 음료수 생각이 _____ .

19) 주말 내내 비가 와서 집에만 있으려니 갑갑해 죽을 _____ 이었다.

20) 감독은 눈을 아래로 내리깔고 _____ 표정으로 선수들의 동작을 지켜봤다.

21) 연극배우들의 춤과 노래가 끝나자 무대의 _____ 이 내렸다.

22) 극장 안의 사람들은 영화의 주인공이 죽음을 맞는 장면을 _____ 채 지켜보았다.

23) 복도를 걷다가 누군가가 뒤에서 _____ 바람에 넘어졌다.

24) 청군과 백군은 줄다리기를 이기기 위해 _____ 을 힘껏 잡아당겼다.

25) 목이 말랐던 사냥꾼은 산속 근처에 _____ 이 있는지 찾아 나섰다.

26) 인물들의 표정, 몸짓, 말투를 생각하며 _____ 을 여러 번 소리 내어 읽었다.

27) 하마는 물에서 생활하는 시간이 많은데, 낮에는 눈과 귀를 닫은 채 물속에 _____ 있다가 밤이 되면 물에서 나와 풀을 뜯어 먹는다.

28) '제비도 _____ 를 갚는다'는 속담은 「흥부전」에서 제비도 _____ 를 아는데 하물며 사람이 _____ 를 몰라서야 되겠느냐는 뜻이다.

29) 극본에서 인물들의 표정, 몸짓, 말투를 알려 주는 부분을 살펴보면서 인물들에게 어울리는 표정, 몸짓, 말투를 _____ 보았다.

30) 청군과 백군이 밧줄을 맞잡고 한참을 _____ 결국 무승부로 끝났다.

토끼의 재판 | 교과서 278~289쪽 |

사정
한자 일 사 事
뜻 정 情

일의 형편 또는 일이 그렇게 된 까닭

예 "왜 숙제를 안 해 왔냐"는 선생님의 질문에 아이는 "어제 갑자기 배가 아파서 숙제를 하지 못했어요"라며 자신의 **사정**을 말했다.

비 곡절

사정하다
한자 일 사 事
뜻 정 情

다른 사람에게 / 자신이 처한 일의 형편이나 그렇게 된 까닭을 말하고 / 어찌해 달라고 도움을 청하다

예 호랑이는 간절한 말투로 살려 달라고 **사정했다**.

비 빌다, 애걸복걸하다, 애걸하다

애걸복걸하다
한자 슬플 애 哀
빌 걸 乞
엎드릴 복 伏
빌 걸 乞

다른 사람에게 / 어찌해 달라고 / •애처롭게 사정하며 / 빌고 또 빌다

예 호랑이는 나그네에게 제발 문고리를 따고 문짝을 열어 달라고 **애걸복걸했다**.

• **애처롭다**　(불쌍한 것을 보고) 마음이 슬프다

비 빌다, 애걸하다, 만단애걸하다, 사정하다

팽개치다

물건 따위를 / •내던지다 또는 •내버리다

예 시험을 망쳐서 화가 난 아이들은 시험지를 •폐휴지 •함에 **팽개쳤다**.

• **내던지다**　아무렇게나 힘차게 던지다(물건을 날려 보내어 다른 곳에 다다르게 하다)

• **내버리다**　필요 없게 된 것을 아주 버리다(필요 없는 물건을 내던지거나 쏟다)

• **폐휴지(폐지)**　못 쓰게 되어 버리는 종이

• **함**　옷이나 물건 따위를 넣을 수 있도록 네모지게 만든 상자

기운

생물이 / 살아 움직이는 / 힘

예 아침밥을 굶고 와서 오전 내내 **기운**이 하나도 없다.

풀(이)죽다

기세나 기운이 / 없어지다

예 시험에서 52점을 맞고 •맥빠진 아이는 •풀죽은 표정으로 고개를 •떨구었다.

• **맥빠지다**　(의욕이 떨어지거나 실망하여) 기운이 없어지다

• **풀**　세찬 기세나 활발한 기운

• **떨구다(떨어뜨리다, 떨어트리다)**　(시선이나 고개를) 힘없이 아래로 향하다

→ 바른 답 307쪽

1 문장을 읽고, 알맞은 낱말을 써 넣어 봅시다.

1) 일의 형편 또는 일이 그렇게 된 까닭

2) 다른 사람에게 자신이 처한 일의 형편이나 그렇게 된
   까닭을 말하고 어찌해 달라고 도움을 청하다

3) 다른 사람에게 어찌해 달라고
   애처롭게 사정하며 빌고 또 빌다

4) 물건 따위를 내던지다 또는 내버리다

5) 생물이 살아 움직이는 힘

6) 기세나 기운이 없어지다

2 밑줄 친 곳에 알맞은 낱말을 써 넣어 문장을 완성해 봅시다.

1) "왜 숙제를 안 해 왔냐"는 선생님의 질문에 아이는 "어제 갑자기 배가 아파서 숙제를
   하지 못했어요"라며 자신의 _____ 을 말했다.

2) 호랑이는 간절한 말투로 나그네에게 살려 달라고 _____.

3) 호랑이는 나그네에게 제발 문고리를 따고 문짝을 열어 달라고 _____.

4) 시험을 망쳐서 화가 난 아이들은 시험지를 폐휴지 함에 _____.

5) 아침밥을 굶고 와서 오전 내내 _____ 이 하나도 없다.

6) 시험에서 52점을 맞고 맥빠진 아이는 _____ 표정으로 고개를 떨구었다.

9. 작품 속 인물이 되어

토끼의 재판 | 교과서 278~289쪽 |

뻔뻔하다
(빤빤하다)

부끄러워할 만한 **잘못을** 하고도 / **부끄러운 줄을** 모르다

예 시험을 망친 아이는 잘못을 뉘우치기*는커녕 **뻔뻔하게** 변명만 늘어놓았다.

*는(은)커녕   그것은 말할 것도 없거니와 도리어

말귀

남이 하는 **말의** / **뜻을 알아듣는** / *총명한 *기운

예 할머니는 *팔순이 넘자 귀가 어두워져서 **말귀**를 잘 못 알아들으신다.

*총명하다   똑똑하고 눈치가 빠르며, 보고 들은 것을 오래 기억하다

*기운   (눈에 보이지 않으나 분위기나 몸의 감각으로
알 수 있는) 느낌

*팔순   나이 '여든 살(80세)'을 이르는 말

연극 준비하기 | 교과서 290~293쪽 |

공연하다
한자 공평할 공 公
펼 연 演

연주, 무용, 연극 따위를 / *공개된 자리에서 / 많은 사람에게 보이다

예 학생들은 *학예회에서 악기 연주, 춤, 연극, 노래 등을 **공연했다**.

*공개되다   (어떤 사실·내용·사물 따위가) 여러 사람에게 널리 드러나 알려지다

*학예회(학습발표회)   학생들이 노래, 연주, 연극 따위를 발표하고 그림, 글씨, 공예
따위의 작품을 전시하는 교육 활동

비 상연하다

무대
한자 춤출 무 舞
대 대 臺

공연을 하기 위해 / *관람석 앞에 넓고 높게 만든 / 자리

예 학생들은 교실 중앙*에다가 연극을 공연할 수 있는 **무대**를 *마련했다.

*관람석   연극, 영화, 경기 따위를 보러 온 사람이 앉는 자리

*에다가   일정한 위치나 구체적 장소를 나타내는 낱말

*마련하다   필요한 것을 미리 준비하여 갖추다

퇴장
한자 물러날 퇴 退
마당 장 場

연극 무대에서 등장인물이 / 무대 밖으로 나감

예 연극배우들의 **퇴장**과 함께 공연의 막이 내렸다.

소품 (소도구)
한자 작을 소 小
물건 품 品

연극이나 영화 따위에서 / 무대 장치나 *분장에 쓰는 / 작은 도구류를 통틀어 이르는 말

예 함께 공연할 친구들과 연극 「토끼의 재판」에 필요한 **소품**을 만들었다.

*분장   등장인물의 나이, 성격, 특징에 걸맞은 모습으로 얼굴과 옷차림을 꾸밈

→ 바른 답 307쪽

| 공부한 날 | 월 | 일 | 학습평가 ☑ |

 문장을 읽고, 알맞은 낱말을 써 넣어 봅시다.

18주
2일

1) 부끄러워할 만한 잘못을 하고도 부끄러운 줄을 모르다 ☐☐☐☐

2) 남이 하는 말의 뜻을 알아듣는 총명한 기운 ☐☐

3) 연주, 무용, 연극 따위를 공개된 자리에서 많은 사람에게 보이다 ☐☐☐☐

4) 공연을 하기 위해 관람석 앞에 넓고 높게 만든 자리 ☐☐

5) 연극 무대에서 등장인물이 무대 밖으로 나감 ☐☐

6) 연극이나 영화 따위에서 무대 장치나 분장에 쓰는 작은 도구류를 통틀어 이르는 말 ☐☐

 밑줄 친 곳에 알맞은 낱말을 써 넣어 문장을 완성해 봅시다.

1) 시험을 망친 아이는 잘못을 뉘우치기는커녕 _____ 변명만 늘어놓았다.

2) 할머니는 팔순이 넘자 귀가 어두워져서 _____ 를 잘 못 알아들으신다.

3) 학생들은 학예회에서 악기 연주, 춤, 연극, 노래 등을 _____ .

4) 학생들은 교실 중앙에다가 연극을 공연할 수 있는 _____ 를 마련했다.

5) 연극배우들의 _____ 과 함께 공연의 막이 내렸다.

6) 함께 공연할 친구들과 연극 「토끼의 재판」에 필요한 _____ 을 만들었다.

국어 3-2 | **277**

9. 작품 속 인물이 되어

발표회

한자 필 발 發
겉 표 表
모일 회 會

학술 · 예술 등의 창작 또는 연구 결과를 / 여러 사람에게 공개적으로 드러내어 알리는 / 모임

예 「토끼의 재판」 연극 **발표회**에서 공연할 장면을 정하기 위해 친구들과 의논했다.

관람하다

한자 볼 관 觀
볼 람 覽

연극, 영화, 경기, 미술품 따위를 / 흥미나 관심을 갖고 / 보다

예 지난 •주말에 가족과 함께 극장에 가서 영화를 **관람했다.**

• 주말　한 주일의 끝 무렵. 보통 토요일 오후부터 일요일까지를 이름

비 보다, 구경하다

최종

한자 가장 최 最
마칠 종 終

일, 시간, 순서 등의 / 맨 마지막

예 영재 •선발 2차 시험을 치른 아이는 **최종** 합격자 발표를 기다리고 있다.

• 선발　여럿 가운데에서 어떤 대상을 가려서 뽑음

비 마지막, 최후, 막판

참여하다

한자 참여할 참 參
더불 여 與

어떤 일에 •끼어들어 / 관계하다

예 모든 학생이 연극 발표회 연습에 •진지하게 **참여했다.**

• 끼어들다(껴들다) 여럿 가운데 들어가 끼다(무리에 섞이다)

• 진지하다　태도나 행동 따위가 진실하고 올바르며 차분하고 정성을 다하다

충실히

한자 충성 충 忠
열매 실 實

몸과 마음을 다하여 / 정성스럽고 · 참되게

예 「국단어 완전 정복」의 마지막 •페이지, 최종 문제까지 **충실히** 공부한 •그대를 칭찬합니다.

• 페이지(page, 쪽)　책 따위의 지면(종이의 면)을 세는 단위

• 그대(자네)　벗이나 아랫사람을 대접하여 점잖게 높여 가리키는 말

비 성실히

→ 바른 답 307쪽

1 **문장을 읽고, 알맞은 낱말을 써 넣어 봅시다.**

18주
3일

1) 학술 · 예술 등의 창작 또는 연구 결과를 여러 사람에게
   공개적으로 드러내어 알리는 모임

2) 연극, 영화, 경기, 미술품 따위를 흥미나
   관심을 갖고 보다

3) 일, 시간, 순서 등의 맨 마지막

4) 어떤 일에 끼어들어 관계하다

5) 몸과 마음을 다하여 정성스럽고 · 참되게

2 **밑줄 친 곳에 알맞은 낱말을 써 넣어 문장을 완성해 봅시다.**

1) 「토끼의 재판」 연극 _____ 에서 공연할 장면을 정하기 위해 친구들과 의논
   했다.

2) 지난 주말에 가족과 함께 극장에 가서 영화를 _____ .

3) 영재 선발 2차 시험을 치른 아이는 _____ 합격자 발표를 기다리고 있다.

4) 모든 학생이 연극 발표회 연습에 진지하게 _____ .

5) 「국단어 완전 정복」의 마지막 페이지, 최종 문제까지 _____ 공부한 그대를
   칭찬합니다.

1 문장을 읽고, 알맞은 낱말을 써 넣어 봅시다.

1) 일, 시간, 순서 등의 맨 마지막　　　　　　　＿＿＿＿＿＿＿＿

2) 기세나 기운이 없어지다　　　　　　　　　　＿＿＿＿＿＿＿＿

3) 남이 하는 말의 뜻을 알아듣는 총명한 기운　　＿＿＿＿＿＿＿＿

4) 다른 사람에게 어찌해 달라고 애처롭게 사정하며
빌고 또 빌다　　　　　　　　　　　　　　　＿＿＿＿＿＿＿＿

5) 연극, 영화, 경기, 미술품 따위를 흥미나 관심을 갖고 보다　＿＿＿＿＿＿＿＿

6) 공연을 하기 위해 관람석 앞에 넓고 높게 만든 자리　＿＿＿＿＿＿＿＿

7) 학술·예술 등의 창작 또는 연구 결과를 여러 사람에게
공개적으로 드러내어 알리는 모임　　　　　　＿＿＿＿＿＿＿＿

8) 부끄러워할 만한 잘못을 하고도 부끄러운 줄을 모르다　＿＿＿＿＿＿＿＿

9) 몸과 마음을 다하여 정성스럽고 · 참되게　　　＿＿＿＿＿＿＿＿

10) 연주, 무용, 연극 따위를 공개된 자리에서 많은 사람에게
보이다　　　　　　　　　　　　　　　　　　＿＿＿＿＿＿＿＿

11) 일의 형편 또는 일이 그렇게 된 까닭　　　　＿＿＿＿＿＿＿＿

12) 다른 사람에게 자신이 처한 일의 형편이나 그렇게 된 까닭을
말하고 어찌해 달라고 도움을 청하다　　　　　＿＿＿＿＿＿＿＿

13) 어떤 일에 끼어들어 관계하다　　　　　　　＿＿＿＿＿＿＿＿

14) 물건 따위를 내던지다 또는 내버리다　　　　＿＿＿＿＿＿＿＿

15) 생물이 살아 움직이는 힘　　　　　　　　　＿＿＿＿＿＿＿＿

16) 연극이나 영화 따위에서 무대 장치나 분장에 쓰는
작은 도구류를 통틀어 이르는 말　　　　　　　＿＿＿＿＿＿＿＿

17) 연극 무대에서 등장인물이 무대 밖으로 나감　＿＿＿＿＿＿＿＿

→ 바른 답 307쪽

2 밑줄 친 곳에 알맞은 낱말을 써 넣어 문장을 완성해 봅시다.

1) 지난 주말에 가족과 함께 극장에 가서 영화를 _____ .

2) 호랑이는 간절한 말투로 살려 달라고 _____ .

3) "왜 숙제를 안 해 왔냐"는 선생님의 질문에 아이는 "어제 갑자기 배가 아파서 숙제를 하지 못했어요"라며 자신의 _____ 을 말했다.

4) 「토끼의 재판」 연극 _____ 에서 공연할 장면을 정하기 위해 친구들과 의논했다.

5) 시험을 망쳐서 화가 난 아이들은 시험지를 폐휴지 함에 _____ .

6) 학생들은 학예회에서 악기 연주, 춤, 연극, 노래 등을 _____ .

7) 호랑이는 나그네에게 제발 문고리를 따고 문짝을 열어 달라고 _____ .

8) 시험을 망친 아이는 잘못을 뉘우치기는커녕 _____ 변명만 늘어놓았다.

9) 학생들은 교실 중앙에다가 연극을 공연할 수 있는 _____ 를 마련했다.

10) 할머니는 팔순이 넘자 귀가 어두워져서 _____ 를 잘 못 알아들으신다.

11) 함께 공연할 친구들과 연극 「토끼의 재판」에 필요한 _____ 을 만들었다.

12) 모든 학생이 연극 발표회 연습에 진지하게 _____ .

13) 연극배우들의 _____ 과 함께 공연의 막이 내렸다.

14) 아침밥을 굶고 와서 오전 내내 _____ 이 하나도 없다.

15) 영재 선발 2차 시험을 치른 아이는 _____ 합격자 발표를 기다리고 있다.

16) 시험에서 52점을 맞고 맥빠진 아이는 _____ 표정으로 고개를 떨구었다.

17) 「국단어 완전 정복」의 마지막 페이지, 최종 문제까지 _____ 공부한 그대를 칭찬합니다.

1 문장을 읽고, 알맞은 낱말을 써 넣어 봅시다.

1) 무엇을 바라는 마음이 더할 나위 없이 정성스럽고·강하다 (   )

2) 연극 무대에서 등장인물이 무대 밖으로 나감 (   )

3) 사람이 어떻게 행동을 하다 또는 남을 대하다 (   )

4) 팔다리를 오그려서 몸을 작게 하다 (   )

5) 고맙게 베풀어 주는 도움 (   )

6) 일, 시간, 순서 등의 맨 마지막 (   )

7) 매우 자신이 있다 (   )

8) 공연을 하기 위해 관람석 앞에 넓고 높게 만든 자리 (   )

9) 작은 구멍이나 틈 사이로 조금만 보이는 모양 (   )

10) 덤불이 가득찬 곳 (   )

11) 다른 사람에게 자신이 처한 일의 형편이나 그렇게 된
까닭을 말하고 어찌해 달라고 도움을 청하다 (   )

12) 옳고 그름을 따져 판단함 (   )

13) 다른 사람에게 어찌해 달라고 애처롭게 사정하며
빌고 또 빌다 (   )

14) 기세나 기운이 없어지다 (   )

15) 숨소리가 들리지 않을 정도로 조용히 하다 (   )

⟶ 바른 답 307쪽

16) 부끄러워할 만한 잘못을 하고도 부끄러운 줄을 모르다   (   )

17) 몸과 마음을 다하여 정성스럽고 · 참되게   (   )

18) 어려운 일이나 · 외부의 압력을 견디다   (   )

19) 생물이 살아 움직이는 힘   (   )

20) 남이 하는 말의 뜻을 알아듣는 총명한 기운   (   )

21) 연주, 무용, 연극 따위를 공개된 자리에서
     많은 사람에게 보이다   (   )

22) 몸가짐, 말, 행동 따위를 조심하도록 미리 주의를 줌
     또는 그 주의   (   )

23) 자리, 순서, 물건, 지위 따위를 자기 몫으로 챙기지 않고
     남에게 넘겨주다   (   )

24) 경험하지 못한 일을 마음속으로 미루어 생각하다   (   )

25) 물건 따위를 내던지다 또는 내버리다   (   )

26) 어떤 일에 끼어들어 관계하다   (   )

27) 물건 따위를 담는 네모난 통을 두루 이르는 말   (   )

28) 물이 땅속에서 저절로 솟아 나오는 곳   (   )

29) 잘난 체하며 · 남을 낮추보다   (   )

30) 볏짚이나 삼으로 세 가닥을 지어 굵고 기다랗게 꼰 줄   (   )

2 밑줄 친 곳에 알맞은 낱말을 써 넣어 문장을 완성해 봅시다.

1) 모든 학생이 연극 발표회 연습에 진지하게 _____ .

2) 나그네와 호랑이는 시비를 가리기 위해 토끼에게 _____ 을 부탁했다.

3) 복도를 걷다가 누군가가 뒤에서 _____ 바람에 넘어졌다.

4) 수학에 남다른 적성이 있던 아이는 _____ 표정으로 시험지를 풀었다.

5) 할머니가 버스를 타자 한 젊은이가 자리를 _____ .

6) 두 학생이 선생님의 _____ 를 무시하고 수업 시간에 계속 떠들다가
   혼났다.

7) 호랑이는 간절한 말투로 살려 달라고 _____ .

8) 독서에 탐닉하는 아이는 아무 책이나 _____ 읽는다.

9) 청군과 백군이 밧줄을 맞잡고 한참을 _____ 결국 무승부로 끝났다.

10) 주말 내내 비가 와서 집에만 있으려니 갑갑해 죽을 _____ 이었다.

11) 체육 시간에 맨 앞줄에서 _____ 앉아 있다가 쥐가 났다.

12) 「토끼의 재판」 연극 _____ 에서 공연할 장면을 정하기 위해 친구들과
    의논했다.

13) 인물들의 표정, 몸짓, 말투를 생각하며 _____ 을 여러 번 소리 내어 읽었다.

14) 할머니는 팔순이 넘자 귀가 어두워져서 _____ 를 잘 못 알아들으신다.

15) 날씨가 너무 추워서 두꺼운 옷을 껴입었는데도 추위를 _____ 힘들다.

→ 바른 답 307쪽

16) 아침밥을 굶고 와서 오전 내내 _____ 이 하나도 없다.

17) '제비도 _____ 를 갚는다'는 속담은 「흥부전」에서 제비도 _____ 를 아는데 하물며 사람이 _____ 를 몰라서야 되겠느냐는 뜻이다.

18) 시험에서 52점을 맞고 맥빠진 아이는 _____ 표정으로 고개를 떨구었다.

19) 무더운 날씨에 한참 동안 길을 걸었더니 시원한 음료수 생각이 _____ .

20) 시험을 망친 아이는 잘못을 뉘우치기는커녕 _____ 변명만 늘어놓았다.

21) 함께 공연할 친구들과 연극 「토끼의 재판」에 필요한 _____ 을 만들었다.

22) 우리는 _____ 을 따라 걷다가 드디어 불빛 하나를 발견했다.

23) 영재 선발 2차 시험을 치른 아이는 _____ 합격자 발표를 기다리고 있다.

24) 감독은 눈을 아래로 내리깔고 _____ 표정으로 선수들의 동작을 지켜봤다.

25) 시험을 망쳐서 화가 난 아이들은 시험지를 폐휴지 함에 _____ .

26) 나그네는 _____ 속에 갇힌 호랑이를 구해 주었지만, 배은망덕한 호랑이는 나그네를 잡아먹으려고 했다.

27) 학생들은 학예회에서 악기 연주, 춤, 연극, 노래 등을 _____ .

28) 토끼는 줄다리기에 쓸 아주아주 길고, 절대 끊어지지 않을 만큼 _____ 튼튼한 밧줄을 만들었다.

29) 하마는 물에서 생활하는 시간이 많은데, 낮에는 눈과 귀를 닫은 채 물속에 _____ 있다가 밤이 되면 물에서 나와 풀을 뜯어 먹는다.

30) 「국단어 완전 정복」의 마지막 페이지, 최종 문제까지 _____ 공부한 그대를 칭찬합니다.

💡 **문장을 읽고, 알맞은 낱말을 써 넣어 봅시다.**

1) 두 팔을 둥글게 모아 만든 둘레 안에 들 만한 분량을
    세는 단위   (   )

2) 몇 개의 등급으로 구분한 개인의 사회적 지위   (   )

3) 이른 봄에 부는 살 속으로 스며드는 듯한 차고 매서운 바람 (   )

4) 물체나 평면의 모가 진 가장자리   (   )

5) 잘 알려지지 않았거나·모르는 일이나 사실 따위를
    사람들이 잘 알 수 있도록 알려 주다   (   )

6) 마음속에 품은 기쁨·슬픔·좋음·싫음 따위의 감정이
    얼굴에 나타난 모양   (   )

7) 땅속에 묻혀 있는 유적이나 유물 따위를 파냄   (   )

8) 마음이나 분위기가 조금 흥분되다 또는 어수선하게
    들썽거리다   (   )

9) 마음속이 타는 듯 몹시 불안하고·걱정되다   (   )

10) 베, 비단 따위의 천 또는 그물을 짤 때 세로(|) 방향으로
    놓는 실   (   )

11) 다른 것이 되다 또는 다른 상태로 되다   (   )

12) 좋거나 알맞다고 생각되는 것을 남에게 권하다   (   )

13) 어려운 처지에 놓인 상대나·그 형편이 마음 아프고·
    불쌍하다   (   )

14) 잘 알아듣게 말하여 어떤 일을 하게 함 또는 그 내용   (   )

15) 옛날부터 전해 내려오는 이야기   (   )

→ 바른 답 308쪽

16) 여러 사람이 공동으로 이용하는 곳   (   )

17) 사람이 시련이나 고통을 참아 내다   (   )

18) 많은 사람 중에서 대표로 뽑혀 운동 경기에 나가는 사람
     또는 운동 경기를 직업으로 하는 사람   (   )

19) 이미 알고 있는 사실에 비추어 무엇이 어찌할 것이라고
     생각하다   (   )

20) 몸이 '머리-가슴-배'로 나뉘고 다리가 3쌍(6개) 날개가
     2쌍(4개)인 동물   (   )

21) 자신의 잘못을 인정하고 용서를 빌다   (   )

22) 군대, 탐험대 따위의 행동반경이 넓은 지역 등에서의
     활동을 위한 기점으로 삼은 곳   (   )

23) 무엇이 외부(바깥 부분)의 물질을 안으로 빨아들이다 (   )

24) 오랜 기다림 끝에 그 결과로   (   )

25) 특정한 자격을 주다 또는 분명히 가리켜 정하다   (   )

26) 가을에 나뭇잎의 빛깔이 빨간색, 노란색, 갈색 등으로
     변하는 현상 또는 그렇게 변한 잎   (   )

27) 감각을 자극하는   (   )

28) 바라는 대로 되지 않아 아쉽고 못마땅하다   (   )

29) 일의 형편 또는 사물의 모양 따위가 서로 같음   (   )

30) 현실적이고·자세한 부분까지 담고 있는 (것)   (   )

31) 더 앞서고 좋은 상태 또는 더 높은 단계로 나아가다 (   )

32) 장마철에 비가 아주 적게 오거나 · 갠 날이 계속되는 날씨　（　　　　　）

33) 생각한 일을 실제로 해 나가다　（　　　　　）

34) 영화, 연극, 드라마에서 배우가 등장인물을 맡는 것　（　　　　　）

35) 무엇을 깊이 느껴 마음이 움직임　（　　　　　）

36) 어떤 사물이나 그 냄새가 은근히 향기롭다　（　　　　　）

37) 말이나 태도 따위가 희미하여 이것인지 저것인지
　　분명하지 않다　（　　　　　）

38) 아래에서 위로 또는 안에서 밖으로 솟아서 오르다　（　　　　　）

39) 몹시 놀랄 만큼 대단히　（　　　　　）

40) 학문이나 기예 따위를 되풀이하여 익히다　（　　　　　）

41) 말이나 행동이 자신의 신분이나 능력 따위를 넘어서서
　　주제넘게　（　　　　　）

42) 말, 태도, 규칙 따위가 매우 엄하고 · 철저하다　（　　　　　）

43) 글 따위에서 중요한 내용만 골라서 짧고 간단하게 가려 뽑다　（　　　　　）

44) 악기의 음을 일정한 표준음에 맞게 고르는 일　（　　　　　）

45) 어느 사물에만 특별히 있다 또는 원래부터 갖고 있다　（　　　　　）

46) 구성원이나 단체를 대신하여 일하다 또는 생각을 드러내다　（　　　　　）

47) 냄새를 맡는 감각　（　　　　　）

48) 작은 구멍이나 · 틈 사이로 조금만 보이는 모양　（　　　　　）

49) 마을이나 · 큰길에서 외따로 떨어져 나 있는 작은 길　（　　　　　）

50) 잘난 체하다　（　　　　　）

→ 바른 답 308쪽

51) 사실이나 내용을 글자나 기호로 표하여 겉으로
　　 나타내 보이다　　　　　　　　　　　　　　　　　　　(　　　　　　　　　)

52) 문학, 영화, 연극 따위에서 일정한 장소에서 일이
　　 벌어지는 모습　　　　　　　　　　　　　　　　　　　(　　　　　　　　　)

53) 다른 사람이 힘든 일을 당하여 불쌍하고 · 마음이 아프다　(　　　　　　　　　)

54) 제비를 뽑아서 승부나 차례를 정하는 일　　　　　　　(　　　　　　　　　)

55) 작게 부서져서 내리는 눈　　　　　　　　　　　　　　(　　　　　　　　　)

56) 뜻밖의 일을 당하여 정신을 차릴 수 없을 정도로 얼떨떨하다 (　　　　　　　　　)

57) 이것저것 가릴 것 없이 눈에 보이는 대로 마구　　　　(　　　　　　　　　)

58) 상대방이 처한 상황을 살펴 생각하다　　　　　　　　(　　　　　　　　　)

59) 실물을 본떠서 만든 물건　　　　　　　　　　　　　　(　　　　　　　　　)

60) 원하는 일이 이루어지기를 빌다　　　　　　　　　　(　　　　　　　　　)

61) 말의 빠르기, 높낮이, 세기 따위에서 드러나는
　　 독특한 방식 또는 느낌　　　　　　　　　　　　　　(　　　　　　　　　)

62) 연극이나 영화 따위에서 무대 장치나 분장에 쓰는
　　 작은 도구류를 통틀어 이르는 말　　　　　　　　　　(　　　　　　　　　)

63) 음의 높이를 반음 내릴 때 쓰는 표　　　　　　　　　(　　　　　　　　　)

64) 힘을 주어 밀다　　　　　　　　　　　　　　　　　　(　　　　　　　　　)

65) 늦가을에 아주 되게 내리는 서리　　　　　　　　　　(　　　　　　　　　)

66) 도시 속의 개방된 장소로서 많은 사람이 모일 수 있고 ·
　　 자유롭게 이용할 수 있는 넓은 공간　　　　　　　　　(　　　　　　　　　)

67) 마음속에 강렬하게 새겨져 뚜렷하게 남다 또는 잊히지 않다 (   )

68) 처한 경우나 형편의 뜻을 나타내는 말 (   )

69) 자기에게 이익되는 일에만 힘쓰는 (것) (   )

70) 산책을 할 수 있게 만든 길 (   )

71) 지금 하는 일과 전혀 관계없는 일이나 행동 (   )

72) 동식물의 수가 늘어서 많이 퍼지다 (   )

73) 둘 이상의 사물을 견주었을 때 서로 다름 또는 다른
    정도나 상태 (   )

74) 화가 나거나 · 걱정이 되어 마음이 불편하고 · 괴롭고 ·
    우울하다 (   )

75) 무엇을 상대가 알기 쉽게 밝혀 말하다 (   )

76) 한 나라가 완전한 자주권을 가짐 (   )

77) 큰 물체가 자꾸 이리저리 크게 움직이는 모양 (   )

78) 하나의 줄기로 이어져 진행되는 현상을 비유적으로
    이르는 말 (   )

79) 한 발을 들고 한 발로 섬 또는 그런 자세 (   )

80) 필요한 것을 생각해서 미리 갖추다 (   )

81) 바다, 강, 호수 따위의 물에서 나는 물고기, 조개,
    해초 따위의 물품 (   )

82) 노끈이나 실 따위의 여러 가닥을 이리저리 어긋나게
    묶어서 어떤 물건을 만들다 (   )

→ 바른 답 308쪽

83) 다른 사람에게 의미, 지식, 감정 따위를 말이나 글로
    나타내어 알게 하다   (   )

84) 마음이 흡족하고·푸근하다   (   )

85) 어떤 행위를 하지 못하게 막다   (   )

86) 남의 호의나 은혜에 대하여 갚음   (   )

87) 목적을 이룸 또는 뜻을 이룸   (   )

88) 일이나·그 시기가 기준을 잡은 때보다 시간상 빠르다 (   )

89) 그때에야 비로소   (   )

90) 이런저런 여러 가지   (   )

91) 음식이 약간 신맛이 나면서·맛깔스럽게 단맛이 있다 (   )

92) 모임이나 단체에 관계하여 들어가다   (   )

93) 말하는 이가 듣는 이의 높고 낮은 정도에 따라 말로
    구별하여 표현하는 것   (   )

94) 한 물건에서 떼어 내거나·따로 떨어져 나온 부분 (   )

95) 옷감, 조각품 따위에 장식으로 넣는 여러 가지 모양 (   )

96) 어려운 일을 헤쳐 나가려고 단단히 결심하다 또는 꾹 참다 (   )

97) 높낮이, 크기, 양 따위가 한쪽으로 기울거나·치우치지
    않고 차이가 없이 똑같은 상태   (   )

98) 닥나무 껍질 따위로 만든 한국 고유의 종이   (   )

99) 몸과 마음을 다하여 정성스럽고·참되게   (   )

100) 다 이루어 완전한 것으로 만들다   (   )

※ 힘들고 지칠 때 색칠놀이로 예쁘게 꾸며보세요.

바른 답
확인하기

3·2

1일

❶ 1) 표정 2) 미안하다 3) 사과하다 4) 표현하다 5) 공손하다 6) 몸짓

❷ 1) 표정 2) 미안했다 3) 사과했다 4) 표현했다 5) 공손하게 6) 몸짓

2일

❶ 1) 말투 2) 작품 3) 주의하다 4) 평소 5) 덤벙거리다 6) 일부러

❷ 1) 말투 2) 작품 3) 주의하며 4) 평소 5) 덤벙거리는 6) 일부러

3일

❶ 1) 부탁하다 2) 특징 3) 궁녀 4) 수라간 5) 글썽이다 6) 뒷짐

❷ 1) 부탁했다 2) 특징 3) 궁녀 4) 수라간 5) 글썽이더니 6) 뒷짐

4일

❶ 1) 찡그리다 2) 상궁 3) 소식 4) 옥살이 5) 꾸중 6) 실감나다

❷ 1) 찡그렸다 2) 상궁 3) 소식 4) 옥살이 5) 꾸중 6) 실감난다

5일

❶ 1) 이해하다 2) 감상하다 3) 섭섭하다 4) 돋보이다 5) 망치다 6) 연습하다

❷ 1) 이해할 2) 감상했다 3) 섭섭했다 4) 돋보였다 5) 망쳤다 6) 연습했다

1주 주말평가

1 1) 덤벙거리다 2) 이해하다 3) 사과하다 4) 감상하다 5) 공손하다 6) 섭섭하다 7) 몸짓 8) 돋보이다 9) 평소 10) 글썽이다 11) 궁녀 12) 망치다 13) 미안하다 14) 찡그리다 15) 상궁 16) 주의하다 17) 소식 18) 옥살이 19) 꾸중 20) 표정 21) 수라간 22) 실감나다 23) 부탁하다 24) 일부러 25) 작품 26) 특징 27) 연습하다 28) 뒷짐 29) 말투 30) 표현하다

2 1) 덤벙거리는 2) 이해할 3) 뒷짐 4) 주의하며 5) 사과했다 6) 상궁 7) 감상했다 8) 망쳤다 9) 말투 10) 작품 11) 꾸중 12) 평소 13) 일부러 14) 연습했다 15) 찡그렸다 16) 돋보였다 17) 수라간 18) 소식 19) 표정 20) 글썽이더니 21) 미안했다 22) 특징 23) 공손하게 24) 몸짓 25) 옥살이 26) 실감난다 27) 부탁했다 28) 표현했다 29) 섭섭했다 30) 궁녀

1일

❶ 1) 감동 2) 줄거리 3) 속상하다 4) 자그마하다 5) 주인공 6) 예외

❷ 1) 감동 2) 줄거리 3) 속상해서 4) 자그마해서 5) 주인공 6) 예외

2일

❶ 1) 근처 2) 빠끔히 3) 가로젓다 4) 요란하다 5) 젠체하다 6) 덩치

❷ 1) 근처 2) 빠끔히 3) 가로저었다 4) 요란하다 5) 젠체하지 6) 덩치

3일

❶ 1) 당연하다 2) 대답하다 3) 조심스럽다 4) 정신없이 5) 곳곳 6) 정리하다

❷ 1) 당연하다 2) 대답했다 3) 조심스럽게 4) 정신없이 5) 곳곳 6) 정리했다

4일

❶ 1) 정원 2) 정원사 3) 문득 4) 초조하다 5) 당황스럽다 6) 예전

❷ 1) 정원 2) 정원사 3) 문득 4) 초조했던 5) 당황스러웠다 6) 예전

5일

❶ 1) 물끄러미 2) 털어놓다 3) 잠기다 4) 친절하다 5) 베풀다 6) 보답

❷ 1) 물끄러미 2) 털어놓았다 3) 잠겼다 4) 친절하다 5) 베풀어 6) 보답

2주 주말평가

❶ 1) 빠끔히 2) 물끄러미 3) 젠체하다 4) 털어놓다 5) 잠기다 6) 대답하다 7) 정리하다 8) 친절하다 9) 베풀다 10) 곳곳 11) 감동 12) 조심스럽다 13) 줄거리 14) 속상하다 15) 요란하다 16) 자그마하다 17) 근처 18) 문득 19) 주인공 20) 예외 21) 정원사 22) 보답 23) 정원 24) 당황스럽다 25) 초조하다 26) 가로젓다 27) 덩치 28) 예전 29) 당연하다 30) 정신없이

❷ 1) 물끄러미 2) 베풀어 3) 자그마해서 4) 털어놓았다 5) 주인공 6) 잠겼다 7) 당연하다 8) 예외 9) 대답했다 10) 예전 11) 조심스럽게 12) 줄거리 13) 당황스러웠다 14) 정신없이 15) 젠체하지 16) 곳곳 17) 가로저었다 18) 정리했다 19) 속상해서 20) 친절하다 21) 감동 22) 정원 23) 문득 24) 정원사 25) 덩치 26) 근처 27) 초조했던 28) 빠끔히 29) 보답 30) 요란하다

1일

❶ 1) 정각 2) 꼿꼿하다 3) 덩실덩실 4) 분명 5) 순간 6) 마법

❷ 1) 정각 2) 꼿꼿하게 3) 덩실덩실 4) 분명 5) 순간 6) 마법

2일

❶ 1) 근사하다 2) 움큼 3) 과장되다 4) 조각 5) 대접 6) 정상

❷ 1) 근사한 2) 움큼 3) 과장된 4) 조각, 조각 5) 대접 6) 정상

3일

❶ 1) 이야기꽃 2) 호탕하다 3) 도망 4) 해치다 5) 약초 6) 안쓰럽다

❷ 1) 이야기꽃 2) 호탕하게 3) 도망 4) 해치지 5) 약초 6) 안쓰럽다

4일

❶ 1) 정글 2) 짐작하다 3) 군침돌다 4) 미소 5) 처음 6) 지독하다

❷ 1) 정글 2) 짐작할 3) 군침이 돌았다 4) 미소 5) 처음 6) 지독한

5일

❶ 1) 이기적 2) 다양하다 3) 뿌듯하다 4) 의좋다 5) 볏단 6) 흐뭇하다

❷ 1) 이기적인 2) 다양했다 3) 뿌듯하다 4) 의좋게 5) 볏단 6) 흐뭇했다

1 1) 처음 2) 약초 3) 짐작하다 4) 움큼 5) 다양하다 6) 흐뭇하다 7) 의좋다 8) 이야기꽃 9) 볏단 10) 호탕하다 11) 정각 12) 순간 13) 군침돌다 14) 꼿꼿하다 15) 정상 16) 대접 17) 덩실덩실 18) 분명 19) 미소 20) 조각 21) 마법 22) 이기적 23) 도망 24) 해치다 25) 뿌듯하다 26) 지독하다 27) 안쓰럽다 28) 근사하다 29) 과장되다 30) 정글

2 1) 꼿꼿하게 2) 안쓰럽다 3) 정글 4) 볏단 5) 짐작할 6) 대접 7) 처음 8) 군침이 돌았다 9) 마법 10) 순간 11) 조각, 조각 12) 미소 13) 지독한 14) 다양했다 15) 이야기꽃 16) 분명 17) 호탕하게 18) 이기적인 19) 의좋게 20) 흐뭇했다 21) 도망 22) 움큼 23) 해치지 24) 뿌듯하다 25) 근사한 26) 정상 27) 과장된다 28) 정각 29) 약초 30) 덩실덩실

4주   54~63쪽

1일

1 1) 장면 2) 관련짓다 3) 위기 4) 멸종 5) 균형 6) 깨금발
2 1) 장면 2) 관련지어 3) 위기 4) 멸종 5) 균형 6) 깨금발

2일

1 1) 야생 2) 지정하다 3) 전통 4) 간단하다 5) 겨루다 6) 필요하다
2 1) 야생 2) 지정했다 3) 전통, 전통 4) 간단한 5) 겨루었다 6) 필요하지

3일

1 1) 천연기념물 2) 비슷하다 3) 안전하다 4) 실험 5) 점검하다 6) 궁금하다

2 1) 천연기념물 2) 비슷해서 3) 안전한 4) 실험 5) 점검했다 6) 궁금하다

4일

1 1) 수칙 2) 탐구하다 3) 호기심 4) 해결하다 5) 발생하다 6) 안전사고
2 1) 수칙 2) 탐구한다 3) 호기심 4) 해결한다 5) 발생했다 6) 안전사고

5일

1 1) 실천하다 2) 예방하다 3) 화학약품 4) 날카롭다 5) 진지하다 6) 거리
2 1) 실천하여 2) 예방할 3) 화학약품 4) 날카로운 5) 진지한 6) 거리

1 1) 궁금하다 2) 실천하다 3) 진지하다 4) 화학약품 5) 위기 6) 수칙 7) 야생 8) 전통 9) 깨금발 10) 비슷하다 11) 겨루다 12) 필요하다 13) 탐구하다 14) 실험 15) 호기심 16) 거리 17) 간단하다 18) 멸종 19) 해결하다 20) 안전사고 21) 예방하다 22) 지정하다 23) 점검하다 24) 날카롭다 25) 관련짓다 26) 발생하다 27) 천연기념물 28) 장면 29) 안전하다 30) 균형

1 1) 궁금하다 2) 필요하지 3) 예방할 4) 겨루었다 5) 수칙 6) 발생했다 7) 간단한 8) 장면 9) 전통, 전통 10) 관련지어 11) 균형 12) 야생 13) 실천하여 14) 거리 15) 깨금발 16) 점검했다 17) 탐구한다 18) 호기심 19) 해결한다 20) 안전사고 21) 날카로운 22) 천연기념물 23) 위기 24) 비슷해서 25) 멸종 26) 안전한 27) 화학 약품 28) 진지한 29) 실험 30) 지정했다

1 1) 덤벙거리다 2) 꼿꼿하다 3) 궁금하다 4) 줄거리
5) 관련짓다 6) 소식 7) 호기심 8) 당황스럽다 9) 물끄러미
10) 예방하다 11) 돋보이다 12) 과장되다 13) 당연하다
14) 점검하다 15) 찡그리다 16) 탐구하다 17) 대답하다 18)
수칙 19) 호탕하다 20) 글썽이다 21) 대접 22) 표현하다
23) 뿌듯하다 24) 해결하다 25) 베풀다 26) 자그마하다
27) 흐뭇하다 28) 실감나다 29) 예외 30) 움큼

2 1) 수칙 2) 빠끔히 3) 공손하게 4) 멸종 5) 당연하다
6) 이해할 7) 안전사고 8) 처음 9) 글썽이더니 10)
천연기념물 11) 속상해서 12) 젠체하지 13) 위기 14)
연습했다 15) 지정했다 16) 베풀어 17) 탐구한다 18)
수라간 19) 야생 20) 덩실덩실 21) 다양했다 22) 주의하며
23) 안쓰럽다 24) 의좋게 25) 섭섭했다 26) 필요하지 27)
초조했던 28) 말투 29) 실험 30) 볏단

5주   74~83쪽

1일

❶ 1) 기억하다 2) 노력하다 3) 중심생각 4) 편평하다 5)
번식하다 6) 보존하다

❷ 1) 기억하고, 기억하지 2) 노력해야 3) 중심생각 4)
편평한 5) 번식해서 6) 보존하는

2일

❶ 1) 갯벌 2) 적합하다 3) 환경 4) 철새 5) 어민 6) 수산물
❷ 1) 갯벌 2) 적합한 3) 환경 4) 철새 5) 어민 6) 수산물

3일

❶ 1) 양식 2) 농작물 3) 오염 4) 분해하다 5) 진흙탕 6)

기능
❷ 1) 양식 2) 농작물 3) 오염 4) 분해하여 5) 진흙탕 6)
기능

4일

❶ 1) 저장하다 2) 흡수하다 3) 수행하다 4) 소중하다 5)
토박이말 6) 이르다

❷ 1) 저장하여 2) 흡수해 3) 수행해 4) 소중한 5)
토박이말 6) 이른

5일

❶ 1) 소소리바람 2) 장마 3) 시샘하다 4) 꽃샘추위 5)
꽃샘바람 6) 마른장마

❷ 1) 소소리바람 2) 장마 3) 시샘하듯 4) 꽃샘추위 5)
꽃샘바람 6) 마른장마

5주 주말평가

❶ 1) 이르다 2) 기능 3) 소소리바람 4) 꽃샘추위 5)
저장하다 6) 소중하다 7) 철새 8) 흡수하다 9) 적합하다
10) 편평하다 11) 양식 12) 오염 13) 마른장마 14) 농작물
15) 번식하다 16) 갯벌 17) 기억하다 18) 꽃샘바람 19)
노력하다 20) 보존하다 21) 시샘하다 22) 환경 23)
중심생각 24) 수행하다 25) 수산물 26) 진흙탕 27)
토박이말 28) 어민 29) 분해하다 30) 장마

❷ 1) 중심 생각 2) 번식해서 3) 소소리바람 4) 어민
5) 편평한 6) 장마 7) 철새 8) 진흙탕 9) 저장하여 10)
마른장마 11) 갯벌 12) 수산물 13) 수행해 14) 흡수해 15)
환경 16) 토박이말 17) 꽃샘추위 18) 사샘하듯 19) 양식
20) 소중한 21) 농작물 22) 기억하고, 기억하지 23) 이른
24) 오염 25) 노력해야 26) 보존하는 27) 분해하여 28)
적합한 29) 기능 30) 꽃샘바람

1일

① 1) 무더위 2) 불볕더위 3) 머금다 4) 끈끈하다 5) 볕 6) 어울리다

② 1) 무더위 2) 불볕더위 3) 머금고 4) 끈끈한 5) 볕 6) 어울린다

2일

① 1) 건들건들 2) 건들바람 3) 건들장마 4) 수증기 5) 묽다 6) 되다

② 1) 건들건들 2) 건들바람 3) 건들장마 4) 수증기 5) 묽어서 6) 되서

3일

① 1) 서리 2) 무서리 3) 표면 4) 올서리 5) 된서리 6) 함박눈

② 1) 서리 2) 무서리 3) 표면 4) 올서리 5) 된서리 6) 함박눈

4일

① 1) 가랑눈 2) 진눈깨비 3) 도둑눈 4) 간추리다 5) 옷차림 6) 고유하다

② 1) 가랑눈 2) 진눈깨비 3) 도둑눈 4) 간추릴 5) 옷차림 6) 고유한

5일

① 1) 평민 2) 신분 3) 양반 4) 유행 5) 성별 6) 구분하다

② 1) 평민 2) 신분 3) 양반 4) 유행 5) 성별 6) 구분했다

6주 주말평가

1 1) 무서리 2) 옷차림 3) 간추리다 4) 볕 5) 평민 6) 가랑눈 7) 건들건들 8) 건들장마 9) 머금다 10) 구분하다 11) 성별 12) 양반 13) 된서리 14) 건들바람 15) 도둑눈 16) 무더위 17) 불볕더위 18) 묽다 19) 끈끈하다 20) 되다 21) 어울리다 22) 서리 23) 수증기 24) 표면 25) 함박눈 26) 올서리 27) 유행 28) 진눈깨비 29) 고유하다 30) 신분

2 1) 양반 2) 옷차림 3) 건들바람 4) 도둑눈 5) 서리 6) 된서리 7) 진눈깨비 8) 건들장마 9) 평민 10) 수증기 11) 무더위 12) 구분했다 13) 무서리 14) 묽어서 15) 성별 16) 신분 17) 간추릴 18) 끈끈한 19) 어울린다 20) 되서 21) 표면 22) 올서리 23) 불볕더위 24) 볕 25) 함박눈 26) 머금고 27) 고유한 28) 유행 29) 가랑눈 30) 건들건들

1일

① 1) 엄격하다 2) 소매 3) 두루마기 4) 옷감 5) 비단 6) 무진장하다

② 1) 엄격하게 2) 소매 3) 두루마기 4) 옷감 5) 비단 6) 무진장하다

2일

① 1) 풍족하다 2) 원단 3) 합성섬유 4) 어마어마하다 5) 인상깊다 6) 자세히

② 1) 풍족할 2) 원단 3) 합성섬유 4) 어마어마한 5) 인상 깊었다 6) 자세히

3일

① 1) 한밤중 2) 앓다 3) 머리맡 4) 장염 5) 차비하다 6) 그렁그렁하다

② 1) 한밤중 2) 앓는 3) 머리맡 4) 장염 5) 채비하시는 6) 그렁그렁했다

4일

1 1) 구체적 2) 효과적 3) 사건 4) 소식지 5) 솟구치다
6) 감각적

2 1) 구체적 2) 효과적 3) 사건 4) 소식지 5) 솟구쳤다
6) 감각적

5일

1 1) 생생하다 2) 매끈매끈하다 3) 아삭아삭 4) 푹신푹신
5) 일렁일렁 6) 요리조리

2 1) 생생하게 2) 매끈매끈한 3) 아삭아삭 4) 푹신푹신
5) 일렁일렁 6) 요리조리

7주 주말평가

1 1) 자세히 2) 생생하다 3) 사건 4) 소매 5) 푹신푹신
6) 요리조리 7) 구체적 8) 솟구치다 9) 한밤중 10) 두루마기
11) 효과적 12) 차비하다 13) 비단 14) 머리맡 15) 풍족하다
16) 합성섬유 17) 엄격하다 18) 장염 19) 옷감 20) 앓다 21)
무진장하다 22) 원단 23) 그렁그렁하다 24) 소식지 25)
어마어마하다 26) 감각적 27) 매끈매끈하다 28) 인상깊다
29) 아삭아삭 30) 일렁일렁

2 1) 생생하게 2) 어마어마한 3) 매끈매끈한 4) 비단 5)
아삭아삭 6) 솟구쳤다 7) 인상 깊었다 8) 사건 9) 일렁일렁
10) 구체적 11) 효과적 12) 한밤중 13) 무진장하다 14)
감각적 15) 앓는 16) 머리맡 17) 엄격하게 18) 소매 19)
자세히 20) 옷감 21) 푹신푹신 22) 합성 섬유 23) 원단
24) 요리조리 25) 장염 26) 채비하시는 27) 두루마기 28)
그렁그렁했다 29) 소식지 30) 풍족할

8주

116~125쪽

1일

1 1) 왁자지껄 2) 새콤달콤하다 3) 오들오들 4)
옴지락거리다 5) 굼질굼질 6) 신호

2 1) 왁자지껄 2) 새콤달콤한 3) 오들오들 4)
옴지락거리자 5) 굼질굼질 6) 신호

2일

1 1) 투명 2) 눈치채다 3) 장점 4) 눈이동그래지다 5)
핑계 6) 조율

2 1) 투명 2) 눈치채지 3) 장점 4) 눈이 동그래졌다 5)
핑계, 핑계 6) 조율

3일

1 1) 시각 2) 촉각 3) 후각 4) 미각 5) 청각 6) 플랫
2 1) 시각 2) 촉각 3) 후각 4) 미각 5) 청각 6) 플랫

4일

1 1) 이상하다 2) 설명하다 3) 애매하다 4) 망설이다 5)
오만 6) 순식간

2 1) 이상한 2) 설명해 3) 애매한 4) 망설였다 5) 오만
6) 순식간

5일

1 1) 소화기관 2) 결심하다 3) 촉촉하다 4) 즉석 5) 색깔
6) 점자책

2 1) 소화기관 2) 결심했다 3) 촉촉하게 4) 즉석 5) 색깔
6) 점자책

8주 주말평가

1 1) 오만 2) 촉촉하다 3) 애매하다 4) 장점 5) 점자책
6) 망설이다 7) 시각 8) 색깔 9) 왁자지껄 10) 후각 11)

이상하다 12) 즉석 13) 옴지락거리다 14) 투명 15) 신호 16) 청각 17) 플랫 18) 설명하다 19) 순식간 20) 결심하다 21) 촉각 22) 눈이동그래지다 23) 새콤달콤하다 24) 조율 25) 오들오들 26) 소화기관 27) 미각 28) 굼질굼질 29) 핑계 30) 눈치채다

2 1) 굼질굼질 2) 청각 3) 촉각 4) 눈이 동그래졌다 5) 결심했다 6) 이상한 7) 오들오들 8) 설명해 9) 눈치채지 10) 왁자지껄 11) 후각 12) 새콤달콤한 13) 오만 14) 옴지락거리자 15) 순식간 16) 촉촉하게 17) 조율 18) 즉석 19) 시각 20) 망설였다 21) 점자책 22) 미각 23) 투명 24) 소화 기관 25) 핑계, 핑계 26) 애매한 27) 플랫 28) 신호 29) 장점 30) 색깔

1 1) 생생하다 2) 감각적 3) 이르다 4) 푹신푹신 5) 구분하다 6) 건들바람 7) 매끈매끈하다 8) 갯벌 9) 오만 10) 어울리다 11) 분해하다 12) 무진장하다 13) 묽다 14) 꽃샘추위 15) 촉각 16) 수행하다 17) 굼질굼질 18) 앓다 19) 저장하다 20) 순식간 21) 애매하다 22) 편평하다 23) 망설이다 24) 끈끈하다 25) 투명 26) 보존하다 27) 풍족하다 28) 차비하다 29) 수증기 30) 무서리

2 1) 머금고 2) 표면 3) 환경 4) 일렁일렁 5) 건들건들 6) 어울린다 7) 중심 생각 8) 눈치채지 9) 오염 10) 효과적 11) 어마어마한 12) 올서리 13) 농작물 14) 풍족할 15) 유행 16) 조율 17) 소소리바람 18) 옴지락거려 19) 진눈깨비 20) 사샘하듯 21) 장점 22) 요리조리 23) 오들오들 24) 마른장마 25) 점자책 26) 핑계, 핑계 27) 도둑눈 28) 두루마기 29) 흡수해 30) 머리맡

1일

1 1) 우중충하다 2) 아름 3) 휘둥그레지다 4) 실력 5) 시작되다 6) 칭칭

2 1) 우중충하다 2) 아름 3) 휘둥그레졌다 4) 실력, 실력 5) 시작되는 6) 칭칭

2일

1 1) 말문이막히다 2) 기증하다 3) 안구 4) 침묵 5) 천둥소리 6) 빗대다

2 1) 말문이 막혔다 2) 기증했다 3) 안구 4) 침묵 5) 천둥소리 6) 빗대었다

3일

1 1) 대화 2) 언어예절 3) 고려하다 4) 형태 5) 높임표현 6) 집중하다

2 1) 대화, 대화 2) 언어 예절 3) 고려해야 4) 형태 5) 높임표현 6) 집중해서

4일

1 1) 반응하다 2) 존중하다 3) 역할 4) 밝히다 5) 당번 6) 공공장소

2 1) 반응했다 2) 존중하는 3) 역할 4) 밝혀야 5) 당번 6) 공공장소

5일

1 1) 기분 2) 감정 3) 전하다 4) 확인하다 5) 진행하다 6) 중요하다

2 1) 기분, 기분 2) 감정 3) 전했다 4) 확인한 5) 진행하는 6) 중요한

9주 주말평가

1 1) 존중하다 2) 진행하다 3) 고려하다 4) 휘둥그레지다 5) 집중하다 6) 말문이막히다 7) 전하다 8) 안구 9) 침묵 10) 천둥소리 11) 형태 12) 역할 13) 빗대다 14) 감정 15) 중요하다 16) 대화 17) 확인하다 18) 반응하다 19) 우중충하다 20) 칭칭 21) 밝히다 22) 기분 23) 실력 24) 언어예절 25) 아름 26) 높임표현 27) 당번 28) 공공장소 29) 시작되다 30) 기증하다

2 1) 아름 2) 확인한 3) 빗대었다 4) 침묵 5) 공공장소 6) 존중하는 7) 대화, 대화 8) 전했다 9) 중요한 10) 휘둥그레졌다 11) 고려해야 12) 당번 13) 형태 14) 반응했다 15) 높임 표현 16) 말문이 막혔다 17) 칭칭 18) 기증했다 19) 천둥소리 20) 시작되는 21) 언어 예절 22) 집중해서 23) 역할 24) 우중충하다 25) 안구 26) 감정 27) 진행하는 28) 기분, 기분 29) 실력, 실력 30) 밝혀야

10주   150~159쪽

1일

1 1) 자신 2) 진심 3) 부족하다 4) 실수 5) 억지로 6) 표시하다

2 1) 자신, 자신 2) 진심 3) 부족한 4) 실수 5) 억지로 6) 표시하지

2일

1 1) 변하다 2) 변화 3) 헤아리다 4) 힘껏 5) 자신 6) 멀찍이

2 1) 변한다 2) 변화 3) 헤아리며 4) 힘껏 5) 자신 6) 멀찍이

3일

1 1) 심술 2) 우수수 3) 방해하다 4) 한마디 5) 후다닥 6) 들뜨다

2 1) 심술 2) 우수수 3) 방해했다 4) 한마디 5) 후다닥 6) 들떠

4일

1 1) 마지막 2) 바퀴 3) 선수 4) 귀기울이다 5) 제비뽑기 6) 울상

2 1) 마지막 2) 바퀴 3) 선수, 선수 4) 귀를 기울였다 5) 제비뽑기 6) 울상

5일

1 1) 순서 2) 투덜거리다 3) 까딱까딱 4) 출발 5) 걱정 6) 안절부절못하다

2 1) 순서 2) 투덜거렸다 3) 까딱까딱 4) 출발 5) 걱정 6) 안절부절못하였다

10주 주말평가

1 1) 억지로 2) 제비뽑기 3) 후다닥 4) 진심 5) 걱정 6) 변하다 7) 변화 8) 울상 9) 한마디 10) 마지막 11) 순서 12) 투덜거리다 13) 까딱까딱 14) 표시하다 15) 심술 16) 멀찍이 17) 헤아리다 18) 출발 19) 실수 20) 안절부절못하다 21) 우수수 22) 힘껏 23) 바퀴 24) 선수 25) 방해하다 26) 자신 27) 귀기울이다 28) 부족하다 29) 들뜨다 30) 자신

2 1) 실수 2) 헤아리며 3) 들떠 4) 순서 5) 부족한 6) 자신 7) 변화 8) 한마디 9) 표시하지 10) 출발 11) 마지막 12) 울상 13) 선수, 선수 14) 멀찍이 15) 귀를 기울였다 16) 심술 17) 안절부절못하였다 18) 제비뽑기 19) 우수수 20) 방해했다 21) 변한다 22) 걱정 23) 까딱까딱 24) 후다닥 25) 바퀴 26) 힘껏 27) 자신, 자신 28) 투덜거렸다 29) 진심 30) 억지로

1일

① 1) 꼬다 2) 배배 3) 쌩쌩 4) 딴전 5) 마찬가지 6) 이를악물다

② 1) 꼬며 2) 배배 3) 쌩쌩 4) 딴전 5) 마찬가지 6) 이를 악물었다

2일

① 1) 뒤처지다 2) 재촉하다 3) 착각 4) 가로지르다 5) 어리둥절하다 6) 목청껏

② 1) 뒤처졌다 2) 재촉했다 3) 착각 4) 가로질러 5) 어리둥절했는데, 어리둥절했다 6) 목청껏

3일

① 1) 질끈 2) 내달리다 3) 헐레벌떡 4) 그제야 5) 차이 6) 굵적이다

② 1) 질끈 2) 내달렸다 3) 헐레벌떡 4) 그제야 5) 차이, 차이 6) 굵적이며

4일

① 1) 멋쩍다 2) 배턴 3) 괜히 4) 솔직하다 5) 곤란하다 6) 화해하다

② 1) 멋쩍은 2) 배턴 3) 괜히 4) 솔직하게 5) 곤란한 6) 화해했다

5일

① 1) 상냥하다 2) 비법 3) 성공 4) 행사 5) 의논하다 6) 추천하다

② 1) 상냥한 2) 비법 3) 성공, 성공 4) 행사 5) 의논했다 6) 추천했다

 1) 딴전 2) 목청껏 3) 추천하다 4) 멋쩍다 5) 행사 6) 헐레벌떡 7) 착각 8) 곤란하다 9) 질끈 10) 의논하다 11) 솔직하다 12) 차이 13) 뒤처지다 14) 꼬다 15) 상냥하다 16) 쌩쌩 17) 괜히 18) 마찬가지 19) 이를악물다 20) 내달리다 21) 어리둥절하다 22) 가로지르다 23) 재촉하다 24) 굵적이다 25) 화해하다 26) 비법 27) 성공 28) 그제서야 29) 배배 30) 배턴

② 1) 배배 2) 착각 3) 상냥한 4) 헐레벌떡 5) 쌩쌩 6) 이를 악물었다 7) 성공, 성공 8) 의논했다 9) 행사 10) 멋쩍은 11) 질끈 12) 솔직하게 13) 내달렸다 14) 마찬가지 15) 꼬며 16) 추천했다 17) 그제야 18) 뒤처졌다 19) 곤란한 20) 어리둥절했는데, 어리둥절했다 21) 딴전 22) 목청껏 23) 차이, 차이 24) 굵적이며 25) 배턴 26) 비법 27) 가로질러 28) 괜히 29) 재촉했다 30) 화해했다

1일

① 1) 결정하다 2) 각오 3) 소개하다 4) 자세 5) 규칙 6) 공격하다

② 1) 결정했다 2) 각오 3) 소개했다 4) 자세 5) 규칙 6) 공격할

2일

① 1) 대표 2) 기회 3) 수비하다 4) 분야 5) 흥미 6) 펄럭펄럭

② 1) 대표 2) 기회 3) 수비하던 4) 분야 5) 흥미, 흥미 6) 펄럭펄럭

3일

❶ 1) 국기 2) 드디어 3) 개막식 4) 대표하다 5) 갖가지
6) 물결

❷ 1) 국기 2) 드디어 3) 개막식 4) 대표하는 5) 갖가지
6) 물결

4일

❶ 1) 문양 2) 입장하다 3) 단풍 4) 즙 5) 시럽 6) 계시

❷ 1) 문양 2) 입장하는 3) 단풍 4) 즙 5) 시럽 6) 계시

5일

❶ 1) 전설 2) 출렁거리다 3) 제국 4) 발전하다 5)
기념하다 6) 금지하다

❷ 1) 전설 2) 출렁거렸다 3) 제국 4) 발전했고 5)
기념하는 6) 금지했다

12주 주말평가

❶ 1) 금지하다 2) 계시 3) 단풍 4) 규칙 5) 전설 6)
국기 7) 흥미 8) 드디어 9) 개막식 10) 대표하다 11)
결정하다 12) 시럽 13) 기회 14) 각오 15) 발전하다 16)
자세 17) 수비하다 18) 공격하다 19) 갖가지 20) 분야 21)
물결 22) 출렁거리다 23) 즙 24) 제국 25) 문양 26) 대표
27) 소개하다 28) 기념하다 29) 펄럭펄럭 30) 입장하다

❷ 1) 전설 2) 금지했다 3) 국기 4) 소개했다 5) 드디어
6) 각오 7) 규칙 8) 개막식 9) 계시 10) 대표하는 11)
펄럭펄럭 12) 갖가지 13) 기회 14) 물결 15) 출렁거렸다
16) 결정했다 17) 제국 18) 문양 19) 단풍 20) 입장하는 21)
대표 22) 즙 23) 수비하던 24) 분야 25) 자세 26) 발전했고
27) 흥미, 흥미 28) 기념하는 29) 공격할 30) 시럽

월 말 평 가 ── 9~12주

❶ 1) 헤아리다 2) 상냥하다 3) 침묵 4) 결정하다
5) 변화 6) 존중하다 7) 재촉하다 8) 부족하다 9) 제국
10) 기증하다 11) 착각 12) 기념하다 13) 반응하다 14)
입장하다 15) 안절부절못하다 16) 계시 17) 진행하다
18) 멋쩍다 19) 방해하다 20) 우중충하다 21) 딴전 22)
출렁거리다 23) 투덜거리다 24) 차이 25) 각오 26) 빗대다
27) 분야 28) 화해하다 29) 곤란하다 30) 억지로

❷ 1) 의논했다 2) 귀를 기울였다 3) 아름 4) 이를
악물었다 5) 당번 6) 추천했다 7) 표시하지 8) 제비뽑기
9) 드디어 10) 울상 11) 가로질러 12) 존중하는 13) 우수수
14) 수비하던 15) 집중해서 16) 딴전 17) 투덜거렸다 18)
진심 19) 문양 20) 빗대었다 21) 펄럭펄럭 22) 밝혀야 23)
개막식 24) 흥미, 흥미 25) 휘둥그레졌다 26) 금지했다
27) 질끈 28) 기회 29) 착각 30) 뒤처졌다

13주 198~207쪽

1일

❶ 1) 사용하다 2) 주 3) 독립 4) 휘날리다 5) 조화롭다
6) 태극

❷ 1) 사용하지 2) 주 3) 독립 4) 휘날리며 5) 조화롭게
6) 태극

2일

❶ 1) 모서리 2) 평화 3) 국제 4) 참가하다 5) 본부 6) 표지

❷ 1) 모서리 2) 평화 3) 국제 4) 참가하는 5) 본부 6) 표지

3일

❶ 1) 기지 2) 함께하다 3) 감상문 4) 우정 5) 간호하다
6) 시들다

② 1) 기지 2) 함께한다 3) 감상문 4) 우정 5) 간호하던
6) 시들었다

4일

① 1) 모질다 2) 그리워하다 3) 가슴이미어지다 4) 안타깝다 5) 경험하다 6) 흐름

② 1) 모진 2) 그리워하며 3) 가슴이 미어지다 4) 안타깝고 5) 경험하는 6) 흐름

5일

① 1) 화단 2) 턱 3) 사방 4) 순식간 5) 여느 6) 건네다

② 1) 화단 2) 턱 3) 사방 4) 순식간 5) 여느 6) 건넸다

13주 주말평가

1 1) 경험하다 2) 휘날리다 3) 태극 4) 턱 5) 기지 6) 국제 7) 건네다 8) 본부 9) 안타깝다 10) 함께하다 11) 흐름 12) 시들다 13) 사방 14) 순식간 15) 모질다 16) 화단 17) 가슴이미어지다 18) 그리워하다 19) 모서리 20) 여느 21) 평화 22) 사용하다 23) 표지 24) 참가하다 25) 주 26) 우정 27) 독립 28) 간호하다 29) 조화롭다 30) 감상문

2 1) 안타깝고 2) 독립 3) 화단 4) 본부 5) 태극 6) 기지 7) 우정 8) 사용하지 9) 표지 10) 간호하던 11) 턱 12) 참가하는 13) 시들었다 14) 사방 15) 감상문 16) 주 17) 휘날리며 18) 모진 19) 조화롭게 20) 함께한다 21) 순식간 22) 그리워하며 23) 건넸다 24) 경험하는 25) 모서리 26) 가슴이 미어졌다 27) 국제 28) 흐름 29) 여느 30) 평화

14주 212~221쪽

1일

① 1) 마루 2) 덥석 3) 흉악하다 4) 베틀 5) 분주히 6) 감탄

② 1) 마루 2) 덥석 3) 흉악한 4) 베틀 5) 분주히, 분주히 6) 감탄

2일

① 1) 베 2) 금하다 3) 완성하다 4) 날 5) 씨 6) 날다

② 1) 베 2) 금치 3) 완성했을 4) 날 5) 씨 6) 날고

3일

① 1) 총총 2) 은은히 3) 한데 4) 솜씨 5) 기막히다 6) 곤충

② 1) 총총 2) 은은히 3) 한데 4) 솜씨 5) 기가 막혔다 6) 곤충

4일

① 1) 취급 2) 번뜩이다 3) 침착하다 4) 향긋하다 5) 속닥이다 6) 아담하다

② 1) 취급 2) 번뜩인다 3) 침착하게 4) 향긋한 5) 속닥이다가 6) 아담한

5일

① 1) 보물 2) 본래 3) 가닥 4) 땋다 5) 반복하다 6) 엮다

② 1) 보물 2) 본래 3) 가닥 4) 땋아 5) 반복해서, 반복해서 6) 엮어

14주 주말평가

1 1) 솜씨 2) 흉악하다 3) 완성하다 4) 엮다 5) 아담하다 6) 은은히 7) 한데 8) 베 9) 향긋하다 10) 날 11) 씨 12) 마루 13) 총총 14) 감탄 15) 날다 16) 반복하다 17) 기막히다 18) 곤충 19) 번뜩이다 20) 분주히 21) 속닥이다 22) 본래 23) 베틀 24) 취급 25) 가닥 26) 땋다 27) 덥석 28) 금하다 29) 침착하다 30) 보물

2 1) 기가 막혔다 2) 베틀 3) 취급 4) 곤충 5) 엮어 6) 번뜩인다 7) 씨 8) 침착하게 9) 총총 10) 땋아 11) 아담한 12) 한데 13) 베 14) 분주히, 분주히 15) 금치 16) 완성했을

17) 마루 18) 날 19) 덥석 20) 향긋한 21) 흉악한 22) 속닥이다가 23) 반복해서, 반복해서 24) 은은히 25) 감탄 26) 보물 27) 가닥 28) 날고 29) 솜씨 30) 본래

15주
226~235쪽

1일

❶ 1) 단오절 2) 소원 3) 기원하다 4) 준비하다 5) 매듭 6) 꼬이다

❷ 1) 단오절 2) 소원, 소원 3) 기원하며 4) 준비한다 5) 매듭 6) 꼬여서

2일

❶ 1) 고정하다 2) 연결하다 3) 차례 4) 충분하다 5) 상담하다 6) 증세

❷ 1) 고정한다 2) 연결할 3) 차례, 차례 4) 충분히 5) 상담했다 6) 증세

3일

❶ 1) 처방하다 2) 지시 3) 부담 4) 배 5) 효과 6) 비교하다

❷ 1) 처방했다 2) 지시 3) 부담 4) 배 5) 효과 6) 비교했다

4일

❶ 1) 유네스코 2) 직업 3) 체험 4) 활발하다 5) 도착하다 6) 소품

❷ 1) 유네스코 2) 직업 3) 체험 4) 활발해서 5) 도착했다 6) 소품

5일

❶ 1) 설계하다 2) 디자이너 3) 제빵 4) 중앙 5) 광장 6) 공항

❷ 1) 설계한 2) 디자이너 3) 제빵 4) 중앙 5) 광장 6) 공항

15주 주말평가

❶ 1) 꼬이다 2) 공항 3) 도착하다 4) 유네스코 5) 처방하다 6) 체험 7) 증세 8) 지시 9) 부담 10) 비교하다 11) 고정하다 12) 배 13) 준비하다 14) 차례 15) 디자이너 16) 단오절 17) 기원하다 18) 상담하다 19) 효과 20) 직업 21) 매듭 22) 활발하다 23) 연결하다 24) 소품 25) 설계하다 26) 충분하다 27) 제빵 28) 중앙 29) 광장 30) 소원

❷ 1) 매듭 2) 차례, 차례 3) 디자이너 4) 배 5) 기원하며 6) 활발해서 7) 직업 8) 충분히 9) 증세 10) 연결할 11) 부담 12) 지시 13) 공항 14) 단오절 15) 도착했다 16) 소원, 소원 17) 효과 18) 준비한다 19) 설계한 20) 중앙 21) 꼬여서 22) 상담했다 23) 체험 24) 광장 25) 유네스코 26) 비교했다 27) 소품 28) 제빵 29) 처방했다 30) 고정한다

16주
240~249쪽

1일

❶ 1) 발굴 2) 기대하다 3) 소방 4) 복장 5) 출동하다 6) 적성

❷ 1) 발굴 2) 기대한다 3) 소방 4) 복장 5) 출동했다 6) 적성

2일

❶ 1) 보람 2) 관심 3) 지역 4) 자랑거리 5) 특산물 6) 한지

❷ 1) 보람 2) 관심 3) 지역 4) 자랑거리 5) 특산물 6) 한지

3일

❶ 1) 보관하다 2) 지명 3) 수출하다 4) 리 5) 옛길 6) 산책로

❷ 1) 보관해야 2) 지명 3) 수출한다 4) 리, 리 5) 옛길 6) 산책로

4일

① 1) 오르막 2) 나루 3) 동산 4) 전망대 5) 출렁다리 6) 모형

② 1) 오르막 2) 나루, 나루 3) 동산 4) 전망대 5) 출렁다리 6) 모형

5일

① 1) 풍경 2) 호수 3) 기록하다 4) 질겅질겅 5) 실록 6) 감히

② 1) 풍경 2) 호수 3) 기록한 4) 질겅질겅 5) 실록 6) 감히

16주 주말평가

① 1) 자랑거리 2) 산책로 3) 관심 4) 소방 5) 질겅질겅 6) 실록 7) 지명 8) 전망대 9) 발굴 10) 복장 11) 동산 12) 호수 13) 오르막 14) 기대하다 15) 모형 16) 지역 17) 보관하다 18) 출동하다 19) 적성 20) 나루 21) 옛길 22) 특산물 23) 한지 24) 출렁다리 25) 리 26) 기록하다 27) 수출하다 28) 감히 29) 풍경 30) 보람

② 1) 출동했다 2) 지명 3) 기대한다 4) 풍경 5) 특산물 6) 호수 7) 옛길 8) 기록한 9) 관심 10) 질겅질겅 11) 오르막 12) 리, 리 13) 나루, 나루 14) 보관해야 15) 복장 16) 모형 17) 출렁다리 18) 수출한다 19) 발굴 20) 동산 21) 적성 22) 산책로 23) 전망대 24) 보람 25) 감히 26) 자랑거리 27) 소방 28) 한지 29) 실록 30) 지역

월 말 평 가 — 13~16주

① 1) 솜씨 2) 경험하다 3) 꼬이다 4) 모질다 5) 감탄 6) 특산물 7) 턱 8) 증세 9) 마루 10) 기록하다 11) 아담하다 12) 고정하다 13) 기대하다 14) 표지 15) 번뜩이다 16) 수출하다 17) 건네다 18) 나루 19) 차례 20) 조화롭다

---

21) 보람 22) 침착하다 23) 효과 24) 가슴이미어지다 25) 매듭 26) 설계하다 27) 기막히다 28) 여느 29) 베틀 30) 처방하다

② 1) 처방했다 2) 기원하며 3) 화단 4) 땋아 5) 부담 6) 흐름 7) 리, 리 8) 간호하던 9) 효과 10) 가닥 11) 보관해야 12) 완성했을 13) 단오절 14) 본래 15) 총총 16) 참가하는 17) 준비한다 18) 베틀 19) 한지 20) 감상문 21) 특산물 22) 씨 23) 유네스코 24) 엮어 25) 건넸다 26) 동산 27) 함께한다 28) 꼬여서 29) 모진 30) 오르막

17주 — 260~269쪽

1일

① 1) 거만하다 2) 굴다 3) 밧줄 4) 자신만만하다 5) 깡충깡충 6) 잠기다

② 1) 거만한 2) 굴다가 3) 밧줄 4) 자신만만한 5) 깡충깡충 6) 잠겨

2일

① 1) 무지무지 2) 경고 3) 덤불숲 4) 숨죽이다 5) 버티다 6) 양보하다

② 1) 무지무지 2) 경고 3) 덤불숲 4) 숨죽인 5) 버티다가 6) 양보했다

3일

① 1) 빠끔히 2) 극본 3) 상상하다 4) 재판 5) 막 6) 외딴길

② 1) 빠끔히 2) 극본 3) 상상해 4) 재판 5) 막 6) 외딴길

4일

① 1) 궤짝 2) 샘 3) 견디다 4) 떼밀다 5) 닥치는대로 6) 문고리

② 1) 궤짝 2) 샘 3) 견디기 4) 떼미는 5) 닥치는 대로 6)

5일

❶ 1) 쭈그리다 2) 지경 3) 덤비다 4) 은혜 5) 약속 6) 간절하다

❷ 1) 쭈그리고 2) 지경 3) 덤볐다 4) 은혜, 은혜, 은혜 5) 약속 6) 간절하다

17주 주말평가

❶ 1) 재판 2) 샘 3) 간절하다 4) 닥치는대로 5) 굴다 6) 상상하다 7) 깡충깡충 8) 쭈그리다 9) 무지무지 10) 외딴길 11) 극본 12) 양보하다 13) 지경 14) 덤비다 15) 궤짝 16) 자신만만하다 17) 견디다 18) 거만하다 19) 덤불숲 20) 밧줄 21) 잠기다 22) 떼밀다 23) 숨죽이다 24) 문고리 25) 빠끔히 26) 약속 27) 경고 28) 막 29) 버티다 30) 은혜

❷ 1) 경고 2) 자신만만한 3) 재판 4) 외딴길 5) 굴다가 6) 문고리 7) 쭈그리고 8) 약속 9) 닥치는 대로 10) 양보했다 11) 덤볐다 12) 궤짝 13) 깡충깡충 14) 덤불숲 15) 무지무지 16) 견디기 17) 빠끔히 18) 간절하다 19) 지경 20) 거만한 21) 막 22) 숨죽인 23) 떼미는 24) 밧줄 25) 샘 26) 극본 27) 잠겨 28) 은혜, 은혜, 은혜 29) 상상해 30) 버티다가

18주

274~279쪽

1일

❶ 1) 사정 2) 사정하다 3) 애걸복걸하다 4) 팽개치다 5) 기운 6) 풀죽다

❷ 1) 사정 2) 사정했다 3) 애걸복걸했다 4) 팽개쳤다 5) 기운 6) 풀죽은

2일

❶ 1) 뻔뻔하다 2) 말귀 3) 공연하다 4) 무대 5) 퇴장 6) 소품

❷ 1) 뻔뻔하게 2) 말귀 3) 공연했다 4) 무대 5) 퇴장 6) 소품

3일

❶ 1) 발표회 2) 관람하다 3) 최종 4) 참여하다 5) 충실히

❷ 1) 발표회 2) 관람했다 3) 최종 4) 참여했다 5) 충실히

18주 주말평가

❶ 1) 최종 2) 풀죽다 3) 말귀 4) 애걸복걸하다 5) 관람하다 6) 무대 7) 발표회 8) 뻔뻔하다 9) 충실히 10) 공연하다 11) 사정 12) 사정하다 13) 참여하다 14) 팽개치다 15) 기운 16) 소품 17) 퇴장

❷ 1) 관람했다 2) 사정했다 3) 사정 4) 발표회 5) 팽개쳤다 6) 공연했다 7) 애걸복걸했다 8) 뻔뻔하게 9) 무대 10) 말귀 11) 소품 12) 참여했다 13) 퇴장 14) 기운 15) 최종 16) 풀죽은 17) 충실히

월 말 평 가 　17~18주

❶ 1) 간절하다 2) 퇴장 3) 굴다 4) 쭈그리다 5) 은혜 6) 최종 7) 자신만만하다 8) 무대 9) 빠끔히 10) 덤불숲 11) 사정하다 12) 재판 13) 애걸복걸하다 14) 풀죽다 15) 숨죽이다 16) 뻔뻔하다 17) 충실히 18) 버티다 19) 기운 20) 말귀 21) 공연하다 22) 경고 23) 양보하다 24) 상상하다 25) 팽개치다 26) 참여하다 27) 궤짝 28) 샘 29) 거만하다 30) 밧줄

❷ 1) 참여했다 2) 재판 3) 떼미는 4) 자신만만한 5)

양보했다 6) 경고 7) 사정했다 8) 닥치는 대로 9) 버티다가 10) 지경 11) 쭈그리고 12) 발표회 13) 극본 14) 말귀 15) 견디기 16) 기운 17) 은혜, 은혜, 은혜 18) 풀죽은 19) 간절하다 20) 뻔뻔하게 21) 소품 22) 외딴길 23) 최종 24) 거만한 25) 팽개쳤다 26) 궤짝 27) 공연했다 28) 무지무지 29) 잠겨 30) 충실히

1) 아름 2) 신분 3) 소소리바람 4) 모서리 5) 소개하다 6) 표정 7) 발굴 8) 들뜨다 9) 초조하다 10) 날 11) 변하다 12) 추천하다 13) 안쓰럽다 14) 지시 15) 전설 16) 공공장소 17) 견디다 18) 선수 19) 짐작하다 20) 곤충 21) 사과하다 22) 기지 23) 흡수하다 24) 드디어 25) 지정하다 26) 단풍 27) 감각적 28) 섭섭하다 29) 마찬가지 30) 구체적 31) 발전하다 32) 마른장마 33) 실천하다 34) 역할 35) 감동 36) 향긋하다 37) 애매하다 38) 솟구치다 39) 무지무지 40) 연습하다 41) 감히 42) 엄격하다 43) 간추리다 44) 조율 45) 고유하다 46) 대표하다 47) 후각 48) 빠끔히 49) 외딴길 50) 젠체하다 51) 표시하다 52) 장면 53) 안타깝다 54) 제비뽑기 55) 가랑눈 56) 어리둥절하다 57) 닥치는대로 58) 고려하다 59) 모형 60) 기원하다 61) 말투 62) 소품 63) 플랫 64) 떼밀다 65) 된서리 66) 광장 67) 인상깊다 68) 지경 69) 이기적 70) 산책로 71) 딴전 72) 번식하다 73) 차이 74) 속상하다 75) 설명하다 76) 독립 77) 일렁일렁 78) 흐름 79) 깨금발 80) 준비하다 81) 수산물 82) 엮다 83) 전하다 84) 흐뭇하다 85) 금지하다 86) 보답 87) 성공 88) 이르다 89) 그제서야 90) 갖가지 91) 새콤달콤하다 92) 참가하다 93) 높임표현 94) 조각 95) 문양 96) 이를악물다 97) 균형 98) 한지 99) 충실히 100) 완성하다

색인

색인

국어 교과서 3-2 작품 목록

국어 3-2 가

단원	제제	지은이	나온 곳
1	「장금이의 꿈」	희원엔터테인먼트	「장금이의 꿈」, ㈜문화방송, 2005
	「미미 언니 자두」	아툰즈	「안녕 자두야 4: 자두와 친구들」, ㈜SBS, 2018
	「거인 부벨라와 지렁이 친구」	조 프리드먼 글 지혜연 옮김	『거인 부벨라와 지렁이 친구』, 주니어 RHK, 2016
2	「줄넘기」	서해경	『들썩들썩 우리 놀이 한마당』, ㈜현암사, 2012
4	「감기」	정유경	『까불고 싶은 날』, ㈜창비, 2010
	「지구도 대답해 주는 구나」	박행신	『눈 코 귀 입 손!』, 위즈덤북, 2009
	「진짜 투명 인간」	레미 쿠르종 글 이정주 옮김	『진짜 투명 인간』, 씨드북, 2015
	「천둥소리」	유강희	『지렁이 일기 예보』, ㈜비룡소, 2013

국어 3-2 나

단원	제제	지은이	나온 곳
6	「꼴찌라도 괜찮아!」	유계영	『꼴지라도 괜찮아!』, 휴이넘, 2010
	「화해하기」	한국교육방송공사	『스쿨랜드 초등 생활 매너 백서: 화해하기』, 한국교육방송공사, 2017
7	「온 세상 국기가 펄럭펄럭」	서정훈	『온 세상 국기가 펄럭펄럭』, 웅진주니어, 2010
8	「베짱베짱 베 짜는 베짱이」	임혜령	『이야기 할아버지의 이상한 밤』, 한림출판사, 2012
9	「대단한 줄다리기」	베벌리 나이두 글 강미라 옮김	『무툴라는 못 말려!』, 국민서관, 2008
	「토끼의 재판」	방정환	『어린이』, 제1권 10호, 1923

5~8주

9~12주

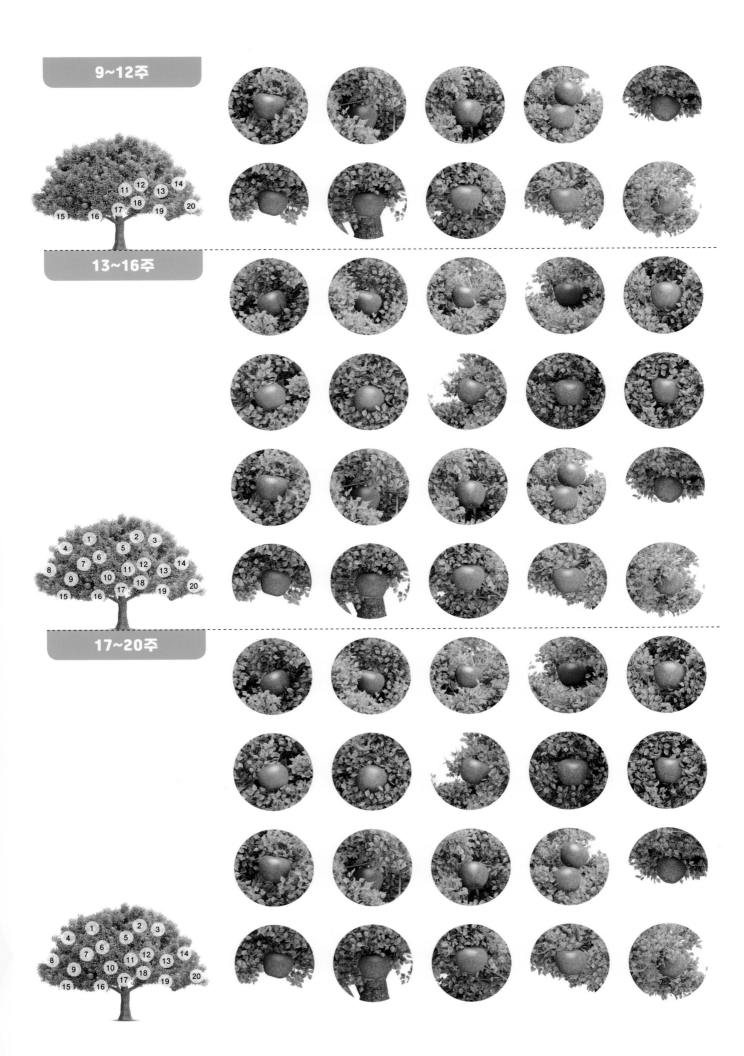